DOLORES

Die Geschichte meiner Schwester

Ein Leben zwischen Liebe, Drogen und Tod

Mit freundlicher Unterstützung von

Deutsche Kultur
und Familie
Kultur

Impressum

3. Auflage (Jänner 2007)

Weißenturmgasse, 5
39042 Brixen (BZ) Italy
ISBN 88-88118-37-3

Umschlagbild: Germana Fleischmann
Gesamtherstellung: Druckerei A. Weger, Brixen
Printed in Italy 2006
www.provinz-verlag.com
www.christinelosso.it

Lektorat: Mag. Harald Dunajtschik – Universität Innsbruck
Alle Bilder: Privatarchiv der Familien Platter und Losso

Das Buch wurde unterstützt von der Südtiroler Landesregierung, Abteilung Kultur,
und der Stadtgemeinde Meran, Abteilung Kultur und Frauen

DOLORES
Die Geschichte meiner Schwester

Ein Leben zwischen
Liebe, Drogen und Tod

PROVINZ VERLAG

Es war einmal ein Küken,
das nicht wusste, dass es ein Adler war.
Eines Tages aber streckte es die Flügel aus
und konnte fliegen.
So wie ein Adler fliegen kann.

Auch Du kannst ein Adler sein.
Glaube daran.

Antony Di Mello

Danke

Ich danke allen, die meine Träume belächelt haben;
sie haben meine Phantasie beflügelt.
Ich danke allen, die mich in ihr Schema pressen wollten;
sie haben mich den Wert der Freiheit gelehrt.
Ich danke allen, die mich belogen haben;
sie haben mir die Kraft der Wahrheit gezeigt.
Ich danke allen, die nicht an mich geglaubt haben;
sie haben mir zugemutet, Berge zu versetzen.
Ich danke allen, die mich abgeschoben haben;
sie haben meinen Mut geweckt.
Ich danke allen, die mich verlassen haben;
sie haben mir Raum gegeben für Neues.
Ich danke allen, die mich verraten und missbraucht haben;
sie haben mich wachsam werden lassen.
Ich danke allen, die mich verletzt haben;
sie haben mich gelehrt, im Schmerz zu wachsen.
Ich danke allen, die meinen Frieden gestört haben;
sie haben mich stark gemacht, dafür einzutreten.
Vor allem aber danke ich all jenen, die mich lieben,
so wie ich bin;
sie geben mir die Kraft zum Überleben.

Paolo Coelho

Widmung

Dieses Buch ist all jenen gewidmet,
die das Leben lieben und das Risiko eingehen,
es herauszufordern.
Die sich nicht scheuen, Fehler zu machen,
und zu ihnen stehen.
Bedingungslos.
Dieses Buch ist all jenen gewidmet, die es wagen,
abgrundtief zu lieben, zu leiden, zu lernen.
Und daraus zu wachsen.
Dieses Buch ist für all jene geschrieben,
die keine Angst haben,
durch den Schmerz zu gehen,
und daraus auferstehen, wie neu geboren.
Dieses Buch ist all jenen gewidmet,
die so mutig sind,
den Mut herauszufordern und selbst mutig zu werden.

Christine Losso

Aus dem Inhalt

Es wurden zum Teil die Namen geändert, um Personen zu schützen. Die Geschichte beruht auf wahren Begebenheiten.

Vorwort

Meine Schwester Dolores

Am 24. Juni 2001 starb meine Schwester Dolores den Drogentod. Nach einem Leben, das nicht so war, wie viele andere Leben wohl gewesen sein mögen. Sie war erst 37 Jahre alt. Dolores hatte uns einen Sohn hinterlassen. Er „feierte" einen Tag nach ihrem Sterben, am 25. Juni, seinen neunten Geburtstag.

Bald schon keimte in mir der Wunsch, ihre Geschichte zu erzählen. So begann ich, dieses Buch zu schreiben. Doch nach einer Weile merkte ich, dass es nicht einfach war, das Leben der eigenen Schwester zu erzählen, das Teil meines eigenen Lebens war und ist. Es ist auch das Leben meiner Mutter, meiner Kinder und vor allem das Leben von Jarim, ihrem Sohn. Wir alle mussten schließlich weitermachen und dabei noch viele Vorurteile durchstehen und abbauen. So zogen die Jahre ins Land, ich schrieb inzwischen ein anderes Buch.

Doch eines Tages konnte ich plötzlich an den Computer gehen und beginnen, die Geschichte aufzuschreiben. Denn der Film kam immer wieder und wieder und drohte nicht mehr aufzuhören. So saß ich an meinem Schreibtisch und tippte viele einsame Nächte. Dabei war ich mit mir und meiner Schwester vollkommen allein

und die Episoden rannen aus meinem Gehirn durch meine Hände und Finger, bis sie schließlich auf dem Bildschirm landeten. Und auch die Tränen rannen plötzlich wieder Nacht für Nacht, ein Meer von Schmerzen hüllte mich ein und hielt mich vier lange Jahre gefangen. Ein Meer von Schmerzen, das auch meine Mutter zu zerreißen drohte.
Dieses Buch ist ein Zeugnis dessen, was geschah, ohne dass wir darauf Einfluss nehmen konnten. Es ist das Dokument des Lebens eines ganz „normalen" Mädchens, das sich in die abstrakte Welt der Träume und Drogen verirrt hatte und nie wieder aus deren Verschlingungen herausfinden konnte.
Es ist dies die Geschichte einer Frau, die stets das Maximum gegeben und für sich und alle anderen auch gefordert hatte, aber oft nicht einmal das Minimum bekam. Und schließlich daran zerbrach. Vielleicht aber auch nicht. Immerhin konnte sie die endlose Freiheit, nach der sie ein Leben lang gesucht hatte, im Tod finden. Sie musste gar nicht so lange darauf warten: Ich habe gelernt, dass man zur Überwindung des Schmerzes durch ihn hindurch gehen muss. Der Schmerz des Verlustes, des Verlierens ist auch der Schmerz des Verzeihens und neuen Erwachens. Ich danke Dolores dafür, dass sie mich gelehrt hat, manches nicht so zu sehen, wie die meisten ein Leben lang wie selbstverständlich sehen. Manche Dinge sind anders. Viele Dinge sind anders. Ich danke Dolores, dass sie mir gezeigt hat, diesen Schmerz auszuhalten und zu überwinden und wie neugeboren daraus hervorzugehen. Danke, meine geliebte kleine Schwester. Du warst meine große Liebe, Du warst mir eine große Lehrmeisterin.

Deine Schwester Christine

Der 22. Juni

Es war nichts als Unsinn, blanker Unsinn, heute nach Bozen zu fahren. Doch es fiel ihr nichts Besseres ein an diesem heißen Sommertag. Hätte sie ins Schwimmbad gehen sollen, oder auf einen Berg? Allein? Markus wollte sie nicht mehr sehen, und er hatte die Nase von ihren Eskapaden voll. Drei Tage lang war sie nicht mehr aufgetaucht, und nun war er sauer. Einfach stinksauer. Und wollte es ihr zeigen.

Dolores stand da und saugte an ihrer Zigarette, als ob sie aus ihr die Muttermilch herausholen wollte, die ihr als Baby verwehrt geblieben war. Denn gleich nach der Geburt hatte sie eine Allergie gegen die Leben spendende Flüssigkeit entwickelt. Andauernd kotzte sie den süßlichen Muttertrunk aus sich heraus, so lange, bis sie ins Spital kam, wo sie mit Hilfe einer Magensonde ernährt wurde und schließlich so noch am Leben blieb. Ob sie überhaupt leben wollte, hatte sie niemand gefragt. Vielleicht wollte sie schon damals nicht.

Dann taufte sie ihre Mutter Charlotte gegen den Willen ihres Vaters Karl auf den Namen Dolores, was so viel wie „Die Schmerzhafte" bedeutet. Schmerzhaft war schon die Schwangerschaft, nicht nur körperlich – nicht erwünscht, nur passiert. Das zweite uneheli-

che Kind! Was sollte die Gesellschaft von Charlotte denken? Das konnte nur das Werk einer Hure sein. Man schrieb das Jahr 1963. Die Ideen von Frauen wie Alice Schwarzer drangen erst in den folgenden Jahren in die westlichen Gesellschaften. Und Südtirol befand sich bezüglich Gleichberechtigung und Emanzipation noch tief im Mittelalter. Und sonst wohl auch noch.
Ihr Name schien Programm: Dolores. Schmerz, Verzweiflung, Leiden. Dieser Wurm hier, der also Dolores getauft wurde, wusste nichts von alledem, das heranwachsende Mädchen Dolores ahnte es kaum, und selbst die Frau Dolores konnte sich nichts darunter vorstellen. Dolores, die Schmerzhafte. Bevor der Pfarrer sie taufte, kritisierte er, dies sei nicht nur ein eigenartiger, sondern ein ganz und gar unmöglicher Name. Es müsse unbedingt noch ein anderer, gesegneter, vorgesetzt werden, sonst würde es wohl Schwierigkeiten mit der Kirche geben. Daher wurde der gewählte Name durch ein Maria ergänzt, und das Kind hieß schließlich Maria Dolores. Maria, die unbefleckte Empfängnis; und Dolores, die Schmerzhafte. Schon dies war kein gutes Vorzeichen. Wir selbst aber blieben beim selbst gewählten Namen und nannten sie einfach nur Dolly.

Der heiße Sommerwind blies ihr auf dem Bahnsteig ins Gesicht und sie hatte diesen dürren Walter im Schlepptau, einen gottverdammten Junkie, der den Eindruck vermittelte, er könnte jeden Moment umkippen. Mit seinem Pickelgesicht, den strähnigen Haaren und dem spitzen Kinn, auf dem der Fünftagebart spross, sah er unerträglich grauenhaft aus. Die Zigarette hing ihm im Mundwinkel. Er konnte sich kaum auf den Beinen halten, so zugedröhnt war er an diesem Tag. Doch das sollte ihn nicht daran hindern, gierig noch mehr von diesem Stoff zu suchen, der ihm das Gefühl der Freiheit vermittelte, sich von dieser Welt loszulösen, fernab von allen Fesseln, von allen Tugenden dieser Gesellschaft, die ihn kaputtmachte. Mehrmals war er schon auf „Turkey" gewesen, dem Entzug, der große körperliche Schmerzen verursachte, und einmal hatte ihm Gery, eine Freundin, die auch nicht viel besser dran war, in diesem Zustand Speed angedreht. Das war wie das Löschen eines Feuers mit Benzin. Er musste gleichzeitig kotzen, pissen und scheißen und dachte, seine Eingeweide würden jeden Moment platzen. Im Prinzip konnte Sterben nicht schrecklicher sein. Das wollte er sich heute ersparen.

Auch Dolores hatte schon Hunderte solcher Turkeys hinter sich, wenn ihr Körper im Würgegriff des Giftes dann so schwach war, dass sie nur mehr liegen konnte, Gliederkrämpfe, Schüttelfrost und Schweißausbrüche in Minutenabständen bekam, kaum noch schlafen konnte und gleichzeitig gehetzt und depressiv war. Oh, sie kannte diesen Zustand nur zu gut. Immer und immer wieder hatte sie ihn erlebt und jedes Mal hatte sie sich gesagt, dass es das letzte Mal gewesen war. Nie wieder wollte sie nach einem Entzug erneut dem grässlichen Zeug verfallen, das ihr nicht nur den Verstand, sondern auch noch die Seele raubte. Und es passierte doch immer wieder. Zu oft: Ihr Körper forderte seinen Tribut. Und war mitunter so ausgezehrt, dass sie sich in Stunden und Tagen wie diesen kaum auf den Beinen halten konnte. Auch ihre alte Krankheit Hepatitis B meldete sich immer wieder in Schüben zurück und erinnerte sie damit an ihren Jugendfreund Hannes, der ihr diese hinterlassen hatte.

Wie „geil" war es mit ihm gewesen: Beide waren sie 18, als sie den ersten Trip schmissen. Innerhalb weniger Minuten sah sie die ganze Welt eingetaucht in Farben und Düfte. Ihre Haut schien plötzlich wie aus Alabaster, sie fühlte sich wie eine Prinzessin aus Tausendundeiner Nacht. Seidene Schleier hüllten sie ein, woben ein dichtes Netz um sie, das sie festhielt und doch im luftleeren Raum frei schweben ließ. Ein nie gekanntes Glücksgefühl legte sich um ihren Körper und um den seinen, und plötzlich waren sie eins, inniger, als sie es je zuvor gewesen waren, und das, obwohl sie sich nicht einmal berührten. Sie spürte die ganze Welt mit allen Sinnen und Millionen Mal intensiver, als sie es je zuvor gespürt hatte. Sie konnte es kaum aushalten, mein Gott, was war geschehen?
Als sie mit Hannes die Promenade in Meran hinunter balancierte, war ihr so, als müsste sie zwischen einer Unmenge von Pflanzen und Blumen turnen, und die Geranien, Petunien, Begonien, Orchideen, Rosen und Oleanderstauden zerrannen in Myriaden von Farben und Licht vor ihrem geistigen Auge. Sie wusste nicht, wie sie es Hannes beschreiben sollte, doch der war sowieso auf seinem eigenen Trip und lachte und lachte und lachte. Ihre Wege und Pfade verschwammen in einem gleißenden Licht und die Tränen rannen ihr bis zum Kinn, um dort am spitzesten Punkt ein Bächlein zu bilden. Sie wusste nicht einmal, warum das alles mit ihr geschah, und erst recht nicht, warum sie weinte. Irgendwann hatte eine(r) der beiden die Idee, ins Auto zu steigen und nach Bozen zu fahren. Sie fanden es irrsinnig lustig, auf LSD zu sein und mit der alten Karre durch die Gegend zu kutschieren. Nun lachten sie wie die Verrückten und konnten gar nicht mehr aufhören; sie waren losgelöst von der irdischen Welt, da schrie Dolly plötzlich

gellend auf. Sie glaubte, die Straße sei wie Brei im Schlaraffenland und würde unter ihren Reifen davonrinnen, sich in Nichts auflösen. Auch Hannes hatte das sofort realisiert und versuchte, mit seiner alten Ente diesem dahin schwimmenden Etwas nachzufahren. Dolly schrie immer lauter und intensiver und konnte gar nicht mehr aufhören. Hannes wollte sie beruhigen, doch alles, was ihm einfiel, war, sie anzubrüllen. Sie sollte endlich den Mund halten, es sei alles in Ordnung, doch für sie war nichts in Ordnung, weil die Straße im Begriff war, sich vor ihren Augen aufzulösen. Und das versetzte sie in Todesangst.

Sie sah die Bäume rechts und die Felsen links von ihr und schrie und schrie und schrie. Nein, Angst vor dem Sterben hatte sie nicht, nur hörte sie jemanden schreien wie am Spieß, doch sie wusste nicht, dass sie es selbst war, die so fürchterlich brüllte. Hannes bremste schließlich abrupt ab, blieb am Straßenrand stehen und gab ihr eine schallende Ohrfeige. Wahrscheinlich rettete er ihr damit das Leben. Denn augenblicklich hielt sie inne, blickte ihn an und begann heftig zu weinen. Sie hatte sich auf einem Horrortrip befunden. Und es gab schon allzu viele, die sich auf LSD in einen Zustand manövrierten, der sie nie wieder loslassen sollte – ein Leben lang nicht. Wo diese Leute den Rest ihres Lebens verbrachten, wusste Dolly damals nicht, und Hannes hatte sowieso keine Ahnung: in der Psychiatrie, bei irgendwelchen Psychologen, Psychiatern und Selbsthilfegruppen. Bis auf ein paar wenige Ausnahmen kapierte kaum jemand, was mit diesen hilflosen Typen, die jetzt dort herumlagen und von ihrer Angst gefangen waren, einst geschehen war. Wie sollten sie auch? Wer schon konnte verstehen, was diese Menschen erlebt hatten in den hintersten Winkeln ihres

verschlungenen Seelenlebens, in den Windungen ihres Gehirns, in den Tiefen ihrer Herzen. Niemand, der dies nicht selbst erlebt hatte, konnte das begreifen.
Für Dolly dagegen war der Spuk in diesem Augenblick erst einmal vorbei. Sie war so froh, diesem Horror entkommen zu sein, und fiel Hannes um den Hals, küsste ihn überall, wo sie ihn zu fassen bekam, und wollte gar nicht mehr aufhören, ihn zu liebkosen. Er streichelte sie und stellte sich dabei vor, sie sei ein zerbrechlicher Schmetterling mit Flügeln, der eine Spannweite von zwei Metern hatte. Zwei Meter! „Dolly, wie bist Du schön, so zart und zerbrechlich und doch so groß, so wahnsinnig groß. Dolly, wer bist Du?", hauchte er ihr immer noch im LSD-Wahn ins Ohr. Sie blickte ihn an und war wie jener Schmetterling, so zart und schön, dass es jedem Mann den Atem verschlagen hätte. Dieser Mann traute sich kaum, ihn zu berühren, diesen Schmetterling mit den Flügeln, der eine Spannweite von zwei Metern hatte und so groß und fest war, doch aber auch so zerbrechlich, dass er die Berührung nicht aushalten konnte. Irgendwann, nach vielen Stunden, erwachten sie am Rande der Straße mit einem eigenartigen Gefühl im Bauch und einer pelzigen Zunge, die ganz an einen hundsgewöhnlichen Kater erinnerte. Nie wieder sollten sie so sein, wie sie früher gewesen waren. Sie glaubten, das Paradies gesehen zu haben. Das Paradies, das in Wahrheit die Hölle war.
Dass sich Walter und Dolores vor einer halben Stunde am Bahnhof von Meran getroffen hatten, schien reiner Zufall gewesen zu sein. Bald schon waren sie sich einig, gemeinsam wieder einmal jene berühmte Freiheit zu suchen, nach der sie sich ihr Leben lang sehnten. Die deutete sich für beide, in nicht überschaubaren Etap-

pen, ab und zu am Horizont an. „Im Horizont liegt die Freiheit, Walter, weißt Du das?“, fragte sie und wusste, dass er keine Ahnung hatte, was sie meinte. Er war im Denken und Analysieren nicht so weit wie sie. Er wollte einfach das Zeug, sie wollte es auch, doch die Gründe dafür waren unterschiedlich. Er suchte den Kick, sie die Freiheit – und beide scheiterten. Diesen Kick, diese Freiheit gab es heute nur in Bozen. Hier war der Markt zurzeit ziemlich leergefegt, nur schlechter Stoff war zu haben. Doch nun sollte in Bozen gerade eine irre Ladung hereingekommen sein, direkt aus Barcelona, davon hatten sie gehört. Nun galt es, irgendwo den abgefuckten Typen aus Marokko aufzutreiben, der das Höllenzeug dieses Mal verwaltete. Der Bahnsteig war ihr Zug der Hoffnung. Der halbverweste Walter und sie, die langsam am Erlöschen war, standen da wie zwei kleine Kinder, die noch irgendetwas vom Leben erwarteten. In ihrem Gesicht, in ihren Augen, die wie ein Gebirgssee im Sommer erschienen, klar, metallen und braun, konnte man immer noch jene Sehnsucht erkennen, die sie einst besessen hatte. Immer noch war jene Leidenschaft zu erspähen, mit der sie einst durch die Welt geschritten war, jene Faszination, mit der sie die Männer verrückt und die Frauen rasend vor Eifersucht gemacht hatte. Das Charisma, mit dem man Menschen im Sturm erobert und für sich vereinnahmt, war ihr scheinbar in die Wiege gelegt worden. Dolores hatte dieses Gefühl einer schwer beschreiblichen Macht in vollen Zügen genossen. Sie tat es aber zu intensiv, und zerbrach schließlich daran. Nun war sie 37 und am Ende.

Als sehr kleines Mädchen schon besaß sie diesen unglaublichen Blick, mit dem sie Steine erweichen konnte. „Ei, ei, ei“, frohlockte sie dabei häufig. Recht viel mehr konnte dieses Menschlein damals noch nicht herausbringen, denn wie beim Laufen so auch beim Sprechen war Dolly Spätzünderin. Sie legte ihr blondes Lockenköpfchen oft schief und ließ ein bezauberndes Lächeln auf ihrem kleinen Gesicht erstrahlen, und schon kam alles angelaufen, was Beine hatte, um ihre Wünsche zu erfüllen. So gelang es ihr sogar, ihren Vater um den Finger zu wickeln. Dabei hatte dieser in seinen zahlreichen an Charlotte ausgelassenen Wutanfällen immer wieder behauptet, dieses Kind sei gar nicht von ihm. Es konnte und durfte einfach nicht von ihm sein.

Er hatte sich nach der ersten Tochter, die er sich gewünscht hatte, einen Sohn erhofft, gekommen war wieder ein Mädchen, und das auch noch viel zu früh, unterentwickelt und stets kränkelnd. Der Bauernsohn konnte und wollte sich nicht vorstellen, ein so sensibles Wesen gezeugt zu haben, das bei jedem Windhauch umzukippen drohte. Da war ich, Christine, ihre Schwester, das genaue Gegenteil. Ich hatte nahezu alle Eigenschaften, die damals in landläufiger Meinung einem Jungen zugeordnet wurden. Ich war stramm, sprach ununterbrochen, auch wenn ich gar nicht gefragt wurde. Ich zeigte mich, war mitunter vorlaut und naseweis und unglaublich mutig. Zudem konnte ich laufen, hüpfen, springen und klettern wie ein Kerl. Ja, an mir war ein Junge verloren gegangen. Ich spielte auch viel lieber mit Jungs, maß mich mit ihnen, kommandierte sie herum und eignete mir deren Sprache an. Es gab eigentlich nur noch den winzigen Unterschied, doch ich hoffte eifrig, auch dieser würde mir irgendwann noch nachwachsen.

Meine kleine Schwester, das zarte Pflänzchen, war vier Jahre jünger. Dolores weinte in den ersten Lebensmonaten sehr viel. Die Nonnen, bei denen sie abgegeben wurde, kümmerten sich herzlich wenig darum. Dolores war für sie nur ein Wurm mehr, den niemand brauchte. So wurde dieses Kind gefüttert, gewickelt und gebadet, um dann wieder in sein Bettchen gelegt und festgezurrt zu werden. Zeit für Liebkosungen, Streicheleinheiten und dergleichen war selten übrig. Was kümmerte es die Welt, wie es diesem kleinen Mädchen in dem Gitterbettchen da in der Ecke erging, wenn es im Kinderheim doch so viel zu tun gab. So lugte sie als Baby durch die Stäbe wie ein Tier aus seinem Käfig und eines Tages resignierte sie schließlich und vergaß sogar zu weinen. Der Geruch von Bohnerwachs stieg dem Kind in die Nase und ergänzte damit den von vollen Windeln, Babybrei und ungelüfteten Zimmern. Ihr ganzes restliches Leben konnte Dolores diesen Geruch nicht mehr ertragen. Einmal in der Woche eilte Charlotte, unsere gemeinsame Mutter, herbei, um ihr Kind zu besuchen. Eines Tages brachte sie auch mich mit, die größere Schwester, die bis dahin noch geglaubt hatte, sie hätte ein Brüderchen bekommen.

„Christele, schau mal, das ist Dein Schwesterchen, es heißt Dolores", sagte Mama und legte mir, der Vierjährigen, das winzige Bündel in die Arme. Sehr verlegen und im Umgang mit kleinen Babys nicht kundig, war ich mit der Situation völlig überfordert und stotterte, dass ich „ihn" eigentlich hatte lieber Isidor nennen wollen. Isidor, welch seltsamer Name! Das war nur scheinbar eine eigenartige Wahl. Denn damals war ich in einen kleinen Jungen mit diesem Namen heftig verliebt. Er wohnte nur eine Straße weiter in einem Dorf bei einer Familie, wo man mich bis vor kurzer Zeit untergebracht hatte. Mit der völligen Ergebenheit einer Dreijährigen hatte ich Tag für Tag nur mehr von Isidor geschwärmt, der vielleicht fünf gewesen sein mochte. Er war ein kleiner schwarz gelockter Jun-

Die kleine Dolly und Christele beim Rodeln in Verdins (bei der Klotzner-Mama)

ge mit noch schwärzeren Knopfaugen, die verträumt in die Welt blickten. Für mich, das kleine Christele, schien er die Verkörperung meiner winzigen Glückseligkeit. Einmal hatte ich im Dorfgasthaus für ihn sogar heimlich eine Bretzel gestohlen. Das war jenes Salzgebäck, das in allen Dorfgasthäusern dieser Gegend am Tresen an eigenartigen kleinen Holzständern hing. Ich war in einem unbeobachteten Moment hingeschlichen und hatte eine dieser Bretzeln einfach mitgenommen. Mir war dabei gar nicht mulmig zumute und ich empfand auch keine Angst. Und meine Tat schien sich gelohnt zu haben. Hinterher war ich zu Isidor gelaufen und hatte ihm die Bretzel in die kleine Hand gedrückt. Isidor war verzückt und lächelte. Doch bald darauf wurde der kleine Junge mit dem eigenartigen Namen unerreichbar für mich. Ich war schon wieder zu einer neuen Familie gekommen, weg von jenem Ort, in dem auch Isidor lebte. Mein kleines Kinderherz krampfte sich wochenlang zusammen, wenn der Junge wieder in meiner Erinnerung auftauchte. Und jedesmal, wenn ich einen Bub sah, der annähernd so aussah, wie Isidor ausgesehen hatte, glaubte ich, er sei es. Einmal rannte ich einem schwarz gelockten Knirps entgegen und schrie aus Leibeskräften „Isidor, Isidor". Das war mitten in der Stadt, und meine Mutter zog mich peinlich berührt einfach weiter.

Zwar gefiel es mir bei meiner neuen Pflegemutter auch sehr gut, wenn nicht sogar noch besser, denn hier gab es weite Wiesen und Felder, genug Platz zum Spielen und die Freiheit reichte weit über das Dorf hinaus. Dennoch erinnerte ich mich noch Monate und sogar Jahre danach an meine erste große Liebe. Das war wohl der Grund, warum ich meiner Mutter schon vor der Geburt des Brüderchens, denn ein solches war ja vorgesehen, in den Ohren ge-

legen hatte, man sollte es doch einfach Isidor nennen. Nun aber hieß dieses kleine Wesen, das meine Mutter mir da wider Willen in die Arme gedrückt hatte, plötzlich nicht Isidor, sondern Dolores und war auch noch ein Mädchen. Das war eindeutig zuviel für Christele, die ihr Schwesterchen zum ersten Mal sah, als es schon ein paar Monate im Heim lebte.
„Nimm ihn wieder", sagte ich in der Sprache einer Vierjährigen und flehte meine Mutter verzweifelt an. „Nimm den Isidor wieder, bevor ich ihn noch fallen lasse." Mama lächelte, natürlich konnte sie verstehen, dass ich mit der Situation nicht klarkommen konnte. Wie sollte ich auch? Dolores war mir fremd, außerdem hatte ich noch nie mit kleineren Kindern zu tun gehabt. Ich spielte immer nur mit größeren, mit denen ich herumtollen konnte wie verrückt. Und das tat ich bei der neuen „Mama" auch, denn diese war Bäuerin und hatte viel zu tun. Neben den sieben eigenen Kindern hatte sie mich für ein paar Lire als Pflegekind angenommen, das war damals so üblich. Doch diese „Klotzner-Mama", wie sie von allen genannt wurde, war außerordentlich gütig und von einer unglaublichen Herzenswärme. Daher wollte ich als kleines Mädchen meine leibliche Mutter, wenn sie ein- oder zweimal im Monat zu Besuch kam, oft gar nicht sehen. Das geschah nicht aus Abneigung oder aus Trotz, ich hatte einfach keine Zeit mehr für sie. Das tat Mama dann natürlich weh. Doch ich hatte mich aus der Not heraus zu einem kleinen Fratz entwickelt, der schon sehr früh selbstständig sein Leben verwaltete und dauernd unterwegs war. In dem Dorf gab es nur wenige Gefahren, aber diese mussten die Kinder selbst bewältigen. Die „Mama" hatte kaum Zeit, sich dauernd um ihre immer zahlreicher werdende Schar zu kümmern. So erzogen wir Kin-

der uns gegenseitig: Wir wussten, wann wir nach Hause zu gehen hatten, wann ins Bett und wann wir wieder aufstehen sollten. Die innere Uhr trieb uns heim, wenn wir Hunger oder Durst verspürten, und zwang uns ins Bett, wenn wir müde waren. Es war ein herrliches, ein freies Leben.

Meine Mutter war damals allerdings auch darüber enttäuscht, dass ich mich nicht doch ein bisschen über das neue Geschwisterchen freuen konnte. Doch ich wollte nur so schnell wie möglich wieder zurück in mein Dorf. Dort gab es grüne Weiden, auf denen sich Kühe ihr Gras selber suchen konnten und wir Kinder uns oft den ganzen Tag über nur mit Beeren aus dem Wald ernährten. Hier konnten wir uns auch frei bewegen, viel freier als in dieser großen Stadt, die die Erwachsenen Bozen nannten und in der so viele Autos fuhren und man aufpassen musste, dass man nicht überfahren wurde. Ich wollte auch zurück zur „Mama", die ich lieb gewonnen und mir eigentlich selbst ausgesucht hatte. Denn ursprünglich war ich bei einer Verwandten untergebracht, doch schon bald zog es mich magisch zu jener „Klotzner-Mama" hin, so lange, bis sie beschloss, mich mit dem Einverständnis meiner Mutter auch noch bei sich aufzunehmen. Außerdem konnte sie die paar Lire auch ganz gut gebrauchen. So hatte ich mir ein wenig Geborgenheit ergattert, wenngleich diese auch bezahlt werden musste, doch es hat alles im Leben seinen Preis. Zu dieser Zeit war ich fünf Jahre alt.

Heiß brannte die Sonne auf ihre braune Haut und Dolores strich sich mit der flachen Hand durch das dunkelblonde Haar. Immer, wenn sie das tat, zupfte sie nachher wie geistesabwesend an ihren erbärmlich abgekauten Nägeln herum. Die sahen im Laufe der

Zeit so zerrupft aus, dass eigentlich nur mehr eine Spur von Nagelbett vorhanden und der Rest abgekaut war. Natürlich blutete alles ständig. Seit ihrer Kindheit biss sie an diesen Nägeln herum, sodass sie wund waren bis hin zu den Wurzeln. Es war ein Akt der Selbstverstümmelung, eine exzessive Form der Verzweiflung, die in ihrer Seele stattfand. Vielleicht sehnte sie sich jene Zeit zurück, als sie noch die kleine Göre war, ihr Vater noch die Firma besaß und die Familie noch einigermaßen intakt und ziemlich beachtet in der Gesellschaft ihrer Umgebung war. Wir Töchter sollten uns eine „gute Partie" angeln, so wünschten es sich die Eltern. Wäre es nach deren Wünschen gegangen, so hätten wir wohl baldmöglichst Hoteliersssöhne der Gegend geheiratet. Einmal waren wir gemeinsam mit unseren Eltern im Kurhaus von Meran, wo die imposanteste Ballnacht des Jahres stattfand. Doch wir fanden alles nichts weiter als lustig, ja geradezu lächerlich. Aber vielleicht hatten wir uns einfach nur allzu früh viel zu ernsthafte Züge angeeignet. Ständig waren wir auf der Suche nach dem „wahrhaftigen" Sinn unseres Daseins. Eigentlich viel zu früh für dieses Alter. Auch trieben wir uns sehr früh schon in der Welt herum und konnten dem damaligen Südtiroler easy way of life kaum etwas abgewinnen. Unsere Ziele lagen irgendwo in weiter Ferne. Das war für uns jene Zeit, in der wir uns über das „heilige Land Tirol" mokierten, in dem alles an der Oberfläche dahinzuschwappen schien. Ich zerbrach mir dabei eher den Kopf, wie ein Land ein Genie wie Norbert Kaser verrecken lassen konnte, über Alexander Langer lachte, einen Reinhold Messner verhöhnte und auch alle in die Wüste schickte, die sich nicht stromlinienförmig verhielten und unangepasst waren. Aus der Sicht der „normalen" Südtiroler war dies ziemlich dumm von

mir. Doch ich konnte nicht anders. Auch Dolly fand sich kaum zurecht. Wir fühlten uns beide aussortiert, nicht dazugehörend. Das hier konnte nicht unsere Welt sein. Früh hatten wir dies begriffen, schwammen gegen den Strom, waren in keinster Weise folgsam und hinterfragten alles. Natürlich widersprach diese Einstellung der Philosophie unserer Eltern grundlegend, die noch dazu im Begriff waren, ausgerechnet hier ein Firmenimperium aufzubauen. Viele aus ihrer Generation hatten es sehr schwer gehabt und waren nun im Begriff, den Absprung in höhere Sphären zu schaffen, materiell wenigstens. Andere wiederum blieben auf der Strecke, und gar einigen stieg der Ruhm zu Kopf und sie wurden ziemlich arrogant und zynisch. Nur ein ganz kleiner Teil war auf dem Boden geblieben. Doch Dolly und ich rebellierten und wollten eigentlich nur weg. Ja, es war dumm, doch wenigstens ehrlich.
Doch auch die, die wir damals Spießer nannten, hatten letztendlich ihren Preis zu zahlen. Es gab viele Neureiche, die kaum mehr Zeit hatten, sich um ihre Kinder zu kümmern. Sie bauten ihre Kuhställe zu Hotels um, die Touristen kamen in Strömen über den Brenner und Reschen, in den Heustädeln standen plötzlich Gästebetten und die Kinder zogen in die Rumpelkammern um. Zeit? Die wurde dabei immer knapper. Der Preis für die harte D-Mark war hoch, bezahlt haben ihn die Kinder. Sie hatten plötzlich keine Eltern mehr, die mussten sich um die immer zahlreicher werdenden Urlauber kümmern. Auch Dolores und ich waren oft allein und fühlten uns einsam. Unsere Eltern bauten aufgrund des enormen Booms gerade die Firma auf, eine solche Gelegenheit kam nicht so schnell wieder.
Dolores musste jetzt an Emma denken. Sie hatte die letzte Lebensgefährtin unseres Vaters vor einer halben Stunde im Bus getroffen.

Nachdem Mama sich nach mehr als 30 Jahren von Tata getrennt hatte, war er hilflos und versuchte seine Sorgen mit Alkohol zu ertränken. Er irrte umher wie jemand, der nach einem Strohhalm suchte. Ein solcher Strohhalm tauchte tatsächlich auf: in Gestalt von Emma, die in irgendeiner Kneipe vom Barhocker kippte. Sie waren beide bereits sturzbesoffen, als sie ins Gespräch kamen. Er erzählte ihr von seinem Leben, von seinem Leid, sie ihm von dem ihren. Es gibt nichts auf der Welt, was mehr verbindet als Leid. Es dauerte nur wenige Tage und er zog in ihre Wohnung ein. Nun konnten sie sich gemeinsam durchs Leben saufen, doch wen kümmerte das? Die beiden selbst machten sich am wenigsten selbstkritische Gedanken: Es ging ihnen schließlich finanziell nicht schlecht, und die Sorgen gemeinsam zu ertränken, schien allemal besser und bequemer, als sie zu bewältigen. So lebten sie in einer alles einschließenden Gleichmäßigkeit zusammen, die von der Gesellschaft mit Staunen gemustert wurde. Doch was wusste diese Gesellschaft schon über das, was sie in den Jahren zuvor mitmachen mussten!
Zu verlieren hatten die beiden nichts mehr, denn verloren hatten sie bereits alles: er seine Frau und, wie er glaubte, auch seine Kinder. Sie ihren Sohn, ihre beiden Männer, ihre Gesundheit und ihr Leben. Nun wollten sie auf die Gewinnerseite wechseln. Den letzten Rest, der ihnen noch geblieben war, auch wenn sie ihn in Alkohol ertränkten, wollten sie nun gemeinsam leben. Der ehemalige Geschäftsmann, der auf der halben Welt zu Hause gewesen war und eine Firma mit vielen Mitarbeitern aufgebaut hatte, war tief gefallen, so tief, dass er nicht mehr aufstehen wollte. Liegen bleiben war in diesem Moment einfach weniger anstrengend. Seine

schwere Krankheit, der Alkohol und die Frauen hatten ihn in den Ruin getrieben, bis nur mehr ein Häufchen Elend von ihm übrig geblieben war. Emma konnte nur noch ein Trostpflaster in seinem Unglück sein. Doch sie war wenigstens bereit, es mit ihm zu teilen. Und so war dieses Leid irgendwie halbiert.
Emma war 15 Jahre älter als er und vom Leben noch stärker gebeutelt. Zwei Männer hatte sie überlebt und ein Kind gehabt. Doch das war lange her: zu lange, um damit ihre Träume ausfüllen zu können. Doch der Schmerz über ihr Kind war immer noch da. Gleich nach der Geburt hatte man es ihr weggenommen. Sie war damals Magd auf einem Bauernhof gewesen. Eine Magd hatte kein uneheliches Kind zu bekommen, selbst wenn der Bauer der Vater war. Ein Kind der Schande auf einem Anwesen irgendwo in irgendeinem Kaff im düstersten Vinschgau. Dort wurden Kinder zu jener Zeit noch in den Schweinestall gesperrt, wenn sie nicht parierten. Und die Bäuerinnen mussten zehn, zwölf und mehr von diesen Bengeln bekommen, die später, kaum dass sie laufen konnten, zur Arbeit herangezogen wurden und so für den Fortbestand des Hofes sorgten. Doch dieser Balg musste weg, er hatte keinen Platz hier. Er war nicht vorgesehen und würde nur Unordnung in das geregelte Leben aller bringen. Emma aber trauerte ihr Leben lang einem Sohn nach, den sie neun Monate im Bauch getragen und nur wenige Tage im Leben gekannt hatte. Wenigstens hinterließ er ihr den Schmerz und sorgte dafür, dass sie keinen Tag verbringen konnte, ohne an ihn zu denken.
„Drei Tage nach der Geburt haben sie ihn abgeholt und zu einer Familie in die Schweiz gebracht“, erzählte sie immer wieder. Auch 50 Jahre danach weinte Emma noch um ihn. Es war dies einer von

jenen Schmerzen, die sich tief in die Seele einbrennen, einer von denen, die man ein Leben lang mit sich herumträgt. So war es mit Emmas Sohn. Sie hatte ihr Kind nicht nur als belastende Erinnerung, sondern auch als Rechtfertigung für ihr eigenes Versagen. Als der Sohn längst erwachsen war und sie ihn wiedersah, entwickelte sie ihm gegenüber eine Scheu, die sich niemand erklären konnte außer sie selbst. Sie wollte den Zauber des weggenommenen Kindes mit allen Mitteln aufrechterhalten. Was sollte sie auch schon mit einem eigentlich recht wohlgeratenen erwachsenen Menschen anfangen, der von anderen Eltern großgezogen wurde und der im Leben bestehen konnte? So hing sie ewig dem Mythos des verlorenen Sohnes nach, der ihr die Rechtfertigung gab, ihren eigenen, ihren lebenserhaltenden Schmerz aufrechtzuerhalten. Er schien ihre einzige Rechtfertigung für ihr eigenes verpfuschtes Leben.
„Hei Emma, zahl' mir ein Glas Weißen", rief Dolores ihr im Bus zu. „Hab' grad Lust dazu, doch kein Geld", hakte sie nach und Emma war froh, jemanden gefunden zu haben, der ihr Gesellschaft leistete. Seit dem Tod von Karl war sie viel unterwegs. Was sonst sollte sie auch tun? Zu Hause, in diesem düsteren Loch herumsitzen und warten, bis ihr die Decke auf den Kopf fiel? So zog sie jeden Tag los, um irgendetwas zu erleben. Knapp 70 Jahre alt war sie jetzt, doch quickfidel wie immer. Jeder, der sie kannte, wusste, dass Emma ein heiteres Wesen besaß, das man bis zur Übermäßigkeit strapazieren konnte. Niemand sah die harten Schläge, die ihr viele Menschen mitten ins Gesicht und ins Herz gegeben hatten. Die Seele zeigt ihre Wunden nicht offen, und ihre Narben schon gar nicht.
Emma, die Alte, und Dolores, die Junge, hatten viele Gemeinsamkeiten. Die eine, zehn Jahre lang Lebensgefährtin von Karl, ihrem

Vater, blickte auf ein Leben als Dienstmagd zurück. Dieses Leben bestand eben auch aus einem Kind, das nie zu ihr gehört hatte, doch in seiner Abwesenheit dafür sorgte, dass sie lebte. Eines Tages geschah der Unfall mit der Bügelmaschine, der ihr eine verkrüppelte Hand bescherte und sie zur Invalidin machte – aber auch zu einer Frau, die keine Geldsorgen mehr haben sollte. Denn die Rente konnte sich sehen lassen und Emma genoss es in vollen Zügen, endlich genug Geld zum Leben zu besitzen. Der Unfall hatte sich zum wahren Glücksfall für sie entwickelt, was war schon eine verkrüppelte Hand dagegen? Doch die gemeinsamen Alkoholexzesse in den letzten Jahren bescherten Emma und Karl nicht nur Aussetzer im Kleinhirn, sondern auch noch zahlreiche Krankenhausaufenthalte, die das Großhirn beschäftigten. Mehrmals stürzten sie im Suff über Treppen oder stolperten über Schranken und andere Hindernisse und schlugen sich die Köpfe und Körper wund. Auch diese Wunden heilten schnell, jene in der Seele jedoch nie.

Die andere war mit ihren 37 Jahren noch jung. Auch ihr Kind war weg, es war bei ihrer Mutter „gut aufgehoben". Dolores war nicht nur dem Alkohol zugetan, sondern auch Schlaftabletten, Drogen, Tranquilizern, Aufputschern, Abturnern, Koks, Ecstasy und LSD verfallen. Im Grunde nahm sie alles, was sie bekommen konnte. Meine Schwester hatte rastlose Jahre im Drogen-, Alkohol- und Tablettenrausch hinter sich, war immer auf dem Sprung nach dem ultimativen Kick, immer auf der Suche nach der Freiheit, nach der sie sich sehnte wie nach nichts anderem auf der Welt, die sie aber auch fürchtete wie nichts sonst. Sie war immer auf der Suche nach ihrem wahren Ich. Am Ende war alles umsonst, alles vergebens, auch Markus konnte sie nicht halten. Nun standen sie und Emma sich erneut gegenüber. Vater war seit Jahren tot, doch Emma immer noch unterwegs, ebenso wie Dolores. Die Junge und die Alte verstanden sich, denn Gemeinsamkeiten verbinden. „Dolores, Du sollst nicht saufen", sagte Emma und wusste nur zu gut, dass sie mehr zu sich selbst sprach.

„Ach, Emma, was redest Du da, Du säufst ja selber", lachte die Junge schallend, und schon konnten beide nicht mehr aufhören loszuprusten. Die Siebzigjährige und die Siebenunddreißigjährige standen sich gegenüber, die eine in ihrem altmodischen Faltenrock und der Bluse, die einmal bessere Zeiten gesehen hatte und irgendwie nach billigem Schnaps und abgestandenem Urin roch. Die andere war in ihrer modernen Jeans, dem lila T-Shirt, mit dem rot gefärbten Haar und dem geschminkten Gesicht immer noch sehr hübsch anzuschauen. Doch sie war bereits aufgedunsen von all dem, was sie seit Jahren in sich hineinkippte. Ihr Bauch war kugelrund und die Leber machte nicht mehr mit. Sie sah aus, als wäre sie im sechsten Monat schwanger.

„Prost Emma, was soll's, ich fahr jetzt nach Bozen, das ist Walter", stellte sie ihren „Freund" vor, und nach dem dritten Glas machte sich ein leichtes Lallen auf ihren Lippen bemerkbar. Nur eine halbe Stunde vorher hatte sie noch schnell eine Beruhigungspille eingeworfen und die zeigte nun Wirkung. Doch wer konnte ihr um Himmels Willen sagen, wie sie dieses unerträgliche Leben ohne das verdammte Zeug hätte aushalten sollen?

„Pass auf Dich auf, ich habe zehn Jahre mit Deinem Vater gelebt, das weißt Du", erinnerte die andere zum wiederholten Mal. Es klang so, als ob sie sagen wollte, mit Dir wird es dasselbe schlimme Ende nehmen. Karl war eines Tages einfach vom Stuhl gekippt und tot. Sein Herz hatte aufgehört zu schlagen. Dabei war er erst 62, ein Alter, in dem andere anfangen zu leben. Ich hatte ihm öfter im Scherz vorgesungen: „Tata, mit 66 Jahren, da fängt das Leben an, mit 66 Jahren, da hat man Spaß daran". Doch was wusste ein Schlagersänger wie Udo Jürgens schon von einer zerbrochenen Seele in einem zerstörten Körper? „Ach, Christine, hör' doch auf mit Deinen 66 Jahren, ich bin kaputt, das siehst Du doch. Ich bin ein alter Mann, Deine Mutter hat mich zerstört", pflegte er wehmütig zu sagen, wobei er das Gesicht zu einer Grimasse verzog und unaufhörlich lachte. Manchmal aber kippte die Stimmung augenblicklich und dann weinte er. In diesem Zustand konnte er gar nicht mehr aufhören. Das klang gespenstisch. Einmal erzählte er von dem Kot, den er am Tag zuvor auf dem Kühler seines Wagens gefunden hatte. Damals hatte er immer noch jenen Mercedes, ein Statussymbol, das zwar in die Jahre gekommen war, jedoch an bessere Zeiten erinnerte und ihn irgendwie am Leben erhielt, weil es ihm den letzten Rest von Würde und Unabhängigkeit vermittelte. Es handelte sich um menschlichen Kot. Irgendjemand, der ihm nicht wohlgesonnen war, hatte ihn mitten auf den schönen Mercedes deponiert. Mir wurde speiübel. „Tata, das ist nicht wahr, Du erzählst Witze, das kann nicht sein." Natürlich war es wahr und mein Vater brach wieder in Tränen aus. „Nicht einmal in meinen alten Tagen kann man mich in Ruhe lassen", schluchzte er herzzerreißend, und sein Plärren klang wie das eines Babys durch den Raum. Ich blickte betroffen zu Boden und hatte keine Worte mehr. Ein Dolch hatte mein Herz durchbohrt. „Herrgott, erlöse diesen Menschen von seiner alles zerstörenden Wehmut, die in seiner

Brust hämmert. Herrgott, lasse nicht zu, dass er in den letzten Jahren oder Monaten so zugrunde gehen muss", schickte ich lautlose Stoßgebete gen Himmel. Er selbst hatte den Glauben an den Herrgott allerdings längst verloren. Den hatte man ihm dort, wo er aufgewachsen war, mit dem Beelzebub ausgetrieben. Das war auf einem Bergbauernhof. Da hatte ihn seine Mutter als Baby abgeliefert und da hatte er danach seine Kindheit verbracht.
Der Hof lag romantisch in einer Talmulde inmitten von Wiesen und Wäldern, hätte es Feinde gegeben, niemals hätten sie dieses Anwesen finden können. Hühner gackerten auf dem Misthaufen und die Kühe standen auf der Weide, als Elisabeth mit dem kleinen Bündel auf den Hof zukeuchte. Es war mitten im Sommer, die Kornähren wiegten sich in der leisen Brise, die vom Süden kam. Das war gut so und versprach trockene Tage, die für die Reifung notwendig waren. Im August brauchte man solches Wetter, bald schon sollte es an die Ernte des sonnengetränkten Getreides gehen. Und die sollte so satt wie nur möglich sein, denn die Winter hier oben waren lang und streng. Josef, der Bauer, und Anna, seine Bäuerin, hatten nur wenige Monate zuvor geheiratet und noch keine eigenen Kinder, als seine Schwester mit dem Balg auf dem Hof auftauchte.
„Das ist Karl", sagte Elisabeth und stellte das Paket mitten auf dem Stubentisch ab. „Ich habe ihn vor einem Monat bekommen, den Vater kennt ihr nicht. Auch egal, es ist eh nur ein Bsuff." So nannte man in dieser Gegend jene Männer, die zuweilen zu tief ins Glas schauten. Von einem „Bsuff" also hatte sie dieses Karlchen bekommen, das nun friedlich da in seiner Decke schlummerte und von nichts eine Ahnung hatte. Der Tag war heiß, doch hier oben war er erträglich. Die Berge schauten tief hinab ins Tal und warfen ihre Schatten

in jeden Winkel des Hofes. Die alte Mühle am Bach klapperte und es war wie immer: friedlich und ohne besondere Vorkommnisse. Außer, dass Elisabeth ihren Sohn vorbeigebracht hatte. Aber selbst dies war nicht besonders aufregend, es gab wichtigere Dinge zu erledigen. Am selben Abend verschwand sie wieder, denn sie musste nun bei einem anderen Bauern arbeiten, der vorherige wollte ihr diesen Fehltritt nicht verzeihen, und so ward sie lange Wochen nicht mehr gesehen. Karlchen aber schrie Tag und Nacht, weil ihm die Mutter fehlte, und Anna hatte nicht viel Zeit für den Schreihals. Sie musste ihrem Mann zur Seite stehen, ihm im Stall und auf den Wiesen und Feldern helfen. Bald waren die Kornähren zu schneiden und auf der Tenne zu dreschen, das Heu zu mähen und später das „Groumet". Die zehn Kühe und das Kalb im Stall waren zu versorgen, dann kamen die Kartoffeln an die Reihe. Am Abend wollten die Schweine gefüttert werden, die Schafe, die Hühner und die Enten. Doch Karlchen schrie immer noch. Ein Glück, dass es Rosa gab, die alte Mutter des Bauern, die sich ein wenig um ihn kümmern konnte. Doch sie war bereits schwach und gebrechlich. Eine Nachbarin kam schließlich auf die grandiose Idee, ihm ein wenig Selbstgebranntes in die Milchflasche zu geben, und Karlchen schlief selig ein. Oh, wie wunderbar, des Rätsels Lösung war tatsächlich gefunden. Karlchen schrie nach Schnaps und das war gut so. Die Bäuerin konnte auch endlich wieder ihre Arbeit erledigen und die alte Mutter sich nun erholen und Bauer Josef vergaß den ersten Groll, diesen Bastard hier durchfüttern zu müssen, und Karlchen schlummerte friedlich, wenn auch als Jungalkoholiker in seiner Wiege.
Als aus Karlchen Karl wurde, war der Spaß zu Ende. Doch vorher hatte Anna in zwei Jahren zwei Kinder bekommen und bald noch

weniger Zeit für alles. Oma Rosa war zudem verstorben und Karlchen hatte nichts mehr zu lachen. Er wurde mit aufs Feld gezerrt, die anderen beiden Kinder ebenso. Karlchen trippelte in den Stall und in die Scheune. Er sah dem Bauern zu, wie er ausmistete und das Heu am Heuboden in dieses tiefe Loch stopfte. Ganz unten, wo sich die Kühe aufhielten, kam es dann auf wunderbare Weise wieder zum Vorschein. Schließlich beobachtete Karlchen noch, wie Josef das Korn schnitt. Das tat er mit einer eigenartigen Maschine, die an eine Holzbahre erinnerte, eine fast zwei Meter lange Holzbahre. Dort schob Bauer Josef das Stroh mit der linken Hand hinein und vorne schnitt er es mit der rechten Hand und einem sehr scharfen Messer, das an der Bahre befestigt war, ab.
Dabei geschah es: Der Bauer hatte wieder einen besonders harten Tag hinter sich und war schon sehr müde. Die Dämmerung war bereits angebrochen, als er die Arbeit mit dem Korn begann, und er hatte keine Zeit, auch noch auf Karlchen aufzupassen. Das musste der Bengel schon selber tun. Josef schnitt und schnitt, bis ein gellender Schrei durch die Scheune drang. Karlchen hatte in kindlicher Neugierde seine Hand in die Kornmaschine gesteckt und Josef durchschnitt sie mitsamt dem Korn einfach. Karlchen war damals erst zwei Jahre alt.
Rasch wurde das Kind ins ferne Spital gebracht, wo Mama Elisabeth herbeigeeilt kam und heulte, bis sie keine Tränen mehr hatte. Immerhin konnte das Leben des Buben gerettet werden, im gegenteiligen Fall hätte bis auf seine Mutter, die vom schlechten Gewissen geplagt war, wahrscheinlich auch niemand um ihn geweint. Ja, es hätte gar für einige zwei, drei Sorgen weniger bedeutet. Karlchen selbst war sehr tapfer. Nach einigen Tagen durfte das

Kind wieder auf den Hof hoch oben in den Bergen zurück. Anna pflegte Karlchen so gut sie konnte und legte ihm Huflattichsprösslinge auf, die entzündungshemmend wirken sollten. Doch irgendwie musste etwas daneben gegangen sein, denn am dritten Tag war Karlchens Hand so schwarz wie die Raben, die ständig oberhalb des Hofes kreisten. Und Karlchen schrie erneut herzzerreißend, doch diesmal half selbst der Schnaps nicht. Elisabeth kam wieder herbeigeeilt und schimpfte und zeterte: „Was um Himmels Christi Willen und der Mutter Gottes ihrer Andenken macht ihr mit meinem Bübchen?"
„Schau' doch selber auf diesen Bastard, wenn es Dir nicht passt", schrie Bauer Josef, der von Tag zu Tag zorniger wurde. Im Laufe der Jahre hatte er sich zu einem wütenden Wicht entwickelt. Irgendwie schien es, als würde er immer winziger und schmächtiger, so als wollte er sich eines Tages sang- und klanglos in Luft auflösen und die harte Arbeit und die Pflichten den Weibern überlassen, deren zwei er zu allem Unglück selbst in die Welt gesetzt hatte. Was fehlte, war immer noch der heiß herbeierhoffte Sohn, der eines Tages das Erbe antreten sollte. Mit Karlchen konnte man nicht rechnen, das war der Bastard seiner Schwester, diesem Luder, und nicht würdig, die Arbeit der Vorfahren fortzusetzen. Jetzt musste der Bastard aber erst einmal wieder rasch ins Spital gebracht werden, denn seine schwarz verfärbte Hand sah beängstigend aus, zudem schrie er noch immer wie am Spieß. Elisabeth schnappte ihn sich, zog ihm das Lodenjäckchen über und ging mit ihm die drei Stunden zu Fuß ins Dorf. Dort stieg sie mit dem brüllenden Bündel in das nächste Postauto und fuhr erneut Richtung Stadt, wo das Krankenhaus stand. Die Ärzte schlugen die Hände über

dem Kopf zusammen und riefen nun ihrerseits alle Heiligen an, als sie Karlchen in diesem Zustand sahen. Er hatte den befürchteten Wundbrand bekommen und das kleine Fäustchen, das vom letzten Mal übrig geblieben war, musste ihm bis zum Handgelenk amputiert werden. Das Kind hatte unsagbare Schmerzen erleiden müssen, und nun war die Hand komplett weg. Karlchen war mit seinen zwei Jahren Invalide.

Nach sieben Tagen konnte sie ihn wieder abholen, das Gröbste war vorüber. Es ging zurück zum Hof, wo inzwischen alles seinen gewohnten Lauf genommen hatte. Die Rückkehr von Karlchen nahm man zwar zur Kenntnis, doch sorgte diese Tatsache nicht unbedingt für Erheiterung, von Mitgefühl ganz zu schweigen. Immerhin schrie er jetzt nicht mehr. Irgendwann konnte auch der Verband abgenommen werden, und was da zum Vorschein kam, war ein eigenartiger Stumpf, der auf dem Handgelenk saß und sich anfühlte wie ein Fremdkörper. Im Laufe der Zeit vernarbte der Stumpf und wurde ein rundes Stück Fleisch, das Karlchen durch gezieltes Lernen für verschiedene Arbeiten einsetzen konnte. Als er größer geworden war, konnte er ihn sogar als Waffe verwenden, als eine Art Schlagknüppel gegen Feinde.

Mit 14 war er dann so weit. Bis dahin hatte Karl harte Arbeit am Hof zu verrichten, zu der man ihn zwischen Schule und Hausaufgaben anhielt. Der Bub war praktisch die billige Kraft auf dem Hof, die nichts zu melden hatte, nur zu gehorchen, da er sich seine Mahlzeiten hart verdienen musste. In der Schule wäre er gut gewesen. Da er dauernd Faxen im Kopf hatte, war seine Schulkarriere nach sechs Jahren bereits zu Ende. Auch egal, er sollte schließlich arbeiten. Lesen und Schreiben sollte genügen, alles Weitere wäre

sowieso Unsinn. Als er mehrmals den Wunsch äußerte, Lehrer werden zu wollen, ertönte schallendes Gelächter auf dem Hof.
„Was, Du und Lehrer? Mit dieser verkrüppelten Hand? Unvorstellbar." Ein Lehrer hatte perfekt zu sein und Karl war alles andere als perfekt. Zwar hatte er sich im Laufe der Jahre zu einem außerordentlich hübschen Jungen entwickelt, doch die Arbeit auf dem Hof bescherte ihm Schwielen an seiner verbliebenen Hand und dicke Hornhäute an den Fußsohlen. Im Gesicht war er braun gebrannt, ja gegerbt von Sonne und Wind. Seine Späße beim täglichen Rosenkranzbeten abends in der Stube waren Bauer Josef ein Dorn im Auge. Dafür gab es laufend Prügel mit dem Stock. Das waren die letzten Prügel, die er einzustecken hatte, denn untertags war es noch schlimmer. Bei jeder sich bietenden Gelegenheit drosch der Bauer auf den Jungen ein. Das schlechte Gewissen, dass es seine Unaufmerksamkeit gewesen war, die dem Bübchen damals die Hand gekostet hatte, ließ ihn wohl nicht ruhen. Weil er zeit seines Lebens nicht mehr damit klarkommen konnte, ließ er den Jungen bei jeder Gelegenheit spüren, dass er es gewesen war, der ihm dieses schlechte Gewissen beschert hatte – zeit seines Lebens. Dafür sollte er büßen, und für noch viel mehr. So verging kein Tag, an dem Karlchen und später Karl von Josef nicht windelweich verdroschen wurde.
Mit der Rosenkranz-Kette in der Hand wurde auf dem Hof jeden Abend auf seinem Gebetsstuhl knieend der Rosenkranz heruntergeleiert. Selbst die Bäuerin, die derweil in der Küche das Abendbrot für die Familie im Haus und die Schweine im Stall zubereitete, schloss sich diesem Ritual an. Durch eine Luke in der Wand, die die Küche mit der getäfelten düsteren Stube verband, konnte Anna

jedes Wort verstehen. Und dabei vergaß sie nicht ein einziges Mal ihren eigenen Einsatz, während sie kochte. Die Prozedur dauerte mindestens eine geschlagene halbe Stunde, vorausgesetzt, der Bauer war nicht wieder eingeschlafen. Das passierte immer öfter, da er von Müdigkeit überwältigt und von der Last der Arbeit zu Boden gedrückt wurde. Dann musste er geweckt werden, was durch einen sanften Rippenstoß, manchmal aber auch etwas gröber geschah. Danach konnte das Geleiere fortgesetzt werden. Ohne den Bauern lief rein gar nichts, das war klar. Er hatte hier das Sagen, und damit basta. Er war zwar schmächtig und seine Gestalt neigte sich von Jahr zu Jahr immer tiefer zu Boden, dennoch genoss er die absolute Autorität, die ihm der Rest der Familie in hierarchischer Ordnung zuerkannte.

Karl hatte mit diesem religiösen Gehabe allerdings nichts am Hut. Er hatte einige Bücher gelesen, die ihm ein Nachbar, der Jahre in der Fremde gewesen war, besorgt hatte. Er entwickelte sich zum Rebellen auf dem Hof, der alles und jedes in Frage stellte, Antworten wollte und Ausreden nicht gelten ließ. Die gängige Meldung des Bauern, ja selbst der Bäuerin, „dass alles so ist, wie es ist, weil es so ist", wollte er nicht anerkennen. Dieser Fatalismus war ihm vollkommen fremd. Als einmal Bomber wie die Bienenschwärme bedrohlich über seinen kleinen Himmel kreisten, suchte er im Radio, das es nunmehr auf dem Hof gab, zu dem aber eigentlich nur der Bauer Zugang hatte, nach einer Erklärung. Schließlich fand er eine geeignete Frequenz, auf der eine Stimme vom Krieg sprach und von Himmler und Hitler und der Wehrmacht und den Soldaten, die ausgezogen waren, um Reich und Vaterland zu retten. In der Schule bohrte er bei seiner Lehrerin, Fräulein Unterkalmsteiner, so lange nach, bis sie ihn beiseite nahm und einige karge Erklärungen abgab, damit der ärgerliche Bengel endlich seinen Mund hielt. Nein, es war nichts mehr, wie es einmal war. Mit solchen nichtssagenden Erklärungen gab sich Karlchen nicht zufrieden, und Karl erst recht nicht. Die Schläge aber taten weiterhin weh, höllisch weh.

Jedenfalls wusste Bauer Josef, der kaum seinen Namen schreiben konnte, nichts von alledem und nichts von den Gedanken, die im Hirn des Buben kreisten. So ein eigenartiges Etwas, das eine verkrüppelte Hand hatte, die zum festen Zupacken kaum zu gebrauchen war, und ohne Ehrfurcht vor Gott lebte, ja selbst in der Kirche am Sonntag kaum den Mund halten konnte und dauernd von irgendjemandem gemaßregelt werden musste, konnte doch um alles in der Welt, und schon gar nicht von Gottes Gnaden Lehrer werden. Josef war unsagbar eifersüchtig. Was hatte er sich da am Hof herangezüchtet? Er, der tiefgläubig war und jeden Sonntag seinem Herrgott und seinen Heiligen, und wochentags seiner harten Arbeit auf dem Hof und auf den Feldern, am Abend dem Rosenkranz und anschließend dem Tischgebet vor dem Essen huldigte, konnte das alles nicht begreifen. Die Welt schien ihm sonst wohlgeordnet: Nach dem Abendbrot ging er zu Bett, legte sich neben seine Frau und zeugte ihr in regelmäßigen Abständen jede Menge Kinder. Alles, was sich von seiner Welt abhob, nahm er nicht wahr oder weigerte sich einfach, es wahrzunehmen. Auch dieser komische Bub, den er mehr verachtete als alles andere, der seltsame Fragen stellte und darauf auch noch Antworten erwartete, war ihm ein einziges Rätsel. Und wer schon, bitteschön, sollte das für ein Lehramt notwendige Studium bezahlen? Seine Mutter Elisabeth etwa, die, weiß der Teufel woher sie diesen Jungen überhaupt herhatte, immer noch als Magd auf irgendeinem Hof arbeitete? Bei ihrem letzten Besuch hatte sie angekündigt, sie wolle sich verheiraten und in die Nähe der Stadt ziehen, wo ihr Zukünftiger einen Weinhof besaß. Dort wollte sie ihm helfen, beistehen und für immer und ewig glücklich werden. Aber was für eine Art Glück konnte das schon sein? Wahrscheinlich war sie sowieso schon wieder schwanger und hatte andere Sorgen, als sich mit diesem Glück zu beschäftigen.

Eines Tages, als Karl 14 war, brachen die Demütigungen aus ihm heraus. Josef hatte ihn wieder einmal ordentlich verprügelt, seine Wutausbrüche wurden immer heftiger, je größer der Junge wurde. Da erhob Karl, der inzwischen zu einem stattlichen Kerl herangewachsen war und den Bauern um fast zwei Köpfe überragte, selbst seine Hand und schlug wie besessen auf Bauer Josef ein. Jahrelang hatte dieser ihn gepeinigt, jetzt kam, was einmal kommen musste. Erst als Anna mit ihren Kindern, die zu einer Schar von fünf Stück angewachsen war, herbeigeeilt kam und Karl von dem wimmernden Josef wegzerrte, kam der Junge wieder zur Besinnung. Doch es war zu spät. Josef lag bereits blutend in der Ecke der Scheune, am Rande stand noch jene Kornschneidemaschine, mit der er dem Zweijährigen die Hand schwer verletzt hatte, und starrte Karl fassungslos an. Das Schicksal hatte ihn in Gestalt dieses Jungen unbarmherzig eingeholt.

„Weg von hier“, brüllte Josef, als er sich vom ersten Schock erholt hatte. „Weg mit Dir und komm' nie wieder her. Du hast hier nichts mehr zu suchen, Du Bastard.“ Anna wischte sich verstohlen eine Träne aus den Augen, packte Karl ein kleines Köfferchen und steckte ihm ein wenig Geld zu, das sie sich, keiner wusste wie, heimlich

vom Mund abgespart hatte. Dann musste er den Hof verlassen. Sie drückte ihm noch einen zerknitterten Zettel in die rechte Hand, die linke fehlte ihm ja. Darauf war die Adresse eines Bauern aus Gries bei Bozen notiert, zu dem er gehen und anfragen sollte, ob er als Knecht arbeiten dürfe. Einerseits war der Vierzehnjährige nun erleichtert, seinem Peiniger endlich zu entkommen, andererseits war er, abgesehen von den beiden Krankenhausaufenthalten, noch nie in der Stadt gewesen und hatte keine Ahnung, wie sein Leben ab jetzt verlaufen würde.
Und nun lag er da, fast 60 Jahre später. Die vielen Eskapaden hatten ihn aufgezehrt, seine Energien waren verbraucht, die Batterie war leer. Aus, vorbei, Schluss. Grün im Gesicht, kauerte er am Boden und sie kamen mit diesen modernen Maschinen und werkelten über eine Stunde an ihm herum. Er sprang noch ein paar Mal in die Luft wie von tausend Taranteln gestochen, doch es war nur der Strom, der ihn bewegte. Dann kamen andere – mit einem Sarg. Emma schluchzte und lallte: „Karl, mein geliebter Karl, Du darfst mich nicht verlassen. Ich packe es nicht, ich halte es nicht aus. Du bist schon der Dritte, der vor mir geht." Dann klammerte sie sich an ihm fest und wollte ihn nicht wieder loslassen, bis ich selbst herbeigeeilt kam, geschockt und unfähig, irgendeinen klaren Gedanken zu fassen.
Ja, er hatte immer Angst vor dem Sterben gehabt und äußerte sich fast täglich darüber. „Nein, ich will noch nicht sterben", pflegte er stets zu sagen, „ich bin doch eigentlich noch jung, ich habe solche Angst. Christine, sag' mir, was wird dann sein, was wird mit uns geschehen?" Ich wusste es natürlich nicht, stattdessen erzählte ich meinem Vater viel lieber von den Reisen nach Amerika, Brasilien,

Indien, Nepal und Tibet. Er selbst war stets viel gereist und auf der halben Welt daheim gewesen. „Weißt Du, Christine", pflegte er immer zu sagen, „Heimat ist nicht ein Flecken Erde, Heimat ist dort, wo Deine Freunde sind". Freunde hatte er einmal sehr viele, und dann waren sie alle weg. Es waren wohl nie richtige Freunde gewesen. Es war wohl alles nur ein Trugbild. Als kleines Mädchen war ich begeistert von meinem Vater, er war mir ein Vorbild, er erschien mir so klug und weitblickend, so anders als viele Menschen, die ich kannte. Ich liebte ihn sehr. „Die Buddhisten, Tata, glauben an die Wiedergeburt. Sie haben keine Angst vorm Sterben, weil sie wissen, dass sie als irgendein Wesen wieder zurück auf die Erde kommen", erklärte ich ihm und merkte gar nicht, dass ich mit ihm wie zu einem Kind redete.

„Als irgendein Wesen? Christine, was soll das heißen, irgendein Wesen? Was bin ich dann, ein Wurm, eine Fliege, eine Kakerlake?" Mein Vater schnaubte sich in Rage, er wollte Genaueres erfahren. Ich hatte gut reden, irgendein Wesen, das konnte doch nicht mein Ernst sein. Er war seit Jahren schwer krank, hatte monatelang auf der Intensivstation gelegen und niemand hatte mehr einen Pfifferling für ihn gegeben. Er schaffte es dennoch. Ich fragte ihn einmal, ob er etwas gesehen hätte, ein Licht, einen Tunnel, ein Wesen, das ihn erleuchtet hätte. Doch er hatte nichts gesehen, rein gar nichts in all den Wochen der Todesnähe. Das war enttäuschend für mich, gerade zu jener Zeit habe ich mich intensiv mit Todesnähe-Erlebnissen beschäftigt. Ich war nahezu versessen darauf, stopfte alle mögliche Literatur darüber in mich hinein und erkundete damit ein für mich bis dahin beinahe unergründetes Terrain. Doch was sollte er mir auch schon sagen können? Er hätte die Engel singen

Mit Mama bei Dollys Erstkommunion in Meran

gehört und alle Heiligen mit im Chor? Er hatte ja auch „nur“ im Koma gelegen und erinnerte sich an nichts, an gar nichts. Irgendwie hatten sie ihn noch zurück ins Leben geholt und nun konnte er nichts zu meiner neuen Leidenschaft beitragen. Wir hatten dennoch wichtige Gespräche in dieser Zeit. Tag für Tag und manchmal auch nachts hatte ich an seinem Bett gesessen und mit ihm geredet, über alte Zeiten, meine Jugend und über die Kindheit. Ich sagte ihm auch, dass er sich keine Schuldgefühle einreden müsse, weil das passiert war, was passiert war. Ich versicherte ihm auch, dass ich ihm längst verziehen hätte. Obwohl er es gewesen war, der mir das Nasenbein zertrümmert hatte. Ich musste darauf ins Spital eingeliefert werden und behauptete dort, ich sei von der Treppe gestürzt. Natürlich kaufte mir das niemand ab, doch man nahm es zur Kenntnis, um Scherereien zu vermeiden.
Warum sollte man diesem Mädchen und seiner Familie auch Schwierigkeiten machen, es gab wirklich keinen Grund dafür. Die Mutter war ja da und hatte alles ausführlich erklärt, ebenso wie das Mädchen, als es sich wieder vom Schrecken erholte hatte. „Ich bin von der Treppe gefallen und unten mit der Nase aufgeschlagen“, hatte ich den Ärzten erklärt, die froh waren, damit eine plausible Erklärung geliefert zu bekommen. Zu lästig wäre eine Meldung an Polizei und Staatsanwalt gewesen, zu umständlich und zu schwierig. So war es besser, ein banaler Treppensturz und Schluss. Obwohl ich mit meiner kleinen Erscheinung, ich war zwar bereits 15, sah aber noch aus wie zwölf, schon fürchterlich zugerichtet daherkam. Die gesamte Nase war zertrümmert, Splitter davon hatten sich bis ins Hirn verschoben. Große dick geronnene Blutstropfen drangen mittlerweile wieder vom Hirn durch meine Nase, was ein

Glücksfall war. Am Abend kamen die Ärzte mit ein paar wackeren Schwestern, hielten mich zu fünft fest und bogen mir das Ding, das einmal eine Nase gewesen war, wieder ins rechte Lot. Ich hatte nicht einmal Zeit zum Schreien, schon war es passiert. Das Schreien holte ich gleich nach, stundenlang brüllte und heulte ich vor Schmerzen in die Kissen. Aber Hauptsache die Nase war wieder da und sah sogar einigermaßen nach einer solchen aus.

Wenn auch nur einigermaßen. Ich schlief vor Schmerz die ganze Nacht nicht. Am darauf folgenden Tag immer noch nicht. Meine Nase schwoll zu einem undefinierbaren Klumpen an, Freunde kamen mich besuchen, Mama mit Dolores, die damals elf war und wegen der ich im Spital gelandet war. Ich lag da mit dem Klumpen von Nase und erzählte allen, dass ich von der Treppe gefallen sei. Nur Vater kam nie.

Wieder einmal hatte es Streit gegeben. Dolores klaubte am Mittagstisch in ihrem Teller herum, was Vater plötzlich in unerwartete Rage versetzte. Als ich sie zu verteidigen versuchte, spürte ich mit einem Mal und ohne jede Vorwarnung den Stumpf, der einmal von der Futterschneidemaschine und dann von den Ärzten so zugerichtet worden war, mitten in meinem Gesicht landen. Der Schmerz war entsetzlicher als alle anderen Schmerzen, die ich bis dahin gespürt hatte. Blut spritzte auf den Teller und auf die Tischdecke. Ich war halb ohnmächtig vor Angst, Wut und Verzweiflung. Dennoch rannte ich ins Bad und sah in den Spiegel, dann schrie ich noch gellender als vorher auf. Ich hatte keine Nase mehr. Bald glitt dickes Blut durch das, was einmal meine Nase gewesen war, in meinen Mund. Ich wusste mir nicht mehr zu helfen. Meine Mutter und meine Schwester kamen angerannt, hatten feuchte Tücher in der Hand und versuchten, den Fluss zu stillen. Mama verstand gleich, dass die Sache ernst war. „Dass Du dem Mädchen das antun musst“, schnarrte sie Karl an. Nein, das hatte sie nicht gewollt. Obwohl ihr Verhältnis zu mir, der aufmüpfigen Christine, mit der sie sich fast jede Woche stritt, in den letzten Monaten sehr abgekühlt war, hätte sie mir dies hier niemals gewünscht. Es war einfach nur entsetzlich. Schnell holte sie eine Jacke für mich, packte mich wie ein Kind und rannte mit mir hinunter zum Auto. Dann fuhr sie mich ins Spital. Vater dagegen war regungslos im Wohnzimmer sitzen geblieben, unfähig zu verstehen, was er gerade angerichtet hatte.

„Wir sagen einfach, Du bist von der Treppe gestürzt“, riet Mama mir, und ich jammerte. Dann wimmerte ich ein zaghaftes Ja. Mir war in diesem Moment alles egal, wenn mir nur jemand diesen entsetzlichen Schmerz nehmen konnte. „Ja, sie ist gestürzt und genau auf der Nase gelandet, Herr Doktor, das müssen Sie sich einmal vorstellen, so ein Pech“, antwortete Mutter schnell auf die Fragen, bevor jemand auf einen anderen Gedanken kommen konnte. Eine Beruhigungsspritze, ein Schmerzmittel, ein Bett und ich war erst einmal versorgt. Ich hatte auch noch eine schwere Gehirnerschütterung erlitten, die man zusammen mit anderen Schmerzen nun auskurieren konnte. Tags zuvor war ich bei Oma Rosamunde gegen einen Dachbalken gerannt. Bereits da war mir ziemlich mulmig geworden, nur wollte ich es nicht zugeben. Nun war mir auch das egal. Mindestens eine Woche, vielleicht sogar zehn Tage würde die Genesung dauern, keiner wusste es so genau. Jedenfalls fiel ich bald in einen leichten Schlaf, bis sie kamen und mir die Nase wieder „einrichteten“. Nach etlichen Tagen durfte ich nach Hause,

wo ich meinen Vater wieder traf. Der sagte kein Wort und übergab mir nur den Schlüssel jenes Motorrads, das er sich wenige Wochen zuvor gekauft und das ich mir so sehr gewünscht hatte. Es war eine Motocross, wie sie eigentlich nur von Jungen gefahren wurde, doch es war der Traum aller Jugendlichen in der Stadt. Dank der Nase, die mir mein Vater gebrochen hatte und die nun wieder zu heilen begann, gehörte diese Höllenmaschine, um die mich die ganze Stadt beneidete, jetzt mir.
Ich wollte dieses Motorrad erst gar nicht, mein Stolz hinderte mich daran, es anzunehmen, dann aber überwog mein naives, gutmütiges Herz, das gelernt hatte, alles zu verzeihen, um zu überleben. Das gab mir die Rechtfertigung, diesen letzten Rest von Stolz zu überwinden und mich zu verkaufen. An meinen eigenen Vater. Ich wollte über den Dingen stehen, cool sein, wollte allen in der Familie zeigen, dass ich verzeihen konnte. Was sonst hätte ich auch tun können? Davonrennen? Zur Polizei gehen? Das war praktisch unmöglich, keiner hätte mir geglaubt und ich war erst fünfzehn und sah aus wie zwölf. Und ich war liebessüchtig und konnte es nicht ertragen, vernachlässigt zu werden. Ich hatte in den ersten Lebensjahren zu wenig Zuneigung erfahren und lechzte nun sehnsüchtig nach Achtung, Respekt und Liebe. Kein Preis war mir dafür zu hoch. Selbst als ich mich in den nächsten Jahren noch dreimal operieren lassen musste, da diese sonderbare „Naseneinrenkung" der Ärzte und Schwestern doch nicht das Erwartete gebracht hatte, spielten alle die Geschichte noch einmal herunter. Auch ich tat dies und fand immer wieder neue Entschuldigungen für das Verhalten meines Vaters – und das meiner Mutter. Ich sah stets mich selbst als Schuldige, der diese Geschichte fast zu Recht

passiert war. Insgesamt benötigte ich wohl fünf Jahre oder mehr, um über das körperliche Trauma hinwegzukommen. Der Schmerz in meiner Seele sollte erst kurz vor seinem Tod vergehen. Mein Vater sprach jahrzehntelang nicht über jenen Sonntagmittag, an dem er seiner Tochter die Nase zertrümmert und sie in Lebensgefahr gebracht hatte.

Als er nun so vor mir lag, schossen mir all diese Gedanken durch den Kopf. Er hatte sich in Windeseile wie von Geisterhand verwandelt und schien zu einem völlig anderen Wesen mutiert. Auch das kann eine Art sein, sich unsterblich zu machen. Da lag er dick und prall, aufgedunsen, breit und grün. Der Anblick war so erschreckend, dass ich mich nicht traute, ihn anzufassen. Jahrelang trug ich dieses Bild in meinem Gedächtnis, es ließ mich einfach nicht mehr los, bis ich ihm eines Nachts im Traum begegnete und ihn bat, mir doch diesen furchtbaren Anblick zu nehmen. Seither war tatsächlich Schluss. Von da ab sah ich ihn nur mehr so, wie ich ihn in jungen Jahren in Erinnerung hatte: als glücklichen Menschen, der viele Pläne geschmiedet und vieles auch erreicht hatte. Rund und rosig war er stets gewesen, gut gelaunt und stets lachend.

Jetzt aber flüsterte ich nur halblaut: „Tata, bist Du es? Du siehst so anders aus." Emma weinte steinerweichend, und allmählich ging die Klage in ein herzzerreißendes Schluchzen über. Mein Vater lag leblos am Boden und sie packten ihn eiligst in den Sarg, damit die Welt nicht lange zusehen musste, welche Schmach einen Menschen im Tod ereilen konnte. Er sah nun ganz anders aus, als er im Leben ausgesehen hatte. Die Fremdheit, die dieser Körper ausstrahlte, kroch durch den ganzen Raum, klammerte sich an den kahlen Mauern fest und durchdrang alle mit eisiger Hand, die hier

standen und gebannt schauten. Das konnte doch niemals jener Mensch sein, der noch eine halbe Stunde zuvor fröhlich auf dem Stuhl gesessen und seine Suppe gelöffelt hatte? Auch ich konnte es kaum fassen.
Alles schien so unwirklich und fremd. Warum nur musste es so schnell gehen? Warum konnten diese Bestatter nicht noch ein wenig warten? Wenigstens so lange, bis ich mir bewusst werden konnte, dass mein Vater eben gestorben war. Er hatte dieses elende Dasein, vor dem er sich in den letzten Jahren so fürchtete – vor dem Tod allerdings noch viel mehr –, immerhin endlich hinter sich gebracht. Nun standen Emma und ich hier eng umschlungen da und starrten den Sargträgern nach.
„Ach, Emma", erwiderte Dolores und war mit ihren Gedanken längst weit weg, „was soll's, ich werde sowieso keine 40". Sie sagte das ständig und mit einer lapidaren Selbstverständlichkeit, dass dabei längst keiner mehr richtig hinhörte. Nur sie allein wusste, was in ihr vorging, und auch dies immer seltener. Sie kippte ein Glas Weißwein in sich hinein und dann schulterte sie ihren Rucksack und überquerte die Straße, die zum Bahnhof führte. „Walter, lass uns gehen." Emma und Dolores sollten sich nie wieder sehen.

Jarim

Glaubt man den Hindus oder den buddhistischen Lehren, so würden die nicht gezeugten und nicht geborenen Kinder von selbst entscheiden, wann und durch wen ihre Seele ins irdische Dasein gelangen soll. Bereits Apostel Paulus soll, ohne die Lehren der Hindus und der Buddhisten zu kennen, gesagt haben, dass der Mensch ernten werde, was er zuvor gesät habe. Das ist das karmische Gesetz, und übertragen auf grobes europäisches Gedankengut bedeutet es, dass jeder früher oder später sein Fett weg bekommt. „Alles kommt zurück, mein Schatz, als Glück oder als Unglück. Die Ergebnisse Deiner Handlungen treffen Dich früher oder später unvermeidbar, egal was immer Du auch tust, die Konsequenzen dafür wirst Du tragen müssen, im Guten wie im Schlechten. Sie kommen oft aus heiterem Himmel und meist nicht von dem, von dem Du sie Dir erwartest", hatte die alte Inderin in Madras am Straßenrand erklärt. Nur mit Hilfe eines Dolmetschers hatte ich das überhaupt verstehen können, ich spreche kein Tamil oder Hindi; nun fiel es mir immer wieder ein. Die Lehre vom Karma ist die Ursache für die Armut des Bettlers, für die Krankheit des Kranken und für die hoffnungslose Situation des Unterdrückten. Sie alle ernten nur das, was sie in der Vergangenheit gesät haben.

Doch hatte meine Schwester Dolores sich dieses kurze und schmerzvolle Leben hier auf Erden genauso verdient? Seit Karin tot war, ihre alles geliebte Freundin Karin aus der Schweiz, spürte auch sie eine an die Oberfläche quellende Sehnsucht. Sehnsucht nach was? Nach dem Tod? War die Zeit gekommen, die Früchte ihres Karmas zu ernten? Hatte sich Dolores in ihrem Samsara (Seelenwanderung) ausgerechnet diesen Ort und diese Zeit ausgesucht, um ihr Gastspiel zu Ende zu führen? Markus hielt sie für verrückt, wenn sie davon zu erzählen begann, und doch geschah es in jüngster Zeit ziemlich häufig. Für den abgebrühten Bodybuilder waren solche Gedankenverirrungen nichts als Unfug. Er hatte die Schnauze voll von diesem Weibergeschwätz, und dann war sie in den letzten Tagen auch noch kaum zu Hause gewesen. Ganze zwei Mal hatte sie sich blicken lassen und das war ihm eindeutig zu wenig. Andauernd musste sie sich mit irgendwelchen Gestalten herumtreiben, die sie auf der Straße aufgelesen hatte. Und erst wenn sie einige Gläser Wein gekippt und sich mit Pillen zugedröhnt hatte, schrie sie nach ihm. „So nicht, mein Fräulein, was glaubst Du, wer Du bist?“ Markus kochte vor Wut und Eifersucht.
„Komm doch, ich bin am Bahnhof von Meran“, hatte Dolores ins Telefon gesäuselt. Nein, nein, nein, er wollte nicht mehr. Heute nicht mehr, sie sollte den ersten Schritt machen. Und damit basta. Er lag am Ufer der Passer und ließ sich die Sonne auf die Haut scheinen. „Komm doch nach“, schlug er schließlich vor. Doch sie wollte nicht. Nur wenige Minuten später verspürte er doch eine warme Sehnsucht nach ihr, nach ihrer Haut, ihrem Haar, ihrem Sein. Hastig versuchte er, seine unvermutet auftauchenden Gefühle ihr irgendwie durch den Äther zu schicken, doch sie begriff nicht und hängte

ein. Denn sie war zu diesem Zeitpunkt bereits sehr weit weg mit ihren Gedanken. Vor gut einem Monat hatte sie Markus in Bozen wieder getroffen. Das war an dem Tag, als sie von der letzten Therapie regelrecht geflüchtet war, und die Freude ihn zu sehen, war nicht gespielt. Vor Jahren schon hatten sie ein inniges Verhältnis miteinander gehabt, das war zu der Zeit, als er noch mit seiner Freundin zusammen war, die damals ein Kind von ihm erwartete. „Ich habe eine Wohnung gekauft, erst vor kurzem", hatte er ihr zwischen dem einen und dem anderen Würstel vorgeschwärmt, das er an der Bude am Bahnhofspark aß. Es war schon wieder Muttertag und sie war todtraurig. Muttertag – welch ein Hohn. Sie dachte an ihren Sohn, der nicht bei ihr war, und biss sich auf die Lippen, um die heftig aufkommenden Tränen nicht gerade jetzt vor ihm fließen lassen zu müssen. „Jarim, mein Herz, ein Leben lang will ich für Dich kämpfen", hatte Dolores erst vor einigen Stunden in ihr Tagebuch geschrieben. Ja, kämpfen wollte sie für ihn, und wusste doch, dass sie nicht einmal die Kraft hatte, für sich selbst zu kämpfen. „Wenn Du willst, kannst Du bei mir wohnen", riss Markus sie aus ihren bitteren Träumen. Natürlich wollte sie, genau das hatte ihr heute noch gefehlt. Sie hatte keine Lust mehr, weiter im schmutzigen Bahnhofspark mit den Typen aus Marokko und Tunesien herumzuhängen. Daher war Markus ein Glücksfall in diesem Moment. Dolores sah trotz der Tortur, die sie ihrem Körper seit Jahren zugemutet hatte, immer noch annehmbar aus. Und es gelang ihr mitunter auch, noch jenen Zauber zu versprühen, mit dem sie ein Leben lang schon alle in ihren Bann gezogen hatte. Sie besaß etwas, was vielleicht mit Esprit umschrieben werden kann. Es war eine unerklärlich helle Aura, die viele suchten, um sich an

ihr aufzutanken, ob bewusst oder unbewusst. Doch dieses Auftanken der anderen kostete sie viel Kraft, sodass sie selbst oft ohne Energie und ausgelaugt am Boden lag. Doch wer sie gut kannte, wusste auch, dass sie schon bessere Zeiten erlebt hatte.
Dolores unterschied sich aber schon längst in ihrer gesamten Existenz wesentlich von normalsterblichen Frauen. Sie führte nämlich ein völlig anderes Leben. Sie stand nicht einfach regelmäßig um sieben Uhr auf, nahm keine Dusche, trank nicht ihren Kaffee und ging nicht zur Arbeit. Es gab schon lange keine Uhr mehr für sie, die Zeit war abgeschafft. Die einfachsten Bestandteile eines geregelten bürgerlichen Lebens waren nicht mehr vorhanden: zum Bäcker gehen, zum Metzger, die Kinder vom Kindergarten abholen, von der Schule, zur Bank eilen, am Bankomat Geld abheben, einen Scheck ausstellen, regelmäßig Post erhalten. Sie hatte längst vergessen, was das ist. Doch ihr Dasein erinnerte sie zunehmend unangenehm an die praktischen Vorteile dieser spießigen Normalitäten, die sie immer zutiefst verachtet hatte. Seit Wochen schon trieb sie sich am Bahnhofspark umher, halb bewusstlos von zahlreichen legalen und illegalen Produkten, die sie ihrem Körper zuführte. Sie hatte nicht einmal mehr einen Personalausweis. Sie war ausgelöscht, ein Nichts in einer Welt aus Nichts. Und dennoch lebte sie in ihrer Scheinwelt dahin, als wäre ebenso nichts geschehen. Markus kam ihr nun gerade recht.
Ja, vor vielen Jahren hatte sie ihn sehr geliebt – diesen eigenartigen Typen mit den langen dunklen Haaren, die er stets zu einem Pferdeschwanz band. Sein muskulöser Körperbau hatte ihr gefallen: Er war nicht besonders groß, doch gut gebaut, irgendwie stimmten die Proportionen. Dafür rackerte er sich im Fitnessstudio oder am

Heimtrainer ab. Klar, seine Freundin, mit der er das Kind gemacht hatte, das sie ihr nur zwei Wochen später wieder abnahmen, um es Pflegeeltern zu übergeben, geisterte noch durch sein Leben. Doch hatte es sie und ihn nicht im Geringsten daran gehindert, eine heiße Affäre zu beginnen.

Dolores hob sich von den übrigen Frauen seiner recht kargen Umgebung deutlich ab. Mit ihrer wallenden Mähne und ihren ebenso wallenden Gewändern, Hosen, Blusen und Tüchern, die sie kunterbunt an sich trug, immer etwas schräg, schrill und schief, vermittelte sie das Bild, als wäre sie gerade dem Atelier eines Malers entsprungen. So zog sie die Blicke auf sich, egal, wo immer sie auch auf der Bildfläche erschien. Er wusste das und sonnte sich in ihrem Licht. Doch der Schatten, den sie dabei gleichzeitig auf ihn warf, brachte Markus fast um. Als sie ihn schließlich verließ, schüttelte ihn der Schmerz eine Weile ziellos durch die Welt, bis er irgendwann andere Sorgen hatte. Nun standen sie sich erneut gegenüber. Die Leidenschaft flackerte auf und loderte bald schon wie ein himmlisches Feuer. Dolores zog wieder bei ihm ein und das Spiel begann aufs Neue: Sie liebten und sie schlugen sich, kannten weder Hemmungen noch Tabus. Das Chaos konnte wieder seinen Lauf nehmen.

Die Eingangshalle am Meraner Bahnhof quoll über. Ein Zug aus Bozen spuckte Dutzende von Menschen aus und sie sah sich irritiert um. Dann wusste sie wieder, was zu tun war. Erneut steuerte sie auf jene Telefonzelle zu, in der sie schon vor wenigen Minuten war, da man ihr wieder einmal ein Handy gestohlen hatte. Dolores rief Mutter an, um mit ihrem Sohn zu sprechen. „Mama, ich bin in Meran", sagte sie. „Jarim, mein Herz, wie geht es Dir, hier ist Deine Mama. Sie hat Dich furchtbar lieb." „Ja, Mama, ich hab' Dich auch

lieb, ich geh' jetzt zum Fußball, meine Freunde warten bereits, wo bist Du?" „Am Bahnhof, Schatz, spiel' schön Fußball, das nächste Mal komm' ich zuschauen, ja? Und irgendwann fahren wir wieder nach Thailand, weißt Du noch, das war doch schön?" „Ja, Mama, ich kann mich nicht mehr erinnern, ja sicher, irgendwann fahren wir wieder nach Thailand, doch jetzt muss ich zum Spiel, die warten alle schon auf mich. Ciao, mach's gut!"
Dann sah sie zu Walter hinüber, der mit seinen abgewetzten Jeans und mit seinen struppigen Strähnen eher einer halbtoten Maus glich als einem Mann, der einmal gar nicht so schlecht ausgesehen haben mag. Aber das war lange her, inzwischen hing er seit Jahren an der Nadel – genauso wie sie auch. „Mach' schnell, ich habe Lust auf einen Schuss", raunte er an Dolores vorbei. Sie hatte verstanden. Es war Freitag, der 22. Juni, die Luft flirrte vor Hitze und Walter torkelte hinter ihr her.
Die Uhr am Bahnhof von Bozen zeigte 15 Uhr, als sie aus dem Zug stiegen, die viel befahrene Straße überquerten und sich Richtung Bahnhofspark begaben. Nun waren sie so richtig gierig auf den Schuss, den sie sich in absehbarer Zeit setzen wollten. Es galt jetzt nur mehr, den Dealer aufzutreiben, jenen gottverdammten Marokkaner, von dem sie heute den Stoff bekommen sollten. Gutes Zeug sollte es sein, das hatten sie gehört. Astreine Ware, direkt aus Marseille, wo täglich die Schiffe aus Kolumbien, Uruguay und anderswo andockten und tonnenweise weißes Pulver aus ihren dicken Schiffsbäuchen ausgeladen wurde. Natürlich schön verpackt unter irgendwelchen Frachten, kein Mensch sollte vermuten, was hier wirklich ins Land geschippert kam und worauf hunderttausende Süchtige schon voller Gier warteten. Diesmal sollte es be-

sonders reines Zeug sein, das hatte sich jedenfalls herumgesprochen, das weiße Gold, das einige reich und glücklich machte und vielen anderen Untergang und Tod brachte.
Als sie eines jener Lokale betraten, in denen sich die Szene traf, sahen sie ihn bereits an einem der kleinen Tische sitzen und vor sich hinfluchen. Dealer fluchen fast immer, denn sie haben meist das Gefühl, noch immer nicht genügend Geschäfte gemacht zu haben. Oder sie haben Angst, dass einer dieser armen Opfer sie übers Ohr hauen will. So auch Ali, der zwanghaft davon überzeugt war, dass er zwar schon sehr viel Geld verdient, aber nicht unbedingt das große Los im Leben gezogen hatte. Er mochte wohl Recht damit gehabt haben, denn wer kann schon mit reinem Gewissen damit leben, womöglich Dutzende von Süchtigen ins Jenseits befördert zu haben – nicht einmal ein Dealer. Ali hatte zwar nie nachgezählt, doch eine dumpfe Vorahnung oder besser Nachahnung ließ bei ihm ab und zu die Überlegung hochkommen, dass das Wort Moral in seinem Leben keinen Platz fand. Dies wiederum erzeugte ein abgrundtiefes Erschaudern tief in ihm, dass ihm die sprichwörtlichen Haare zu Berge stiegen. Schließlich beteuerte Ali stets, im Grunde seines Wesens eigentlich ein außergewöhnlich liebenswürdiger Zeitgenosse zu sein, der anderen nur helfen wollte. Diese Selbsteinschätzung hielt ihn natürlich nicht davon ab, sein Geld damit zu verdienen, diese anderen in den Ruin zu treiben. Ali wischte solch trübe Gedanken meist mit einer Handbewegung vom Tisch und gleichzeitig aus seinem butterweichen, recht angepassten Gehirn, das die Eigenschaft besaß, sich den gegebenen Fakten genauso butterweich anzupassen. Was am Ende übrig blieb, war seine Angewohnheit, über Gott und die Welt zu fluchen. Das half ihm.

Lag es an ihm, dass sie das gottverdammte Zeug unbedingt haben wollten? Die Bauern in Kolumbien, Afghanistan und anderswo mussten auch überleben. War es deren Schuld, dass ihre Arbeit, die ihnen nicht mehr als Gottes Lohn brachte, in den reichen westlichen Ländern Ruin und Tod bedeutete? Sie kennen keine andere Möglichkeit des Überlebens. Zwar waren im letzten Jahr einige sehr gescheite Typen ins Dorf gekommen und hatten ihnen Geld versprochen, wenn sie nur mehr Tee und keinen Mohn anbauen würden. Doch was brachte schon Tee? Und das Geld der Amerikaner war bald zu Ende, während der Mohn auf ihren terrassenartigen Hängen endlos blühte. Schon seit Jahrtausenden hatten sie das getan und die weiße Milch zur rechten Zeit angeritzt und schließlich geerntet. So ritzten sie weiterhin vier oder fünf schnelle Schnitte in die bauchige Mohnkapsel, bis weiße Milch herausquoll wie Blut aus einer Wunde. Wenn die Milch nicht mehr floss, schabten sie die inzwischen braunklebrige Masse ab und sammelten sie in einem großen weichen Blatt. Jede Kapsel wird tagelang immer wieder angeritzt, so lange, bis sie keine Milch mehr hergibt, die braun und ins Blatt abgeschabt wird. Nach einigen Wochen kommt ein Klumpen zusammen, der gut und gerne zwei Kilo wiegt und aus reinstem, sauberem Opium besteht. Dafür zahlen die Händler schon mal 500 Dollar. Sie selbst werden in Pakistan gut und gerne 1200 Dollar und mehr dafür bekommen. Opium, das in Amerika und Europa zu Heroin verarbeitet wird und um ein Vielfaches verkauft wird. Doch was kümmert es die Bauern in Kolumbien, Afghanistan und anderswo, ob die Europäer daraus Heroin oder sonst was machten? Sie hatten nicht einmal eine Ahnung davon, was es ist und was es bei den europäischen Menschen bewirkt.

Was kümmert es die Bauern, was im reichen Europa los ist? Sie selbst rauchen ein bisschen Opium, wenn es frisch geerntet ist, und der Rest geht sie nichts an. Sie müssen schließlich ihre Familie damit ernähren. Ja, dass man viel mehr aus der ganzen Ernte herausholen kann, wenn man den Stoff in der Hauptstadt selbst an den richtigen Mann bringt, dämmerte selbst ihnen bald. Doch auch das ist mit Schwierigkeiten verbunden. Einfacher ist es, auf die Händler zu warten, die für die Bauern alles regeln. „Wir bauen Mohn an", sagen die Leute, „weil es das Einzige ist, mit dem wir gerade so viel verdienen, dass wir unsere Familien ernähren können. Was andere dann mit unserem Opium machen, liegt nicht in unserer Hand. Sollen die Europäer und die Amerikaner doch selber schauen, was sie damit anfangen."
So war also auch der Dealer nur ein Handlanger, so wie viele andere Handlanger wieder nur andere Handlanger sind. Die Europäer und die Amerikaner waren und sind ja ganz verrückt nach dem Zeug, und wenn er dieses Bedürfnis nicht bediente, besorgte es ein anderer. So lief diese Geschichte, und auch die Geschichte der Welt läuft weiterhin nach diesen Regeln. Was kümmerte es also die Bauern in Kolumbien, Afghanistan und anderswo, was diese Europäer und diese Amerikaner da trieben? Was kümmerte es Ali, ob diese Süchtigen sich das vielfach gestreckte Zeug in die Venen spritzten? Hatte er sie darum gebeten, dazu aufgefordert? Er schnaubte laut auf und sog tief an seinem Glimmstängel, bis ihm fast die Lungen zu platzen drohten. Dann blies er den blauen Dunst in die sowieso schon verrauchte Bude, und da ein weiteres Dutzend im Lokal es ihm gleichtat, schien die Luft zum Schneiden dick. Trotz des heißen Sommertages stand kein Fenster offen

und kein Windhauch durch eine Tür spendete Abkühlung. Zwar pendelte ein alter Ventilator an der Decke, doch dieser wirbelte die Luft nur auf und die ersehnte Abkühlung blieb aus. Alle, die sich in dem düsteren Loch aufhielten, lebten in diesem Moment in einem Gemisch von Dunst, Hitze, Schweiß und fernöstlichen Düften. Denn die Kundschaft war hier international und ihre Essgewohnheiten dünsteten nun durch die Haut aus.
Auch Dolores und Walter zählten fast schon zu seinen Stammkunden: In steter Regelmäßigkeit besorgte er ihnen den Stoff, aus dem sie ihre Träume strickten. In den letzten Wochen hatten sie sich bereits ein paar Mal getroffen. Dabei kratzten diese armen Kreaturen ihre letzte Kohle zusammen und er besorgte ihnen dafür ein paar Stunden vermeintliche Glückseligkeit. Bei Walter war jene Glückseligkeit zu einer Farce verkommen, zu ausgemergelt war er bereits, zu absent, zu groggy. Er knallte sich das bräunliche Pulver in die Venen, um den Schmerz der Abstinenz zu betäuben. Dolores dagegen schien noch einen Hauch von Würde zu versprühen, einen Luftzug von Wärme. Doch auch ihr sah man bei genauerem Blick das Leben mit der Droge an, und zu diesem Zeitpunkt ganz besonders. Das wusste Ali, das war seine Chance.
Ein kurzer Blick, ein Augenaufschlag, und das Trio verschwand unauffällig in der Toilette: Dann genügten wenige Worte und der Handel war vollzogen. Das Gift steckte in ihrer rechten Hosentasche, jener blau-weiß gesprenkelten Jeans, die sie einem komischen Freak, der unbedingt Geld brauchte, noch vor ein paar Tagen in Rovereto für wenig Kohle abgeschwatzt hatte. Sie wollte diese eigenartige Jeans unbedingt haben, aus reinem Besitzerstolz. Schon als Kind hatte sie oft mit dem Gefühl gespielt, alles

bekommen zu können, was ihr Herz begehrte. Sie hatte die Gabe, ihre Mitmenschen auf eine geradezu kosmische Art zu bezirzen, auch wenn es um eine Jeans ging. Dass man ihr am Ende nicht nur das Herz, sondern auch noch oft Teil von Hab und Gut zu Füßen legte, schien ihr nahezu selbstverständlich. Ja, sie nahm es sogar manchmal nicht einmal wahr. „Ich bin vom Leben benachteiligt, niemand gab mir je eine Chance", war ihr liebster Spruch. Und damit erheischte sie wieder neue Gönner, denen sie Leid tat und die es gut mit ihr meinten – manchmal zu gut.
Sie verkaufte sich hervorragend als eine Frau, der das Leben arg mitgespielt hatte. Sie sonnte sich in der Rolle des Opfers, so wie alle Alkohol-, Drogen- und anderen Süchtigen auch. Das hält sie aufrecht. Sie sind immer Opfer irgendeines Umstandes, der sie aus der Bahn geworfen hat. Und sie suchen Schuldige unter den „anderen", zu denen sie sich selbst niemals zählen. Es sind immer die anderen, die verantwortlich für alles sind. Selbst Sex-Süchtige, die eine gute und gesunde Beziehung zu anderen Menschen durch eine krankhafte, kaputte ersetzen, sehen sich am Ende als ein Opfer, das missbraucht worden ist. In der Kindheit, als Jugendlicher oder später. Alibis gibt es so viele, wie es Menschen gibt. Die dramatischen Ausmaße der Sucht spiegeln den spirituellen Bankrott wider, der auf der Ausbeutung all jener beruht, mit denen sie zu tun haben. Menschen, mit denen sie leben oder wenigstens versuchen zu leben. Sucht bedeutet, eine Beziehung mit sich selbst zu führen. Drogensüchtige, und dazu gehören Alkoholiker genauso, sind Egozentriker und begreifen sich als den Mittelpunkt der Welt. Ihre Sucht ist im Wesentlichen als spiritueller Zusammenbruch zu verstehen, als eine Reise, die von der Wahrheit weg in die emotio-

nale Blindheit bis in den Tod führen kann. Doch sie selbst begreifen dies längst nicht mehr. Dolores vermittelte dieses Erbstück, das sie wohl auch von jemandem in unserer Familie abbekommen haben musste und später durch eigenes Zutun noch verstärken und kultivieren konnte, despotisch mit einem Gefühl der Macht. Und Macht war wichtig im Kampf ums Überleben, meine Schwester hatte das recht bald begriffen.
Walter torkelte hinter ihr her. Nun hieß es schnell raus und wieder zurück zum Bahnhof, denn hier im Lokal konnten sie sich den Schuss unmöglich setzen. Seit die Besitzer des Lokals einen Drogentoten in der Toilette gehabt hatten, machten sie ihnen die Hölle heiß. Nun sorgten sie vor und gingen nach wenigen Minuten nachschauen, was sich in den gekachelten Wänden abspielte. Die Bahnhofstoilette war allemal sicherer. Die Uhr zeigte 17.15 Uhr und die Hitze war immer noch kaum auszuhalten. Schnell liefen sie die Treppen hinunter zur Bahnhofstoilette, ein Zug aus München fuhr gerade ein und es herrschte reger Betrieb. Der Typ dort achtete gar nicht darauf, wer hinter den grässlich grünen Klapptüren verschwand, denn momentan hatte er andere Sorgen. Hier musste aufgewischt werden, denn irgendein Ferkel hatte schon wieder die Klobrille voll gekotzt und nun lagen dort Papierreste herum. Und zu guter Letzt hatte er stets einen Adlerblick auf alle zu werfen, denn keiner durfte die Frechheit besitzen abzuhauen, ohne die Kleinigkeit zu bezahlen, die ihn am Leben erhielt. Denn es gab nur dieses eine Einkommen für ihn. So registrierte er auch die junge Frau kaum, die eilig in der ersten Toilette verschwand.
„Was ist denn hier los", brüllte schließlich eine verärgerte Dame, die einen wagenradgroßen Hut auf ihrem erlesenen Haupte trug

und einen ziemlich verruchten Eindruck in der sonst von unangenehmen Gerüchen dominierten Bahnhofstoilette verbreitete. Sie stieß den Hauch eines eigenartig blumigen Parfüms aus, das so gar nicht hier an diesen Ort passte, und schien es eilig zu haben. Ihr Anschlusszug sollte in wenigen Minuten einrollen und die Toiletten waren ausnahmslos besetzt. Sie hatte keine Lust, hier Wurzeln zu schlagen, zumal der ziemlich penetrante Geruch ihre eigene Duftwolke bald übertraf. Und das war eine Beleidigung für ihr nun schon feines Näschen. Die erste Toilette war seit vielen Minuten besetzt, es konnte nicht wahr sein, dass ein normaler Mensch so lange braucht, um ein alltäglich erprobtes Geschäft zu vollbringen. Kein Laut, nicht das winzigste Geräusch drang heraus, während sich hinter den anderen beiden Türen reges Treiben bemerkbar machte und ein Kommen und Gehen stattfand. Die Dame mit Hut gab schließlich auf und bediente sich der nächsten Tür. Sie hatte noch etwas anderes vor an diesem Abend, als hier stundenlang auszuharren, bis womöglich ein eitles Weibsbild eine halbe Ewigkeit seine Geschäfte in der Damentoilette beendet hatte.

Tante Lilo

„Weißt Du", sagte Tante Lilo, „mit der Partnerschaft, mit der Ehe, mit dem Leben ist es so, als ob Du ein Haus mit vielen Zimmern einrichten würdest. Am Anfang beziehst Du all diese Zimmer, streichst die Wände hell, stellst die schönsten Möbel rein, hängst Vorhänge auf, legst Teppiche, tust Geranien auf den Balkon und versuchst alles zu hegen und zu pflegen, so gut Du es schaffst und kannst. Im Laufe der Jahre aber kann es passieren, dass die Geranien welken und Du keine Lust oder keine Kraft mehr hast nachzudüngen oder nachzupflanzen, dann gehen sie mitunter sogar ein. Auch in den Zimmern macht sich der Muff breit, ja, in einigen Ecken taucht sogar Schimmel auf, und Du tust nichts dagegen. Du hast andere Dinge im Kopf, die das Leben von Dir abverlangt und die Dir wichtiger erscheinen, die von der Gesellschaft verlangt werden, und so lässt Du Deine Zimmer, Deinen Vorgarten, Deine Küche, Deinen Korridor dahindümpeln, dahinmuffeln. Du hast nicht die Zeit, den Mut, etwas zu verändern. Ja, manchmal fällt es Dir gar nicht auf, dass Deine Zimmer stickig geworden sind, dass sie Dich einengen, dass Du umklammert bist von der Gewohnheit, dass Deine Zimmer so eng geworden sind, dass sie Dich krank machen. Religion, Gesellschaft, Umgebung, Familie und Bekanntenkreis haben Dir in

langer Tradition vorgelebt, dass der Schimmel auch ihre Zimmer allmählich aufgefressen hat. Und Du lässt es zu, weil Du nicht anders kannst, als es zuzulassen.
Das ganze Haus stinkt mittlerweile nach Fäulnis, der Vorgarten ist ungepflegt, die Geranien hängen zu Boden, doch Du hältst immer noch daran fest, als ginge es um Dein Leben. Und es geht um Dein Leben. Nur, dass Du es ändern kannst, willst Du lange Zeit nicht wahrhaben. Und eines Tages nimmst Du es wahr, und die Erkenntnis ist bitter, erfüllt Dich mit Wut und Verzweiflung. Du hast vergessen, die Geranien rechtzeitig mit frischem Wasser zu versorgen, die Zimmer zu lüften, den Maler zu rufen, damit er alles vom stickigen Muff befreien möge. Du hast es verabsäumt, den Schimmel wegzuwischen, ja ihn mit geeigneten Mitteln auszumerzen und seiner Herr zu werden. Und so hat er sich festgefressen und will gar nicht mehr loslassen, denn ihm gefällt es in Deinem Haus, das halb vermodert vor sich hinrottet. So hängt der Geruch von Fäulnis weiterhin in den Wänden fest, die einst frisch und strahlend gestrichen wurden. Und nun erkennst Du, dass es an der Zeit ist auszumisten, etwas anderes zuzulassen, Dein verkorkstes, langweiliges Leben zu überdenken, einiges zu ändern. Heute noch. Kremple die Ärmel hoch und tue es gleich. Deine Seele schreit, Dein Körper ist am Rande des Nervenzusammenbruches. Beide lechzen danach, dass etwas geschieht, und Du allein kannst etwas geschehen machen."
Tante Lilo war ziemlich gut drauf. Sie konnte mit Parabeln gut verständlich machen, was im Leben wirklich wichtig ist. Und sie konnte sich in Rage reden. So wie jetzt. Sie selbst war lange Jahre als Einkäuferin für einen renommierten Laden in Bozen tätig. Dort

mochten sie alle, weil sie es verstand, mit den Menschen wie niemand sonst umzugehen. Sie war Karls Schwester, doch ihr blieb es erspart, auf dem Hof mitten in den Bergen aufzuwachsen. Sie blieb gleich in der Stadt, mitten in den Weinbergen. Lilo profitierte von ihrem Aussehen. Sie war blond, hatte eine tolle Figur, einen bombastischen Busen und ein Mundwerk, das sie von ihrer Mutter geerbt hatte und allen die Sprache verschlug. Tante Lilo war eine Schönheit, bezirzte alle, insbesondere die Männer. Und bevor einer dahinter kam, dass sie es ganz so ernst oft nicht meinte, hatte sie ihn schon für sich gewonnen und konnte mit ihm tun und lassen, was sie wollte. Oder sie war bereits beim Nächsten.
Ja, Tante Lilo war klug, sie konnte viele Geschichten erzählen und ihre Zuhörer damit begeistern. Ihre Mutter Elisabeth wollte, dass sie einen soliden Beruf ergreift. Damit der Haussegen nicht laufend schief hing, gehorchte sie. Doch Lilo liebäugelte ständig mit der großen weiten Welt und wollte diese zu der ihren machen. Sie genoss es, mit den smarten Boys der noblen Bozner Gesellschaft unterwegs zu sein. Die waren von ihr entzückt wie sie von ihnen entzückt war. Ihre Begeisterung richtete sich ebenso auf deren Bankkonto, denn Lilo genoss es in vollen Zügen, verwöhnt zu werden. Es dauerte nicht sehr lange, und sogar die Bühne hatte sie entdeckt. So kümmerte sich Lilo tagsüber darum, dass die schönsten Stoffe überall in die Läden kamen, und am Abend stand sie auf den Brettern, die bald schon ihre eigene Welt bedeuteten. Irgendwann hatte auch der Film von ihr Lunte gerochen und so bekam sie kleine, jedoch interessante Rollen, die sie mit ebenso interessanten Menschen zusammenbrachten. Darum war sie viel unterwegs, besaß Schmuck und Pelze, hatte schnell wechselnde

Freunde aus der feinen Gesellschaft, unternahm mit ihnen lange Reisen in ferne Länder und hatte auch sonst alles, was sich andere nur erträumen konnten.
Unsere Mutter Charlotte dagegen hatte zwei kleine Kinder von Lilos Bruder Karl und war genau das Gegenteil von ihr. Ständig in Sorge um irgendwen, ständig in Geldnot, ständig ausgemergelt und müde. Dennoch wurden die beiden Freundinnen, wenn auch ungleiche. Jede fand in der anderen etwas, das sie selbst nicht besaß und nie besitzen würde. Es war eine Freundschaft der Gegensätze, doch Gegensätze ziehen sich bekanntlich an. Oft ging Charlotte zu Elisabeth hoch, nachdem diese tatsächlich ihren Weinbauern geheiratet hatte und nun nicht weit von Bozen auf einem Hügel lebte, half der Schwiegermutter in spe überall, wo sie gebraucht wurde, machte die Wäsche und werkelte im Haus und im Garten. Sechs Tage die Woche rannte sie sich als Kellnerin die Beine in den Leib und am siebten Tag keuchte sie die steile Bergstraße hinauf, denn einen Bus gab es nicht. Und dann arbeitete sie dort weiter, etwas anderes hatte sie nie gekannt. Auch Elisabeth hatte ein anstrengendes Leben. Nach Karlchen bekam sie nacheinander noch drei Kinder von jenem Mann, der ihr den Weinberg beschert hatte. Kam indes Lilo nach Hause, legte diese die Beine hoch, denn sie war schließlich sehr müde von dem anstrengenden Leben, das sie in der Stadt und überall führte. Und dann rief sie einmal nach dem und einmal nach jenem. „Ja, glaubt ihr, ich tue die ganze Woche nichts?“, war einer ihrer Standardsprüche. Natürlich verstanden alle gleich, dass Lilo die ganze Woche über sehr viel zu tun gehabt hatte.
Eines Abends, als die Kinder noch relativ klein waren, kam die Mutter meines Vaters von einer Besorgung nach Hause. Doch vor-

her streifte etwas Ungewöhnliches ihren Blick, als sie die Brücke zum Weingut und Hof überquerte. Dort fiel ihr im dicht bewachsenen Wald unterhalb des Baches, mit dem sie ihre Reben bewässerte, nur wenige Meter neben der Brücke etwas Seltsames auf. An dieser Stelle wuchs dieser eigenartige Baum, der auch als Naturwunder in die Geschichte hätte eingehen können, weil er sich so sonderbar gabelte. Und hier lag etwas, was ihre Aufmerksamkeit erregte. Es dämmerte bereits und sie hatte es eilig, denn drei noch relativ kleine Kinder warteten zu Hause auf sie. Ihr Ältester freilich war, nachdem er vom Hof gehen musste, längst selbstständig. Leicht hatte er es ihr bis dahin nicht gemacht. Seine Knechtschaft empfand er als solche und der Bauer, bei dem er damals im Dienst stand, wollte ihn schon sehr bald genauso wenig haben wie einst Bauer Josef oben am Berg. Aber dieses Mal gab es andere Gründe. Sein Geiz vergönnte dem Buben buchstäblich den Dreck hinter den Fingernägeln nicht, der sich am Ende des Tages von der schweren Arbeit angesammelt hatte. Dass ein Junge in der Pubertät mit dauernd schwankendem Testosteronspiegel einen sagenhaften Appetit entwickeln konnte und auch bald den Mädchen nachzuschauen begann, wollte dieser Bauer partout nicht begreifen. Erstens waren seine eigenen Kinder der Grundschule noch nicht entwachsen und zweitens war er seiner Religion und Kirche dermaßen verpflichtet, dass er für diesen Lümmel hier keinerlei Verständnis aufbringen konnte. Es gelang ihm nicht zu begreifen, wie dieser junge Mensch, der ihm da eines Tages auf den Hof geschneit kam, absolut nie einen Gottesdienst besuchen und auch sonst keinerlei Interesse an irgendeinem Gebet haben wollte.

Allein, dessen Mutter Elisabeth sorgte dafür, dass er den Jungen

monatelang auf seinem Hof duldete. Sie lag ihm mit der Drohung in den Ohren, die einstige gemeinsame heiße Affäre an die große Glocke zu hängen und seiner Frau zu beichten. Deshalb war er praktisch verpflichtet, Karl, den seine verflossene Geliebte wer weiß von wem, jedenfalls nicht von ihm hatte, gnädig aufzunehmen. So verbrachte der Junge ein paar Monate auf diesem Hof und verrichtete die ihm aufgetragenen Arbeiten nicht besonders willig; eigentlich nur, weil Bauer Josef sie ihm jahrelang eingeprügelt hatte. Dabei erkannte er schon recht bald, dass er sich absolut nicht zum Bauern eignete. Eines Tages beschloss er, wenn schon nicht Lehrer, dann wenigstens Kaufmann zu werden. Oder irgendetwas Ähnliches.
So meldete sich Karl im Lehrlingsheim an, kaufte sich vom ersten selbst verdienten Geld ein Fahrrad, besorgte sich auf Pump zwei Kartons Waschseife und ging auf Wanderschaft. Er hatte die kuriose Idee, zu den Bauern aufs Land zu radeln und ihnen die mitgebrachte Seife anzubieten. Und siehe da: Das viel belächelte Hirngespinst stellte sich als genialer Schachzug heraus, als Geistesblitz. Die Bauern, so schien es, waren heilfroh, dass sich jemand ihrer annahm und ihnen dieses Waschzeug frei Haus lieferte. So geschah es, dass Karl bald anstelle des Fahrrades ein motorisiertes Gefährt besaß: Es war eine Lambretta, ein tolles Motorrad zu jener Zeit, irgendwie geradezu spektakulär, bequem und sündteuer. Er schnallte von nun an zwei bis drei Kisten Seife pro Tag auf den Gepäckträger und fuhr los. Und es dauerte von Mal zu Mal weniger lange, bis die Seife alle war. Die Geschäfte liefen so gut, dass Karl sich schließlich überlegte, den Führerschein zu machen, um gar ein Auto zu kaufen. Vorher geschah aber etwas Ungeplantes: Charlotte lief ihm über den Weg.

Elisabeth stieg nun die paar Meter zur Astgabelung hinunter, die Dämmerung hatte sich inzwischen in absolute Dunkelheit verwandelt. Sie war nur mehr ein paar Schritte von diesem komischen Gegenstand entfernt, der ihre Aufmerksamkeit erregt hatte, als sie plötzlich einen spitzen Schrei ausstieß. Mein Gott, da lag ihr Mann Hugo mit dem Kopf vornüber in die Astgabel eingeklemmt und eigenartig verrenkt. Deshalb hatte sie von oben nicht erkennen können, um was es sich handelte. Hugos Gesicht lag vollständig unter Wasser, der sprudelnde Bach hatte hier eine kleine Pfütze gebildet. Elisabeth drehte den Körper zur Seite und erkannte sofort, dass jede Hilfe zu spät kam. Ihr Mann war tot. Entweder hatte ihm die Astgabelung das Genick gebrochen oder er war in der Pfütze ertrunken. Doch was spielte das jetzt noch für eine Rolle? Sie setzte sich einen Augenblick neben ihn und überlegte, was sie tun sollte.

Die junge Frau war für ihre Sachlichkeit bekannt. Sie hatte die Gabe, in gewissen Momenten absolut unbeteiligt zu wirken, was ihr den Ruf einer etwas unterkühlten Person einbrachte. Im wirklichen Leben packte sie an „wie ein Mann", mühte sich Tag für Tag im steilen Weinberg ab, versetzte mit ihrem lauten Organ und der tiefen Stimme viele in Ehrfurcht, manche sogar in Angst, und stand immer und überall ihre Frau. Irgendwie sah sie sogar aus wie ein Kerl, zupacken konnte sie zumindest wie einer. Vier Kinder hatte sie mittlerweile: Karl von dem „Bsuff" und die anderen drei von Hugo, der ebenfalls nicht abgeneigt war, öfter tief ins Glas zu schauen. So ein Abend muss wohl auch heute gewesen sein, Hugo ging vermutlich wankend nach Hause. Dann rutschte er oben am Weg aus und stürzte in die Tiefe. Er hatte wohl das Pech, nach ein paar Meter freiem Fall ausgerechnet in dieser Astgabelung hängen zu bleiben. Absolutes Pech. Wäre er nur ein wenig weiter links oder rechts gestolpert, wäre wahrscheinlich nichts passiert. Doch wenn die Stunde schlägt! Nun lag er da und gab kein Lebenszeichen mehr von sich.

Nach ein paar Minuten stand Elisabeth wieder auf und ging die zehn Minuten zum Gasthof hinüber, genau dorthin, wo ihr Mann wohl nur wenige Stunden vorher einen über den Durst getrunken haben musste. Sie verlangte zu telefonieren, denn damals besaß fast niemand privat einen Apparat. Erst als sie den Hörer in der Hand hielt und mit der Polizei sprach, wurde ihr und den Leuten im Wirtshaus bewusst, was wirklich geschehen war. „Der Hugo ist tot", schrie die rothaarige Kellnerin auf. „Mein Gott, der Hugo ist tot", wiederholte sie etwas schroffer. Nun liefen alle zusammen und wollten von Elisabeth wissen, was geschehen war. Doch die setzte sich auf einen der alten Stühle neben dem Tresen und konnte nichts weiter als tief durchatmen und vor sich hinstarren. Plötzlich fielen ihr die Kinder ein: Lilo war schon größer und hütete Willi und Moritz, die noch klein waren. Das Mädchen würde sich höchstens darüber wundern, wieso die Mama heute nicht heimkam.

„Ja, ich habe ihn am Eingang zum Weinberg gefunden", sagte Elisabeth plötzlich tonlos. „Er liegt noch dort, eingeklemmt in eine Astgabel, doch er ist tot." Es kam Bewegung in die Wirtsstube, irgendjemand stützte Elisabeth und zog sie mit sich. Die anderen, es mochten gut zehn Leute gewesen sein, wollten sich den armen Hugo noch einmal anschauen. Vielleicht irrte sich Elisabeth ja und er war nur verletzt und brauchte dringend Hilfe. Was verstanden schon Weiber davon?

Doch nach ihrer Ankunft am Weinberg lag Hugo immer noch so da, wie ihn Elisabeth zurückgelassen hatte. Es war nichts mehr zu machen. Vor mehr als einer Stunde hatte sie ihn hier gefunden und eine weitere Stunde dauerte es, bis die Polizei kam. Die Aufregung war groß, denn nicht jeden Tag gab es hier einen Toten. Irgendwann schließlich kam der Leichenwagen und Hugo wurde abtransportiert. Elisabeth war inzwischen ins Haus geeilt, um die Kinder zu beruhigen. Sie hatten mitbekommen, dass etwas geschehen sein musste, und sollten ihren Vater so nicht sehen. Nun war Elisabeth Witwe und musste überlegen, wie sie mit den Kindern, dem Haus und dem Weinberg zurechtkommen würde.

Lilo lernte irgendwann zwischen all den Proben, Auftritten, Stoffen, Filmen und Reisen ihren Mann kennen. Er war ein Vertreter, der sehr viel unterwegs war und vor allen Dingen sehr gut verdiente. Genau so einen brauchte sie auch an ihrer Seite, denn ihr Lebensstandard hatte sich inzwischen erhöht, sodass sie sich oft fragte, wie sie die Rechnungen bezahlen sollte. Die Wohnungen in der Stadt waren teuer und ihre Art zu leben auch. So lief ihr Franz gerade noch rechtzeitig über den Weg. Der vergötterte sie, ihre Figur, ihren Busen, und bewunderte die Oberflächlichkeit ihres Lebens. Er betete sie geradezu an und dachte, er hätte alles erreicht, weil er diese Frau erreicht hatte. Er nahm sie mit in ferne Länder, nach Afrika, Amerika, in die Dominikanische Republik und anderswohin und bescherte ihr zudem volle Kleiderschränke mit Klamotten, die ein Vermögen kosteten. Irgendwann wollte er den Lohn für seine Mühen haben und sich verewigen. Deshalb machte er ihr ein kleines Fränzchen. Sie aber war geschockt: Die Figur war womöglich ruiniert, die Reisen passee und auch sonst würde sich einiges ändern, dämmerte ihr ziemlich bald. Außerdem bekam sie das Kind unter sehr viel größeren Schmerzen, als der Rest der weiblichen Menschheit es zu tun pflegte, so schien es jedenfalls. Doch sie überlebte selbst dies und der neugeborene Alexander war ein Wonneproppen, in den sie sich augenblicklich unsterblich verliebte. Es schien quasi selbstverständlich, dass er das beste, klügste, liebste, schönste und reizendste Kind unter dieser Sonne wurde. Ihn großzuziehen fiel ihr zwar oft schwer, denn sie hatte sich längst an die große Freiheit gewöhnt, an das leichte Leben, die Reisen, den Spaß und alles, was dazugehörte. Aber sie liebte ihn nach kürzester Zeit abgöttisch und unternahm mit zahlreichen Nannis alles, damit es ihm prächtig ging.

Dennoch war Lilo nun öfters ans Haus gefesselt und mit einem kleinen Kind hatte der Spaß mitunter ein vorläufiges Ende. Denn es gab Zeiten, da es krank war, irgendwelche Blessuren auszukurieren hatte oder einfach nur nach seiner Mutter verlangte und nicht nach dem praktischen Kindermädchen. Bald aber konnte sie wieder mit den Proben beginnen, was ein Segen war. Denn sonst wäre sie womöglich übergeschnappt, wenngleich um einige Kilo schwerer. Das Publikum liebte sie trotzdem oder vielleicht umso mehr, weil sie runder wirkte, liebevoller, mütterlicher. So schwang sie sich erneut auf jene Bretter, die immer noch die Welt für sie bedeuteten. Zur gleichen Zeit sah Franz, wie er es bereits vorher getan hatte, fremden Röcken nach. Es nahm alles seinen gewohnten Lauf.

Charlotte war Karl beim Kellnern über den Weg gelaufen. Er war wieder einmal müde von der vielen Seife, die er den Bauern den ganzen Tag angepriesen hatte. Immerzu musste er ihnen alles erklären, und am Ende des Tages kehrte er im Dorfgasthaus ein, und dort begegnete er ihr. Er war hin und weg. Sie war erst 17 Jahre alt, sah rassig aus und mochte für ihn wohl das berühmte Etwas gehabt haben, das ihn verrückt machte. Er war sechs Jahre älter als sie, hatte schon ein paar Frauen umgarnt, doch etwas Ernstes war noch nicht dabei gewesen. Vielleicht konnte man das am ehesten von Rita sagen, bei der er seit Jahren ein- und ausging, wie es ihm gefiel. Sie war einige Jahre älter, von ihr ließ er sich bemuttern und verwöhnen, und sie ließ ihn spüren, wie sehr ihr daran lag, diesen Bergbauernbub, der sich nun anschickte, Geschäftsmann zu werden, zu halten. Die solide Frau hatte bereits einiges hinter sich. Sie war viele Jahre mit einem Mann zusammen gewesen, der große Probleme gehabt hatte, sich selbst zu akzeptieren. Er war voller negativer Energien und von Komplexen zerfressen und im Prinzip eigentlich irgendwie gestört. Doch Manni hatte auch ein weiches Herz und ihr war es gelungen, in seine Seele zu blicken, und im Bett war er etwas Außergewöhnliches. Ihm gelang es als Einzigem, sie wahrhaftig zum Schweben zu bringen, sie empfand dort etwas, was sie nie zuvor erlebt hatte und sich auch nicht erklären konnte. Dieser Manni vermittelte ihr außerirdische Gefühle, sie vergaß die Welt in seinen starken Armen, und wenn der Morgen dämmerte, fragte sie sich, was in der Nacht bloß wieder geschehen sein mochte. Sie fand es nie heraus und erklären konnte sie es schon gar nicht. Diese Erlebnisse hielten sie lange Jahre aufrecht und so glaubte sie, für etwas kämpfen zu müssen, das sie niemals in Worte fassen konnte. Und sie tat es sehr tapfer.

Eines Tages, lange vor der Zeit mit Karl, war sie nach Hause gekommen und irgendwie war ihr alles anders als sonst erschienen. Die Luft schien intensiver, es lag eine eigenartige Stille über dem Haus, sie konnte es sich nicht erklären, selbst den Geruch nahm sie anders wahr. Als sie in die Wohnung trat, stellten sich ihre Härchen an den Oberarmen plötzlich kerzengerade auf und sie wusste nicht wieso. „Manni, wo bist Du?“, rief Rita, ohne eine Antwort zu erhalten. „Manni, sag' ein Wort“!, wiederholte sie. Er musste doch hier sein, sie hatten schließlich vereinbart, am Abend auszugehen. Denn in den letzten Wochen schien ihr, als ob er sich von seinen Depressionen erholt hätte, irgendwie war er ihr klarer, freier und froher vorgekommen. Er schmiedete sogar wieder Zukunftspläne und wollte mit ihr ein Restaurant eröffnen. Als Koch sollte dies nicht schwer sein, und mit Rita an seiner Seite hätte es klappen können. Ja, sie war eine patente Frau, fleißig, ehrgeizig und mit ihren 35 Jahren reif für alles. „Manni, sag' mir sofort, was los ist“, schrie Rita, doch tief in ihr keimte bereits dieses furchtbare Gefühl auf, das sie seit dem Tod ihrer Mutter ab und zu beschlich. Nun rief sie nur mehr: „Manni, Manni, wo bist Du?“ Bitte Manni, sag', dass es nicht wahr ist.“ Doch ihr ungutes Gefühl trog sie nicht. Manni pendelte am Dachboden vom dicksten Balken, den er hatte finden können. Rita schrie, schrie, schrie, bis ihr die Lunge schier zu bersten drohte und alle Nachbarn angerannt kamen, die an diesem Abend in der Nähe waren.

Es dauerte sehr lange, bis sie Karl in die Wohnung ließ. Dieser Junge da schien ganz anders, als Manni in ihrer gesamten gemeinsamen Zeit gewesen war. Erstens war er sehr viel jünger und zweitens ein Junge. Ja, ein Junge, sie hatte sich in ein Kind verguckt. Ob es Verliebtheit war oder einfach nur Fürsorge für ein von der Welt vernachlässigtes Wesen, wusste sie selbst nicht, und das war auch egal. Dieser Karl hatte so etwas Rührendes an sich, den musste man einfach gern haben. Er war mitunter recht naiv und tollpatschig, doch irgendwie auch mit reger Intelligenz gesegnet. Und er hatte den Spürsinn eines Windhundes, er konnte Geschäfte regelrecht riechen. Das hatte sie bald schon herausgefunden. Er wohnte immer noch im Lehrlingsheim, bis sie ihn aufnahm. Zunächst tat er ihr einfach nur Leid. Bald schon aber nahm sich auch der kleine Karl, so nannte ihn Rita oft, ihrer an und so landete sie in den Armen des Jungen und er bald darauf in ihrem Bett. Doch Rita musste immer damit rechnen, dass Karl nach Lust und Laune ging und kam, praktisch ein freies und unabhängiges Leben führte und sie mehr als seine Mutter denn als seine Geliebte betrachtete. Zwei Jahre ging das so.

Dann kam es zur Begegnung zwischen Karl und Charlotte. Rita spürte schon bald, dass eine Veränderung bei ihrem „kleinen" Karl geschehen war, und fühlte, dass eine andere Frau im Spiel sein musste. Charlotte war 18 Jahre jünger als sie, ein Kind in ihren Augen, doch Rita erkannte sie sofort als potentielle Gefahr. Und sie sollte Recht damit behalten. Als Charlotte mitbekam, dass es da eine Rita gab, die sehr viel älter war als Karl und insbesondere sehr viel älter als sie selbst, stellte sie ihn zur Rede. Sie verlangte, dass er sich von ihr trennt. Er tat es nach ein paar Anläufen, die sowohl Charlotte als auch Rita sehr viel Kraft kosteten.

Doch dann war Charlotte selig, dieser Mann gehörte nun ihr, ihr allein. Was wusste sie damals schon von Männern? Rein gar nichts.

Sie nahm Karl mit nach Hause und stellte ihn ihren Eltern vor. Mama war überglücklich, doch ihr Vater skeptisch. Sie tat es als väterliche Eifersucht ab, doch er hatte sehr wohl erkannt, dass dieser Mann für seine Tochter gefährlich werden konnte. Er war hübsch anzusehen, obwohl er nur eine Hand besaß. Doch gerade damit köderte er die Mädchen reihenweise, denn er tat ihnen einfach Leid. So gewann er sie für sich. Gregor, ihr Vater, warnte sie. „Dieser Kerl ist nichts für Dich, Charlotte, lass ihn laufen", doch es war bereits zu spät.

Und Gregor sollte Recht behalten: Denn Karl schaute schon bald anderen Röcken nach. Sie floh an den Gardasee und nahm einen Posten in einem gut gehenden Restaurant an. Dort verdiente sie zwar nicht schlecht, aber das meiste Geld schickte sie nach Hause. Sie fing sich ein wenig und glaubte, Karl hinter sich gelassen zu haben. Doch eines Abends stand er in der Tür und lächelte sie an.

„Du hast doch nicht wirklich geglaubt, dass Du mir entwischen kannst?", sagte er. Und sofort war sie ihm wieder verfallen. Sie konnte es gar nicht mehr erwarten, bis sie Dienstschluss hatte. Dann lag sie wieder in seinen Armen. In dieser Nacht wurde ich gezeugt. Er sagte sofort: „Charlotte, Du bist schwanger, ich weiß es", doch sie wollte ihm nicht glauben. „Nun gehörst Du endgültig mir und kannst nicht mehr so einfach abhauen", fügte er noch hinzu. Er war sich seiner sicher, doch sie war entsetzt. Ein Kind hatte ihr gerade noch gefehlt, doch sie konnte nichts mehr dagegen tun. Sie war tatsächlich schwanger. Es war Herbst, als ich geboren wurde, ein Wonneproppen von fast vier Kilo. Doch die Geburt brachte meine Mutter fast um. Sie war erst knapp 18 und hatte viel mitmachen müssen in den letzten Monaten. Ihr Vater Gregor hatte sie verstoßen, sie solle sich

nicht mehr auf dem Hof blicken lassen. Eine Hure hätte hier nichts zu suchen, rief er ihr nach. Ihre Mutter weinte und wusste sich nicht zu helfen. Sie hatte selbst acht Kinder geboren und trug das neunte unter ihrem Herzen. Sie wurde noch einmal Mutter und sollte bald schon Oma sein. Dabei war sie erst 36 Jahre alt.
Gregor war die Liebe ihres Lebens gewesen und als sie ihn geheiratet hatte, schwebte sie im siebten Himmel. Doch bald darauf mussten sie flüchten. Es war die Zeit der Option. Die Südtiroler standen vor der Wahl, in das Deutsche Reich auszuwandern oder künftig ohne den geringsten Minderheitenstatus in Italien zu bleiben.
Gehen oder bleiben, das war die Frage. Und etwa 85 Prozent der Südtiroler entschieden sich für die Auswanderung in das Großdeutsche Reich, so auch Gregor und Rosamunde. Sie fuhren mit Ochsenkarren über das Timmelsjoch und fanden irgendwie den Weg ins österreichische Bad Aussee in der Steiermark, wo bereits deren Mutter Hilde mit ihrem neuen Mann Blas lebte. Dies war ihre zweite Ehe mit einem herzensguten Mann, dem sie es aber keineswegs dankte, sondern ihn vielmehr Tag und Nacht traktierte. Als nun Rosamunde und ihr Gregor ankamen, versuchte sie dennoch zu helfen, so gut sie konnte, doch unterließ sie es keinen Tag, das junge Paar darauf aufmerksam zu machen, dass sie allein von ihrer Güte abhängig waren. Rosamunde und Gregor lebten mehr schlecht als recht in den Kriegsjahren in jenem Ort, bis meine Mutter Charlotte geboren wurde. Das kleine Mädchen schwächelte und die Ernährung ließ auch zu wünschen übrig. Bald darauf kam noch Johanna, die jungen Eltern mussten nun schuften bis zum Umfallen, um die kleine Wohnung zu finanzie-

ren und die Kinder über Wasser zu halten. So sprang also Hilde erneut ein, obwohl sie eine eigene Kinderschar besaß, um die sie sich zu kümmern hatte. Doch ihr Gejammer hörte niemals auf. Sie allein war es, die hier alles leistete. Sie belastete Rosamunde und Gregor damit dermaßen, dass die beiden bald nichts mehr herbeisehnten als das Kriegsende, denn sie wollten wieder zurück in die Heimat. Hitlers irrsinnige Versprechungen, allen ausgewanderten Südtirolern werde es im Großdeutschen Reich noch besser gehen als in der Heimat, entpuppten sich als tragischer Trugschluss. Das Gegenteil war der Fall. Sie waren heimatlos in einer Welt, die nicht die ihre war, und vom Geld, das man ihnen angeboten hatte, war weit und breit nichts zu sehen. Sie waren abhängig, arm und ohne Hoffnung.
Dann endlich war der Krieg zu Ende, die Deutschen kapitulierten, die Amerikaner zogen in die Städte und Dörfer ein und schenkten den Kindern Kaugummi und Schokolade. „Ich hatte überhaupt noch nie schwarze Menschen gesehen, und schon gar nicht welche, die dauernd an etwas herumkauten“, erinnerte sich meine Mutter, die damals vier Jahre alt war. Ein kleines mageres Gör mit langen, dünnen Zöpfen. Ihr Schwesterchen war weitaus properer, es hing den ganzen Tag mit der großen Schwester herum. Eines Tages begann die Mama, ein paar Sachen zusammenzupacken, und als die Kinder nachfragten, antwortete sie: „Wir gehen wieder zurück, dorthin, wo wir hergekommen, dorthin, wo wir zu Hause sind.“ Wo wir hergekommen, wo wir zu Hause sind? Charlotte und Johanna waren hier geboren, sie konnten sich keinen Reim darauf machen, was das für ein Zuhause sein sollte, und dass eine Welt außerhalb dieser hier existierte. Die Mädchen waren mittlerweile

fünf und drei Jahre alt. Bald schon nahm Papa Gregor die Kleinere auf die starken Schultern und führte die Größere bei der Hand. Mama Rosamunde trug den Koffer, ein kurzer Abschied bei Oma Hilde, ihrem Mann Blas und ihren Kindern und schon waren sie weg – zu Fuß. „Wir gingen zu Fuß von Österreich nach Südtirol", erzählte meine Mutter noch Jahrzehnte später zuerst ihren Kindern und dann ihren Enkelkindern von den unsagbaren Strapazen, die sie erleben mussten, nur um wieder in die Heimat zurückzukommen, die für sie eine solche erst werden musste. Ab und zu gab es einen Karren, der sie ein paar Kilometer mitnahm, nur einzelne kurze Strecken konnten mit dem Zug zurückgelegt werden. Der größte Teil wurde zu Fuß bewältigt.

Am Timmelsjoch begann es zu schneien, die Kinder zitterten und weinten. Meine Großmutter Rosamunde glaubte, unsere letzte Stunde sei gekommen, doch Gregor, unser Großvater, zog sie weiter. Immer weiter. Johanna schlief auf seiner Schulter ein, manchmal, wenn sie ihm zu schwer wurde, trug er sie in seinen Armen. Dann stellte er sie einfach ab, weil er es selbst nicht mehr schaffte, und sie wachte auf und weinte ohne Unterbrechung. Die Kinder waren hungrig und durstig. Sie konnten sich oft vor Müdigkeit nicht mehr auf den Beinen halten, und doch mussten sie gehen, immerzu gehen. Eines Tages kamen sie zu einer Almhütte und suchten Unterschlupf. Es war ein herrliches Gefühl, Holz war vorhanden, sogar etwas Mehl, sodass Rosamunde ein bescheidenes Mus kochen konnte, eine traditionelle Tiroler Speise, die in der Pfanne am offenen Herd zubereitet wird. Endlich konnten sie sich satt essen. In diesen langen Wochen hatten sie ausschließlich von den Almosen der Bauern gelebt, die ihnen immer wieder Obst, Brot und manchmal auch etwas Fleisch zukommen ließen. Sie schliefen in Ställen und Stadeln, oft auch im Freien. Der einzige Motor, der die kleine Familie antrieb, war der Wunsch, endlich wieder nach Hause zu kommen. Sie malten sich diesen Zustand in den buntesten Farben aus, alles würde gut werden. Doch sie hatten keine Ahnung, was sie daheim wirklich erwarten würde. Kaum noch Schuhe an den Füßen, die Strümpfe voller Löcher, die Kleider, die als Fetzen an ihnen herunterhingen, sahen sie aus wie Vagabunden, wie Flüchtlinge, die monatelang unterwegs waren, und das waren sie auch. Dennoch fanden sie immer wieder mitleidige Menschen, die ihnen weiterhalfen. Und sie trafen auf Leidensgenossen, denen es nicht viel anders erging.

Als sie es sich in der Almhütte gemütlich gemacht hatten und bald vom Schlaf übermannt wurden, wachte Charlotte plötzlich wie durch Zufall auf, weil sie auf die Toilette musste. Der Raum war voller Rauch und die Fünfjährige musste schrecklich husten. Sie verstand nicht, was hier vorging, augenblicklich brannte ein furchtbarer Schmerz in ihrer Brust und sie musste dagegen ankämpfen, nicht in Ohnmacht zu fallen. Sie rüttelte an ihrer Mutter und an ihrem Vater, so gelang es ihr schließlich, sie zu wecken. Die Eltern erhoben sich sofort, rafften in reinem Entsetzen ihre Habseligkeiten zusammen und schnappten sich noch rasch Johanna. Dann verließen sie mit Charlotte fluchtartig die Hütte, die bereits lichterloh brannte.

Sie waren nur knapp dem Tod entronnen und schon wieder auf der Flucht. Auch der Abstieg ins Tal gestaltete sich problematisch. Es war mitten in der Nacht und stockdunkel, eine Weile hatte das

Feuer der brennenden Almhütte ihren Weg erleuchten können, dann aber war Schluss und sie tasteten sich vorsichtig weiter. Es war die Hölle. Doch im Tal hatten sie das Glück, erneut auf wunderbare Menschen zu treffen. Der Weg nach Hause war nicht mehr weit, aber sie waren so lange weg gewesen. Vielleicht zu lange – sechs Jahre.

Der schließlich geglückten Rückkehr folgte ein schwerer Neuanfang. Denn ihr Haus fanden sie halb verfallen vor, es musste neu aufgebaut werden. Dann gab es da noch neidvolle Geschwister, die in Südtirol geblieben waren und nun ihr Recht auf Grund und Boden erhoben. So entbrannte ein Kampf, der nie enden sollte. Drei Geschwister teilten sich ein Haus, und sie alle bekamen neun und mehr Kinder, Charlotte und Johanna allein nach und nach noch sieben Geschwister. Wie am laufenden Band wurden sie produziert. Niemand fragte in der damaligen Zeit, ob es Sinn machte, eine so große Kinderschar in die Welt zu setzen. Allein der Pfarrer war glücklich, wieder ein paar Schafe mehr zu haben, die bedingungslos gehorchten. Dabei war die Not groß und mit jedem neuen Kind wurde sie noch größer. Die Kirche verlangte Buße, wofür fragte niemand. Meine Mutter Charlotte hatte, als sie eingeschult wurde, nicht einmal ein Paar eigene Schuhe. Sie ging barfuss, Sommer wie Herbst, ins Dorf, und erst als die ersten Schneeflocken fielen, erbarmte sich ihre Patin, die sehr viel mehr besaß als Charlottes Familie, endlich ihrer und spendierte ein paar neue, genagelte Schuhe, die so hart waren, dass das Kind dicke Schwielen und blaue Flecken an den Füßen bekam. Doch das machte nichts. Charlotte konnte sich nicht erinnern, jemals mehr Glück über ein Geschenk empfunden zu haben als über dieses. Vater Gregor arbeitete beim Straßenbau oder bei der Bahn. Rosamunde selbst musste auch bald kräftig zupacken, denn es war schier unmöglich, die große Familie nur mit dem Gehalt ihres Mannes durchzubringen. Jedes Jahr kam ein neues Kind dazu. Ihr Mann mochte sie nur anblicken, so schien es, und schon war sie wieder schwanger. Fehlgeburten gehörten genauso zur Tagesordnung wie die zahlreich wachsende Kinderschar. Einmal bekam sie ein Jahr lang kein Kind, eine kleine Sensation. Es dauerte nicht lange, da stand schon der Dorfpfarrer vor der Tür, um nachzufragen, was los sei. Die Menschen waren streng in Religion und Tradition eingebunden, sie hatten zu gehorchen und wurden durch Angst in Schach gehalten. So erhofften sie sich bessere Zeiten im Jenseits, um das trostlose Diesseits ertragen zu können.

Line, die Hexe

Diese Kette schien Line einmal durchbrechen zu wollen und fast wäre es ihr gelungen. Es war Generationen vor Rosamunde, da gab es in dieser Familie eine „Hexe", so nannten sie jedenfalls alle im Dorf. Line war anders, als man es von einer Frau damals gewohnt war. Sie ging in den Wald, sammelte Kräuter und Gräser, las kluge Bücher, niemand wusste, wo sie die her hatte, und redete den ganzen Tag von Dingen, die niemand im Ort verstand. Auch war sie oft wochenlang weg, einfach nicht auffindbar. Und sie weigerte sich, zu heiraten und Kinder zu bekommen. Sie behauptete stets, sie brauche keinen Mann zu ihrem Glück. Ganz im Gegenteil, ein Mann würde ihr in ihrem Leben nur im Weg stehen – eine Ungeheuerlichkeit. Sie tat, was sie wollte und wann immer sie es wollte. Das erschreckte einige, allen voran Herrn Hochwürden, der alles unternahm, dieser Line ins Handwerk zu pfuschen. Sie musste mit dem Teufel im Bunde stehen, wie sonst wäre es möglich, dass dieses Weibsbild sich so anders gebärdete als alle anderen Weiber im Dorf? Andere indes brachte Line in reinste Verzückung. Denn sie mischte in den Nächten, in denen sie nicht schlafen konnte, aus ihren Kräutern, die sie bei ihren Streifzügen in den Wäldern und Auen gefunden hatte, Salben und Wässerchen und verabreichte diese den Wöchnerinnen und anderen Frauen mit Beschwerden. Und die halfen tatsächlich, was sich im Dorf herumsprach. Bald schon kamen auch die Männer herbeigeeilt und wollten von Line das eine oder andere Mittelchen, um die Leiden ihrer Frauen, aber auch ihre eigenen zu lindern. Heimlich kamen sie zur „Hexe" gepilgert, niemand sollte es wissen, und der Pfarrer schon gar nicht. Line wusste bald über alle und alles Bescheid. Das gab Stoff für Gerüchte und es dauerte auch nicht lange, da bekam Line Besuch vom Bürgermeister, vom Pfarrer und vom Doktor. Sie wollten wissen, was es mit dieser „Hexerei" auf sich habe. Line konnte nicht anders, als schallend zu lachen, ihr Geheimnis preiszugeben, kam selbstverständlich nicht in Frage. Nun köchelte es fortan nicht nur auf Lines Herd, sondern auch noch in der Gerüchteküche. So kam, was kommen musste. Eines Abends wurde sie von den Gendarmen abgeführt und ins Bezirksgefängnis gebracht. Dort wollte man wochenlang von ihr herauspressen, was sie des Nachts so in die Wälder trieb, was sie daheim zusammenbrodelte und weshalb die Mittel überhaupt wirkten. „Gib' zu, Du Hexe, dass Du mit dem Teufel im Bunde stehst", giftete der Pfarrer. Er war eifersüchtig auf diese Frau, die so viel mehr zu wissen schien, als ihm selbst vergönnt war. Line hatte es einem Volksaufstand im Dorf zu verdanken und auch der Zeit, dass sie letztendlich doch überlebte. Denn die Hexenverbrennungen waren längst vorbei, hier aber schien man es beinahe noch einmal darauf ankommen lassen zu wollen. Es waren insbesondere die Frauen gewesen, die sich monatelang für ihre Freilassung eingesetzt hatten. Nur 80 Jahre früher und sie wäre auf dem Scheiterhaufen gelandet. Doch nun kam sie frei.

Jahrelang noch experimentierte sie mit ihren Kräutern, den Pilzen, den Rinden, Baumbärten und allen möglichen Pflanzen und konnte vielen Menschen helfen. Niemals hatte sie jedoch daran gedacht, ihre Rezepte aufzuschreiben. So ging nach ihrem Tod ihr gesamtes Wissen wieder im Universum verloren. Vielleicht hatte es Line auch einfach nur so gewollt, kein Mensch konnte es je herausfinden. Jedenfalls erzählte man sich in dieser Gegend noch viele Jahrzehnte lang von der Bachler Line, die vielen Leuten Gutes getan hatte und dafür in den Kerker gewandert war. Als uns unsere Mutter davon berichtete, war meine Schwester Dolores ziemlich angetan und die Erste, die sagte: „Nun kann ich einiges verstehen. Kein Wunder, dass ich so bin, wie ich bin, die Giftmischerinnen haben bei uns ja bereits Tradition." Irgendwie klang das wie ein Alibi für ihre Handlungen, und sie lachte auch herzhaft dabei, doch vielleicht hatte Dolores auch einfach nur Recht mit ihrer Vermutung.

Es war im Hause Bachler nur selbstverständlich, dass die Große auf ihre zahlreichen Geschwister aufpassen musste und dann, wenn sie aus der Schule war, zum Arbeiten weggeschickt wurde. Über die wirklich wichtigen Dinge des Lebens wurde in der Familie aber nie geredet. Und was war schon wichtig? Solche Fragen stellte man sich hier einfach nicht. Keiner hatte die Zeit, die Kinder darüber aufzuklären, was sie aus ihrem Leben machen könnten und dass Schulbildung wichtig sei. Wozu auch, wenn nicht einmal genug zum Essen da war? Mutter und Vater rackerten sich Tag für Tag ab und dann hatte Gregor plötzlich genug von all dem, setzte sich in den Sessel und tat gar nichts mehr. Während des Krieges, als seine Frau und die Kinder in Bad Aussee waren, hatte auch er

einrücken müssen. Man schickte ihn zur Ausbildung und dann an die Front. Dort mag er wohl viele grauenhafte Dinge gesehen und erlebt haben, so dass die Geschehnisse ihn Jahre später wieder einholten. Einmal hatte ihn Rosamunde mit den Kindern in Augsburg besucht, sie hatte den weiten Weg von der Steiermark in deutsche Lande mit dem Zug hinter sich gebracht. Ein fürchterlicher Kalvarienberg für die junge Frau mit ihren beiden Kindern, doch die Liebe zog sie zu ihm hin, der hunderte Kilometer entfernt als Soldat festsaß. In jener Nacht wurde die dritte Tochter gezeugt, und als sie zu Fuß über die Berge gingen, um in ihre Heimat zu gelangen, war meine Großmutter Rosamunde erneut schwanger.
Jetzt mochte wohl irgendetwas Außergewöhnliches geschehen sein, denn Gregor zog die Schuhe aus und verkündete, dass er ab diesem Tage nicht mehr zu arbeiten gedenke. Seine Familie hatte schon wieder Zuwachs bekommen und die hungrigen Mäuler waren auf sieben angewachsen. Endlich war auch ein Sohn geboren worden, den sich mein Großvater Gregor so sehr gewünscht hatte, dann folgte wieder eine Tochter. So wusste meine Mutter Charlotte nichts über das Leben, außer über jenes, was ihre eigene Familie in dem begrenzten Raum führte, und über Sexualität sowieso nichts. Dieses Thema war noch verpönter als alles andere. Und so kannte sie sich nicht einmal über die körperlichen Abläufe aus, was eines Tages zu Erklärungsnöten führen sollte. Sie war 14 Jahre alt, als sie Blutflecken in ihrer Unterhose entdeckte. Sofort geriet sie in Panik. Meine Mutter erinnerte sich an die Schelte ihrer eigenen Mutter, die sie stets einsteckte, wenn sie über das Treppengeländer rutschte. „Du wirst Dir eines Tages noch sehr weh tun", schimpfte Rosamunde dauernd, „man rutscht nicht übers Treppengeländer".

So, und nun war es so weit. Obwohl sie keinerlei Schmerzen verspürte, sickerte das Blut unaufhörlich aus ihrem Unterleib, sodass sie bald irgendwelche Fetzen nehmen musste, um es aufzufangen. Sie schämte sich fürchterlich. Warum nur hatte sie nicht gehorcht? Das war nun die Strafe Gottes, Recht geschah ihr. Auch am nächsten Tag hörten die Blutungen nicht auf, ja, sie wurden sogar noch stärker, obwohl Charlotte gar nicht mehr rutschte. Sie konnte sich das nicht erklären. Lediglich ein leichtes Ziehen im Kreuz und im Unterleib war nun zu verspüren, sonst nichts, dennoch hatte sie Angst, auf der Stelle sterben zu müssen. „Jetzt bin ich dran", redete sie sich ein, „ich habe nicht gehorcht, der Herrgott straft mich und lässt mich verbluten". Sie betete die halbe Nacht und bat um Vergebung für ihr schweres Vergehen, sofern sie nicht mehr aufwachen sollte. Doch es war umsonst.
Am nächsten Tag wachte sie auf und beschloss, wenn sie schon sterben musste, wenigstens noch einmal mit ihrer Mutter darüber zu reden. Es kostete sie eine schreckliche Überwindung, musste sie ihr doch beichten, dass die Strafe fürs Treppengeländerrutschen praktisch eingetroffen war. Doch Rosamunde sah sie nur etwas sonderbar an, holte ein paar frische Tücher aus dem Schrank und sagte: „Charlotte, das wirst Du jetzt jeden Monat haben, das nennt man Unwohlsein, das haben alle Frauen." Und damit war das Thema für sie erledigt. Charlotte hatte keine Ahnung, warum man das „Unwohlsein" nannte und warum sie „das" nun jeden Monat haben sollte.
Erst sehr viel später wurde sie von einer Cousine, die wesentlich schlauer war als sie, endlich aufgeklärt. Es klang wie selbstverständlich. Und so war es wohl auch. Es war auch selbstverständ-

lich, dass die Große nach dem Ende der Schule arbeiten ging, um zum Unterhalt der Familie beizutragen. Deshalb ging Charlotte schon sehr jung in den Dienst – bis sie Karl begegnete.
Ich war also das Kind „der Sünde". Bald wurde ich bei einer Familie untergebracht und Mama ging wieder in den Dienst, so nannte man das damals. Keiner interessierte sich dafür, wie es ihr ergangen war, wie es ihrem Töchterchen ging, ob sie es schaffte, und vor allen Dingen wie. Sie hatte einfach zu funktionieren. Einmal in der Woche besuchte sie mich, ihr Kind, und verbrachte ein paar Stunden dort, wo sie mich untergebracht hatte. Als ich einen Monat alt war, fand sie mich während eines Besuches apathisch in meinem Bettchen vor. Ich musste wohl sehr blass gewesen sein, auch sei es mir schwer gefallen, überhaupt noch die Augen zu öffnen. So jung meine Mutter auch war, erkannte sie dennoch, dass etwas nicht stimmen konnte. Sofort fuhr sie mit mir ins Krankenhaus und es war höchste Zeit gewesen. Ich war nämlich dem Tode näher als dem Leben, ein Magenpförtnerverschluss war die Ursache. So hatte ich in den letzten Wochen all die Muttermilch, die mir Mama in gutem Glauben gegeben hatte, sofort wieder ausgebrochen und kaum etwas bei mir behalten können. Innerhalb weniger Wochen war ich so sehr abgemagert, dass ich nur mehr aus Haut und Knochen bestand. Das war zum Leben reichlich wenig, doch scheinbar zum Sterben immer noch zu viel.

Im Spital päppelten sie mich dann wieder auf, doch das dauerte mehr als einen Monat. Es schien so, als wollte ich mich als sehr kleines Mädchen ziemlich schnell wieder verabschieden. Die Ärzte aber konnten mich retten und meine Mutter war fix und fertig. Sie hatte sich das Muttersein anders vorgestellt. Dauernd war irgendetwas los, immer gab es irgendwelche Probleme. Nur mühsam erholte ich mich und kam dann erneut zu einer Pflegemutter. So ging das die nächsten Jahre weiter: Meine Mutter war in Arbeit, mein Vater ebenfalls. Wenn es ihnen die Zeit erlaubte, besuchten sie mich.

Dann sollte Mama erneut schwanger werden. Karl hatte nie etwas anbrennen lassen, er kam und ging, wann immer er wollte. Er hatte Frauen am laufenden Band, verließ Charlotte und kehrte wieder zu ihr zurück, um sie dann nach Strich und Faden zu betrügen. Sie arbeitete als Kellnerin, besuchte mich bei irgendwelchen Pflegeeltern und holte mich wieder ab, wenn diese genug davon hatten. Ungefähr zehnmal geschah dies. Meist hatte ich mich gerade eingewöhnen können und die Leute, bei denen ich untergebracht war, lieb gewonnen oder auch nicht, schon musste ich wieder weiterziehen. Mein Vertrauen in die Menschheit schwand so schnell wie der Schnee unter der Sonne. Ich glaubte, dass dieser Zustand normal sei und alle betreffe. Kaum mochte ich jemanden, musste ich zum Nächsten gehen, so war wohl die Welt. Als meine Mutter zum vermehrten Male aus der Beziehung mit meinem Vater ausbrechen wollte, holte er sie wieder ein und machte ihr das nächste Kind. Das geschah in Brixen. Sie arbeitete gerade in einem Gasthaus als Kellnerin, als er wieder auf der Bildfläche erschien. Es war eine sehr kalte Januarnacht und er hatte in einem Cafe auf sie gewartet, bis sie frei hatte. Nur dumpf erinnerte sie sich an den Gardasee, als sie nach monatelanger Trennung mich fabrizierten. Jetzt schien es genauso zu sein. Es war die Wiederholung der Wiederholung. Auch diesmal dauerte es nicht lange, und sie lag in seinen Armen. Am nächsten Morgen waren sie bereits zu viert. „Jetzt bleibst Du mir auf immer und ewig, kannst nicht mehr weglaufen wie bisher“, trumpfte mein Vater schon wieder auf. Und sie erinnerte sich erneut mit grausamer Gewissheit an den Gardasee, als sie mich empfangen hatte. Wenige Wochen später wusste sie es genau: Es war geschehen und sie sollte ein weiteres Kind bekommen. Sie geriet in Panik.

Charlotte beschließt zu sterben

Charlotte wollte dieses Kind nicht, sie wollte mit dieser Schande nicht leben. Sie war erst 22 und für die damalige Gesellschaft eine Hure, so etwas hatte es in ihrem Dorf noch nie gegeben. Daher beschloss sie zu sterben.

Meine Mutter bereitete alles sehr sorgfältig vor. Es war ein heißer Sommertag, als sie endlich die Tabletten beisammen hatte, die sie für ihr Vorhaben benötigte. Rund 60 Stück waren es nun, und das musste reichen. Sie zog ihren Badeanzug an, unter dem man ihre Rundungen bereits ein wenig sah, denn zu diesem Zeitpunkt war sie im vierten Monat. Doch sie wollte nichts wissen von dem Wesen, das da erneut in ihr heranwuchs und nichts als leben wollte. Rein gar nichts wollte sie diesmal damit zu tun haben. Und so löste sie langsam die Tabletten in einem Glas Wasser auf, das sofort eine milchige Farbe annahm. Ihr Handtuch hing bereits um ihre Schultern, als sie die scharfe und bitter schmeckende Flüssigkeit in sich hineinkippte. Dann trank sie noch angewidert einen Holundersaft, den ihre Mutter tags zuvor bereitet hatte, und schon musste sie wegen dieses schrecklichen Geschmacks nicht mehr würgen. Jetzt schritt sie die Treppe zu ihrem Elternhaus hinunter. Dabei ging sie an dem elenden Geländer vorbei, an dem sie damals als naive 14-jährige ständig hinuntergerutscht war und das als Erklärung für ihre ersten Monatsblutungen hatte herhalten müssen. Es stand immer noch unverändert da, während inzwischen acht lange Jahre ins Land gezogen waren. Sie ging zum Bach, wo sie sich bereits vor Tagen ein geeignetes Plätzchen für ihren Abschied ausgesucht hatte. Im Schatten von ein paar Bäumen, links von ihr standen die Steine mannshoch und der Gebirgsfluss schlängelte sich durch die enge Schlucht, wo sie in Kindertagen so glücklich gebadet, gelacht und von einer rosigen Zukunft geträumt hatte. Diese Zukunft war ihr nun verbaut. Es gab nur mehr eine Gegenwart, die sie nicht mehr ertragen konnte.

Nach nur zehn Minuten war ihr schon irgendwie seltsam zumute und ihr Kopf brummte. Als sie sich ein allerletztes Mal aufraffte, um ein paar Schritte über die glitschigen Steine im Bachbett zu schreiten, fühlte sie sich wie betrunken. Sie richtete ihr Handtuch zurecht und legte sich hin – zum Sterben. Charlotte blieb dabei ganz ruhig und atmete flach. Zahlreiche Gedanken schwirrten ihr durch den Kopf, etwa Christine, ihr Kind. Sie würden schon gut sorgen für die Kleine, war sie sich sicher. Im Übrigen brauchte Christine auch keine Mutter, die nie da war. Es war sowieso eine ständige Belastung für beide. Auch die Besuche, die Ausflüge, alles geschah unter Zeitdruck und ihr fiel es manchmal schwer, den richtigen Draht zu ihrem Töchterchen zu finden. Manchmal machte sie auch die Kleine für ihr eigenes Leid verantwortlich, für ihr eigenes Unbehagen. Für die Tatsache ihrer Geburt überhaupt. Tief drinnen in ihrem Herzen wusste sie, dass dies nicht richtig war, doch sie selbst war noch so jung und konnte es einfach nicht besser. Und nun sollte sie ein zweites Kind bekommen? Sie kam schon mit dem ersten nicht zurecht. Wie sollte das funktionieren? Sie hatte keine Kraft mehr, keinen Mut und von Hoffnung war längst schon keine Spur mehr vorhanden. Karl war ein ganz und gar unfähiger Vater. Ihm gefielen die Kinder der anderen, zumindest in Momenten, in denen er nichts Besseres zu tun hatte. Auch die eigenen fand er lieb, mich fand er lustig und liebevoll nannte er mich Christele und sicher liebte er mich auch irgendwie, das kleine vorlaute Gör, das ich war. Doch meist wusste er nicht wirklich, was er mit dem Kind anfangen sollte. Er erzählte zwar allen mit Stolz, dass er Vater einer Tochter sei und dieses Kind ihm alles bedeute, doch in Wirklichkeit hatte er meist etwas Besseres zu tun, als sich mit Christele zu beschäftigen. Er füllte seine Zeit mit anderen Frauen aus, denen er den Hof machte und die er mitnahm auf seinen Exkursionen durch die Lande. Charlotte saß dann allein zu Hause oder war im Dienst und heulte sich die Augen aus. Meist saß sie auch zwischen zwei Stühlen. Wenn er vorbeikam und sie für sich beanspruchen wollte, hatte sie sehr oft keine Zeit, weil sie arbeiten oder zum Kind musste. Er war ihr Untergang, und das hatte sie bald schon begriffen. Hier hatten sich zwei Menschen in schicksalhaften Momenten getroffen, um sich wie zwei Kinder viel Leid zuzufügen, dann wieder sich zu versöhnen, doch aber immer wissend, dass der nächste Schmerz noch größer als der vorhergehende sein würde.

Meine Mutter legte sich sorgfältig auf das Handtuch, nichts sollte darauf hindeuten, dass dies ihre letzte Handlung sein würde, die sie geplant hatte. Bald schon verfiel sie in einen erholsamen Schlaf, der sie in gnädiges Schweigen einhüllte. Die erste Maisonne brannte ihr rote Flecken auf die weiße Haut, doch sie spürte längst nichts mehr. Es sollte ja auch ihr Todesschlaf werden. Am späten

Nachmittag fiel dann jedoch einer ihrer Schwestern plötzlich auf, dass Charlotte sich noch nie so lange gesonnt hatte. Außerdem wurde es langsam frisch und schließlich brach unvermindert die frühe Dämmerung über das enge Tal herein. Irgendwann, in einer leisen Vorahnung, sprangen Elfi und Marlene auf und machten sich auf die Suche nach Charlotte. Warum, wussten sie selbst nicht recht, denn Sorgen um sie hatten sie sich selten gemacht. Sie war stets die Große gewesen, die alles zusammenhielt. Sie kümmerte sich um alle, die Last der Verantwortung trug immer sie, so als würde sie nichts erschüttern.

Elfi und Marlene liefen den Bach entlang und riefen ihren Namen. Sie hüpften von Stein zu Stein. „Charlotte, Charlotte, wo bist Du? Sag' etwas, um Himmels Willen." Doch alles blieb stumm und sie suchten endlos lange, jedenfalls erschien es ihnen so. Dann endlich fanden sie Charlotte an einem Ort, an dem sie nie zuvor gewesen war. Jedenfalls konnten sich die beiden Schwestern nicht daran erinnern. Da lag sie nun scheinbar schlafend, doch sie gab kein Lebenszeichen mehr von sich und dicker Schaum quoll aus ihrem Mund. Marlene schrie aus voller Kehle, sie glaubte augenblicklich, Charlotte sei tot. Elfi griff nach ihrem Puls und stellte noch kleine Anzeichen von Leben fest. Einmal hatte ihnen ein deutscher Tourist in der Pension, in der ihre Mutter arbeitete, erklärt, dass man erste Hilfe leisten kann. Niemand im Ort hatte dies je getan, doch ausgerechnet jetzt fiel ihnen dieser Deutsche ein. Und sie machten alles richtig. Sie wischten den Schaum weg, drehten Charlotte zur Seite und pumpten und kneteten an ihrer sterbenden Schwester herum, bis sie irgendwann wieder zu atmen begann. Dann lief eine der beiden hinunter auf die nahe Straße und hielt ein Auto an.

„Bitte fahre meine Schwester sofort ins Spital, sie liegt dort oben und ist halbtot", keuchte Elfi, die Ältere, hervor. Und sie musste dies ziemlich glaubhaft getan haben, denn der Fahrer des Citroen DS, eine wahre Rarität zu jener Zeit und eigentlich nur sehr reichen Menschen vorbehalten, stellte sofort seinen Wagen ab und rannte mit ihr die Böschung hinauf. Dort trafen sie auf eine verzweifelte Marlene, die immer noch versuchte, Charlotte irgendwie am Leben zu halten. Schnell packten sie alle drei an und transportierten die junge Frau zum Citroen. Mit quietschenden Reifen startete der Mann nur wenige Minuten später durch und in weniger als einer halben Stunde war er im Krankenhaus von Meran angekommen. Charlotte atmete immer noch, wieso, das wusste keiner.
Drei Tage lang rang sie dort mit dem Tode. Erst pumpten ihr die Ärzte den Magen aus, dann stellten sie entsetzt fest, dass sie ein Kind erwartete. Niemand konnte sagen, wie sich die Geschichte entwickeln würde. Ihre Eltern Rosamunde und Gregor kamen herbeigeeilt und die acht Geschwister ebenso. Nun standen sie alle um das Bett herum und beteten drei Tage und drei Nächte für ihr Leben. Nur der Herrgott wusste, ob er es ihr schenken würde oder nicht. Das kleine Wesen in ihrem Bauch gab aber bereits kein Lebenszeichen mehr, es harrte dort völlig apathisch der Dinge, die da noch kommen konnten. Am vierten Tag wachte Charlotte endlich auf. Da standen sie gerade mit fragenden Augen alle um ihr Bett herum. Nur einer fehlte. Es war Karl. Gregor hatte ihm verboten herzukommen. Er sollte seine Tochter, über die er so viel Unheil gebracht hatte, ein für allemal in Ruhe lassen. Nie wieder sollte er es wagen, sie zu belästigen oder ihr sogar weitere Kinder zu machen.

Aber als sie die Augen aufschlug, suchte sie ihn. Apathisch erinnerte sie sich an die Dinge, die geschehen waren, insbesondere wurde ihr bewusst, dass ihr sorgfältig geplantes Unterfangen nicht gelungen war. Sie schämte sich zu Tode, warum nur hatte man sie nicht sterben lassen? Dann hätte sie jetzt alles hinter sich. Denn so leicht war die Entscheidung auch nicht gewesen, und sie hatte sehr viel Mut erfordert. Es ist schließlich keine Kleinigkeit, sich umbringen zu wollen. Meist geht der Tat eine lange Zeit des Leidens voraus, lange, nächtelange Überlegungen über das Wie, Warum und Wann. Das kostet Energie und Zeit. Und nun sollte alles umsonst gewesen sein, alles von vorne beginnen? Sie war dazu verdammt weiterzuleben. Und was war mit dem Kind, das in ihrem Bauch heranwuchs? Lebte es überhaupt noch, und wenn ja, würde es behindert zur Welt kommen? Fragen über Fragen und keine Antwort. Hatte sie dieses Kind endgültig kaputtgemacht? Ein dicker Kloß saß ihr im Hals, und als sie ihre Mutter beiseite nahm und heimlich nach Karl fragte, hüstelte diese nur unmerklich in ihr Ohr. Er werde kommen, aber erst, wenn ihr Vater aus dem Raum sein würde. Die Gefahr war zu groß, dass sich die beiden die Köpfe einschlugen.

Von da an weinte meine Mutter Tag und Nacht. Um ihr wieder gewonnenes Leben, das sie nicht wollte, und um das Leben ihres ungeborenen Kindes. Denn nun war alles nur noch schlimmer. Wer konnte ihr versichern, dass dieses Wesen gesund sei? Einmal hatte sie gehört, dass „solche" Kinder auf jeden Fall einen „Dachschaden" davontragen würden. Ihr Leben könnte nun endgültig zerstört sein, und das ihres Kindes sowieso. Als mein Vater endlich heimlich an ihrem Bett stand, konnte sie nicht anders, als ihn anzuspucken. Dann richtete sie sich mit der neu gewonnenen Kraft auf und ohrfeigte ihn links und rechts. Jahrelang hatte er sie mit allen möglichen und unmöglichen Frauen betrogen und ihr dann letztendlich ein zweites Kind gemacht. Diese sich daraus ergebenden Schwierigkeiten würde sie erneut alleine tragen müssen. Und sie hatte einfach keine Kraft mehr dafür.

An jenem Nachmittag hatte sie wieder einmal von irgendeiner Liebschaft erfahren, die er scheinbar schon seit Monaten pflegte. Sie sah keine Zukunft mehr mit diesem Mann und ein zweites lediges Kind bedeutete die totale Isolation und das Absacken in eine aussichtslose asoziale Situation. Nun war sie endgültig eine Hure, eine verdammte Nutte, die nun von diesem Kerl gleich zwei uneheliche Kinder bekam. Sie fühlte, wie die Leute mit dem Finger auf sie und ihren Bauch zeigten: „Seht her, diese Hure, die sich zum zweiten Mal hat anfüllen lassen. Und dabei ist sie nicht einmal verheiratet", hörte sie die Meute bereits tuscheln. Was würden ihre Eltern sagen? Nicht auszudenken. Ein lediges Kind brachte nichts als Sorgen, ein zweites wollte sie nicht mehr verkraften. Der Schritt mit den Tabletten war wohl überlegt und sie malte sich aus, dass eigentlich nichts schief gehen konnte. Doch es ging etwas schief: Sie musste weiterleben – und ihr armes Kind auch.

Dolores

Dolores kam im achten Monat zur Welt. Sie war ein hübsches, doch sehr schwaches Kind. Aber sie war einigermaßen gesund, was wie ein Wunder schien. Meine Mutter befand sich gerade im Bus nach Bozen, um ihre Schwiegermutter in spe zu besuchen, als das Wasser brach. Wie eine Sturzflut rann es ihr die Beine hinunter und ehe sie das alles verstand, hatten andere Passagiere ihre Einlieferung ins Spital bereits organisiert. Dort dauerte es nicht lange und der kleine Wurm war da. Etwas mehr als zwei Kilogramm wog das Baby und es wurde sofort in den Brutkasten gegeben, so nannte man damals die Inkubationsmaschine für Frühgeborene. Mutter erholte sich nur langsam von den Strapazen. Als Vater vorbeikam, konnte sie nur noch weinen. Sie wusste nicht, wohin mit dem neuen Kind. In diesem einen Monat hatte sie noch einige letzte Überlegungen anstellen wollen, doch nun war es zu spät. Dolores war da und außer einem Namen hatte sie nichts für den Wurm vorbereitet.
Ihr blieb nichts anderes übrig, als das kleine Wesen in ein Heim für Neugeborene zu geben. Dort würden die Nonnen das Baby schon aufpäppeln und zusehen, dass es leben konnte. Genau dort begegnete ich meinem Schwesterchen zum ersten Mal.
Nach einem Jahr konnten die Schwestern Dolores nicht mehr be-

halten. So rief meine Mutter unter Tränen die Klotzner-Mama an, einen anderen Rat wusste sie nicht. Ich kann mich noch genau daran erinnern, als im Gasthaus ein Telefonat aus Bozen kam. Es dauerte eine Ewigkeit, bis die Wirtsleute die Klotzner-Mama herbeirufen konnten. Am anderen Ende der Leitung wartete meine Mutter geduldig, was hätte sie auch sonst machen sollen? Sie flehte und bettelte, bis die Bäuerin sich ihrer erbarmte und zusagte, auch ihr zweites Kind aufzunehmen. Ich stand daneben und hörte das Schluchzen meiner Mama durch den Hörer. Dieser Apparat im Wirtshaus war damals das einzige Telefon im Dorf. Immer, wenn irgendetwas Wichtiges geschehen war, rannte man zum Wirt und telefonierte. Und umgekehrt geschah es genauso. Also musste schon etwas Gravierendes passiert sein, wenn ein Anruf kam.

Dolores war ein Jahr alt, als Mama sie vorbeibrachte. Es war das zweite Mal, dass ich meine Schwester zu Gesicht bekam. Sie konnte immer noch nicht sitzen oder auch nur einfache Worte brabbeln. Und vom Gehen war weit und breit keine Spur. Das Kind lag apathisch in seinem Bettchen und lächelte jeden an, der sich ihm näherte. Doch der Klotzner-Mama gelang ein weiteres Wunder: Sie brachte dem Kind mit ihrer allumfassenden Liebe bei, dass es sich lohnte zu leben. Und binnen weniger Monate hatte Dolly alles erlernt, was es im Mutterleib und im Heim versäumt hatte. So wuchsen wir beide fortan gemeinsam auf, mit Pflegemüttern, die in regelmäßigen Abständen wechselten. Wir wurden quer durchs Land gereicht und hatten Aufenthalte bei den verschiedensten Familien. Bis uns Mama eines Tages verkündete, Papa und sie würden zusammenziehen und uns zu sich nehmen. Ich war sechs und Dolores zwei, wir waren zu klein, um die Bedeutung dieser Worte

zu begreifen. Ich war gerade in die einklassige Dorfschule gekommen. Die Lehrerin kümmerte sich um insgesamt 15 Kinder aus fünf Klassen. Das war in einem Ort im Vinschgau, in dem wir bei einer boshaften Frau untergebracht waren. Sie konnte nicht begreifen, dass die Kleine immer noch einnässte und ich sie in Schutz nahm. So hagelte es heftige Watschen und Pobacken, die Dolores sehr verunsicherten. Sie konnte nämlich nicht begreifen, wozu die Schläge gut sein sollten. Sie hatten zur Folge, dass sie keine Nacht mehr durchschlief und dauernd ins Bett machte. Immerhin war sie erst zwei und unter heutigen Gesichtspunkten war dies ein völlig normaler Vorgang. Damals waren die „Erziehungsmethoden" jedoch anders. Auch gab es nie genug zu essen, und das, obwohl unsere Ersatzmama selbst unsagbar fett war, die Frau musste anscheinend sparen und tat dies ausgerechnet bei uns. So brachte Mama, wenn sie uns besuchte, stets Käseecken vorbei, weil ich ihr in einem unbeobachteten Moment erzählt hatte, dass wir sehr oft hungerten. Noch Jahrzehnte später konnten weder Dolly noch ich Käseecken sehen, riechen oder gar essen.
Die Dinge liefen anders und vor allem komplizierter, als sich dies unsere Mama wohl vorgestellt hatte. Plötzlich eine komplette Familie zu haben, war für sie schwieriger als alles andere in ihrem bisherigen Leben. Unser Vater war aufgrund seines vagabundierenden Berufes selten zu Hause. Und so war sie auf sich allein gestellt und die Probleme des Alltags rieben Mutter nahezu auf. Sie war zwar stark und das Kämpfen gewohnt, doch manchmal sehnte sie sich nach dem unbeschwerten Kellnerinnenleben zurück, bei dem sie wenigstens ihr eigenes Geld und ein begrenztes Maß an Freiheit hatte. Als Karl seine Firma systematisch aufzubau-

en begann, packte auch Mama wieder kräftig an. Diese Aufgabe gefiel ihr besser als Windeln wechseln, Kuchen backen und Kinder hüten. So lief einige Jahre alles gut, ja, die beiden waren geradezu glücklich und entdeckten eine neue Zweisamkeit, die sie erfüllte. Uns schickten sie im Sommer zu Oma Hilde nach Österreich, wo wir drei Monate verbrachten. Uns machte es nicht viel aus, wir waren es ja gewohnt. Dennoch kann ich mich erinnern, das erste Mal so etwas wie Heimweh verspürt zu haben, denn Oma Hilde war despotischer als je zuvor und Blas hatte immer noch nichts zu melden. Einzig Albert, ihr längst erwachsener Sohn, der inzwischen selber Kinder hatte, bemühte sich um uns und erfüllte uns jeden Wunsch. So wurde es trotz Oma Hilde ein schöner Sommer, obwohl wir unsere Eltern die ganze Zeit niemals zu Gesicht bekamen. Die Firma war im Aufschwung, die Geschäfte liefen gut und unsere Eltern schienen neu verliebt. Sollte sich alles zum Guten wenden?

Doch leider war es der letzte Sommer, der harmonisch verlaufen sollte. Als wir wieder daheim waren und die Probleme des Alltags erneut überhand nahmen, lachte sich unser Vater zum wiederholten Male eine andere Frau an. Mama war bis ins Mark verletzt, sie war erwachsener, reifer, entschlossener und beschloss zu kämpfen. So begann jener Ehekrieg, der viele Jahre dauern sollte und alle in den Abgrund riss.

Ich zog aus, als ich 16 war. Ich hatte in den letzten Jahren, und speziell seit ich in die Pubertät gekommen war, immer wieder heftige Konflikte mit meiner Mutter. Bis ich es eines Tages nicht mehr aushielt. Ich arbeitete damals neben der Schule schon im Betrieb meiner Eltern mit, hatte also eigenes Geld. Als ich meinen ersten

Freund hatte, eskalierte die Situation. Auch wollte ich auf eigenen Beinen stehen. Anders Dolores, die erst zwölf war, doch seit sie lebte, das Sorgenkind meiner Mutter war. Immer gab es etwas, was die Aufmerksamkeit auf sie lenkte. Es verging keine Woche, in der nicht irgendetwas passierte, in dessen Mittelpunkt Dolores stand. Bereits damals gab es erste Anzeichen ihrer unbändigen Gier nach Leben, nach Freiheit, nach mehr und immer mehr. Sie schwänzte die Schule, war sogar tage- und nächtelang unauffindbar. Mama war stets auf der Suche nach dem Mädchen, das doch erst 13 war. Dann flog sie in der Schule und musste wiederholen. Nein, kein wirkliches Drama, doch Mutter wusste oft lange nicht, wo sich ihre Jüngere aufhielt. Alle Verbote, Gespräche und Bekundungen halfen nichts. Der Drang nach Freiheit schien für Dolores grenzenlos. Als sie das Schuljahr schließlich erfolgreich abschloss, hatte sie bereits zahlreiche Versuche hinter sich, ihre Wissbegier mit den verschiedensten Drogen zu befriedigen. Doch mehr als betäubt oder ruhig gestellt war sie damals nicht. Der Stoff machte sie lediglich schwach, die ersehnte Freiheit fand sie damit nicht. Nur wollte sie das nicht wahrhaben, sie war ja noch ein Kind.

Der Abstieg begann unmerklich und schleichend und niemand schien davon Notiz zu nehmen. Mama meinte es gut und versuchte, ihr durch Geld und Kleidung das Leben so schmackhaft wie nur möglich zu machen, um dann doch immer wieder wegen ihrer unbändigen Dreistigkeit und Gier auszurasten. Bis zum nächsten Mal, so lange, bis Dolores sie wieder um den Finger gewickelt hatte. Meine Schwester hatte sich zu einem bildhübschen jungen Mädchen gemausert, kannte aber kaum Grenzen. Sie erwartete

immer alles von allen, ohne sich je dessen bewusst zu werden, dass alles erarbeitet, erlernt und erworben werden musste, um es auch zu schätzen. Dolores hatte ein grenzenloses Verlangen nach Leben und Mama ein grenzenlos schlechtes Gewissen. Sie gab sich unbewusst stets selbst die Schuld für das eigenartige Wesen ihrer Jüngsten. Sie war es gewesen, die sich damals hatte umbringen wollen, und immer wieder redete sich Mama insgeheim ein, dass dies der Grund sein musste, warum sich dieses Mädchen so anders als die anderen entwickelte. Bereits in der Grundschule zeichnete sie sich durch Dinge aus, die andere Kinder einfach nicht taten. Als sie in der Klasse nicht mehr stillsitzen wollte, sprang sie einfach durchs Fenster ins Freie, das sich gottlob im Parterre befand. Dann ging sie nach Hause, offensichtlich ohne sich dabei etwas zu denken. Sie hatte einfach keine Lust mehr gehabt, dort zu bleiben und sich die Vorträge der Lehrerin anzuhören.
„Frau U., stellen Sie sich vor, ihre Tochter ist aus dem Fenster gesprungen", rief eine aufgelöste Lehrerin zu Hause an und war dabei dem Nervenzusammenbruch nahe. Mama hatte Dolores zwar nach Hause kommen sehen und hören, doch sie hatte sich nichts dabei gedacht. Denn ihre jüngere Tochter hatte so lange gewartet, bis keiner mehr Verdacht schöpfen konnte. Sie hatte einfach im Ort so lange herumgetrödelt, bis die Schule für alle aus war, dann erst war sie heimgegangen. Aus dem Fenster war sie gesprungen? Das war ja allerhand. Als Mama Dolly zur Rede stellte, lachte das Kind nur und erklärte, ihm sei halt langweilig gewesen. Was wäre schon Schlimmes dabei? Auch später sollte sich nicht viel ändern. Dolores tat stets das, was sie wollte. Und das wirklich Erstaunliche dabei war, dass sie es meist auch ohne Mühen schaffte. Es gelang

ihr, ihre Mitmenschen um den Finger zu wickeln. All ihre Defizite konnte sie damit spielend wettmachen.
Dass Dolores sehr bald schon große Sorgen hatte, konnte sie vor der Familie prächtig verbergen. Sie war erst 13, als sie sich in Hannes verliebte. Mit ihm sollte sie nun jahrelang unterwegs sein. Sie trafen sich nach der Schule oder abends beim Minigolf, dort gab es immer Aufregendes und Rambazamba. Im Sommer brachen sie dann auf, um per Autostopp durch halb Europa zu ziehen. Manchmal waren andere Freundinnen auch mit dabei. Sie genossen ihre Jugend in vollen Zügen, sie ließen sich gehen und kifften, bis sich die Balken bogen. Sie empfanden diese Zeit als unbeschwert, ohne Sorgen und frei von jeglicher Angst. Und so war sie wohl auch, was sollte ihnen schon passieren? Die Welt war bunt und sie waren ein Teil davon, es konnte ihnen nichts Schlimmes geschehen. Später verbarrikadierten sie sich in seiner sturmfreien Bude und begannen, sich das Gift in die Adern zu spritzen. Angst? Die kannten sie immer noch nicht. Was sollte ihnen das bisschen Heroin auch schon anhaben? Wenn sie irgendwann keine Lust mehr hatten, würden sie einfach wieder damit aufhören, so einfach stellten sie sich das vor. Aber es gab kein Halten mehr. Der Dreck machte sie körperlich und seelisch abhängig, aber das wollten sie nicht wahrhaben. Dolly arbeitete neben der Schule im Betrieb der Eltern, Hannes ebenfalls, dann bekam er die Gelbsucht und später Hepatitis B. Und er steckte sie an. Monatelang hielten sie ihn in der Klinik fest und bald schon verdammten sie ihn zur Quarantäne. Dolores flüchtete nach Urbino. Dort wollte sie an der Accademia delle belle arti Kunst studieren. Sie war mittlerweile 20 und hatte endgültig genug von der kleinen Südtiroler Welt. Doch

die Krankheit holte sie ein. Auch sie musste in die Klinik, und es ging ihr gar nicht gut. Dolores hatte sich nicht mehr auf den Beinen halten können und war von der Uni nach Hause getorkelt. In den nächsten Tagen war sie so schwach gewesen, dass Freunde sie ins Spital bringen mussten. Die Diagnose war fatal, viele Wochen verbrachte sie nun dort und war außer Gefecht gesetzt. Sie lag in Florenz im Krankenhaus und Hannes in Meran, und die Familie wusste nichts von alledem. Wir glaubten, dass Dolores sich endlich gefangen und zu sich selbst gefunden hatte und nun brav am Studieren war. Welch ein Trugschluss! Als sie wieder gesund war, hatte sie erst einmal genug von Hannes. Dann kam ihr Tonio in die Quere und mit ihm ging es ohne harte Drogen weiter. Doch Tonio wanderte aus, ging in einen Kibbuz nach Jerusalem und baute dort sein Getreide und seinen Salat selber an. Anschließend meditierte er über Gott und die Welt und versuchte, auch sein aus den Fugen geratenes Leben wieder in den Griff zu bekommen.

Dolores blieb hier, kurierte ihre Hepatitis aus und besuchte ab und zu Hannes wieder, der lange Monate weggesperrt war. Nur kurze Zeit später war sie mit Hubert zusammen, einem hübschen Jüngling, der spindeldürr und lang wie ein Baum war. Da er von dieser „Scheiße" nichts wissen wollte, wie er stets versicherte, schien eine gute Zeit für sie anzubrechen. Hubert kam ihr gerade recht, denn auch sie hatte von dieser „Scheiße" erst einmal genug. Ihre Krankheit war noch zu gegenwärtig und erinnerte sie noch immer genau an das, was sie ihrem Körper zugemutet hatte. Deshalb zog sie ein paar Monate mit Hubert um die Häuser. Drogen waren niemals im Spiel, nur eine immense Lebensfreude, ein Drang nach Lust, Laune, Liebe, Zärtlichkeit, Verrücktheit und unbändige

Leidenschaft. Das ging ein paar Monate gut, denn sie waren sehr verliebt ineinander. Und Geld hatte er von Haus aus genug. Das Studium in Urbino konnte warten.
Schließlich wurde es ihr mit dem dürren Hubert langweilig. Mit seinen niemals aufhörenden Weisheiten, die auf selbst gezimmerten Theorien basierten, aber selten etwas Konkretes beinhalteten, konnte sie schon bald nichts mehr anfangen. Es fehlte ihr etwas Handfestes, das mit dem wirklichen Leben zu tun hatte. Sie brauchte etwas zum Anfassen. Sobald sie etwas Praktisches verlangte, musste Hubert passen. Er war fürs Theoretische gut, doch zum Leben mit einer Frau noch nicht reif. So entschloss sie sich, wieder nach Urbino zurückzukehren.
Dort wartete Alessio, bei dem sie in Untermiete wohnte und den sie immer wieder um Geld anpumpen konnte. Geld war etwas, das sie nie ausreichend hatte, doch ständig brauchte. Doch wozu hatte man eine blühende, eine schier unbegrenzte Phantasie? „Alessio, Du magst mich doch, oder?", flötete sie ihm nach ihrer Ankunft ins Ohr. Alessio war ein verkrachter Ewig-Student und bereits Mitte 40. Er hatte eine kleine, heruntergekommene Wohnung in Urbino von seiner ehemals steinreichen Tante geerbt. Da das Geld für Renovierungen fehlte, hauste er nun seit Jahren mehr schlecht als recht in den alten Mauern. Doch die Aussicht von der ebenfalls abgewrackten Terrasse, die kurz davor stand, in sich selbst zu zerfallen, sollte nicht doch noch ein Wunder geschehen, war spektakulär. Die sanften Hügel der Toskana lagen wie ein selbst gewebter Teppich vor ihnen, der sich in unendlichen Wellen auslegte. Dazwischen standen immer wieder Zypressen, deren schlanke Äste Richtung Himmel strebten. Sanfte Felder und

Wiesen, wie aus Patchwork gewebt, flossen ungleichmäßig dahin. Das Rot vom Mohn wechselte sich ab mit dem Gelb des Ginsters, der an den Rändern der Felder gemächlich vor sich hinwucherte. Hie und da standen ein paar Stauden Lavendel, die hier viel größer wuchsen als in heimatlichen Gefilden, wo sie gehätschelt und getätschelt werden mussten, um überhaupt ein paar Zentimeter vom Boden hochzukommen.

Die Abendstimmung auf dieser Terrasse war im Frühsommer bis in den Herbst hinein einfach atemberaubend. Oft saßen sie beide oben und malten ihre Träume auf Papier. In guten Zeiten bereitete Dolores ein Abendessen, und dann konnte man sie für ein Ehepaar halten, das mit sich und der Welt im Reinen lebt. Ab und zu gelang es ihm, eines seiner Bilder zu verhökern. Davon konnte er dann wieder monatelang leben, und das nicht einmal schlecht. Denn Miete musste er ja nicht zahlen und Dolores, die bei ihm in Untermiete wohnte, sollte ihm eine Kleinigkeit beisteuern. Das tat sie aber nur selten, denn sie war ständig pleite. So pumpte sie ihren „Vermieter", statt ihm aus der finanziellen Verlegenheit zu helfen, mindestens einmal im Monat an. Und er als gutmütiger Mensch konnte kaum nein sagen und half ihr aus der Patsche. Jeder bekam am Ende, was er brauchte: Er erhielt ihre Dankbarkeit, die sie ihm mit allerlei netten Bemerkungen und im Falle von sehr guter Laune sogar mit Streicheleinheiten erwies. Sie bekam sein Geld, das sie bitter benötigte. Denn bald war sie auch in Urbino ständig auf der Suche nach neuem Stoff, ohne den sie, so glaubte sie zumindest, das Studium nicht mehr bewältigen konnte.

Daheim wusste immer noch niemand etwas Konkretes von ihrem kuriosen Leben in Urbino. Dolores tat dort mutmaßlich, was sie sich immer ersehnt hatte: Kunst studieren. Eines Tages würde sie zurückkehren und Großes leisten. Mama unterstützte sie ständig mit Geld, denn einmal im Monat rief sie an und bettelte.

So nahmen die Dinge ihren Lauf. Eines Tages, als sie wieder in Meran war, es musste Ostern oder ein anderer Feiertag gewesen sein, traf ich meine Schwester auf der Kurpromenade in Meran. Ich sah sie von weitem kommen und freute mich. Denn nur einmal war ich bei ihr in Urbino gewesen, und das nur für kurze Zeit. Nun hatten wir uns monatelang nicht mehr gesehen. Ich ging auf sie zu und sagte: „Hei Dolly, ich wusste gar nicht, dass Du im Lande bist. Wie geht es Dir? Was gibt es bei Dir Neues?" Dolores starrte mich aus weit aufgerissenen Augen ungläubig an und wollte irgendetwas sagen, doch sie brachte keinen Ton hervor. Ich starrte zurück und wusste nicht, was ich von der peinlichen Situation halten sollte. Irgendwann, es schienen Minuten vergangen, doch es mochten wohl nur Sekunden gewesen sein, antwortete sie: „Wer bist Du, kennen wir uns?"

Ich war völlig geschockt und hielt inne. Erst jetzt bemerkte ich die glasigen, rotgeränderten Augen meiner Schwester, die vom kohlrabenschwarzen Kajalstift eingerahmt waren, die strähnigen Haare und den grell geschminkten Mund. Dolores war ganz bleich im Gesicht, ihr Blick ging ins Leere. „Das kann unmöglich meine Schwester sein", schoss es mir durch den Kopf. Tatsächlich war sie es doch. „Ich bin Christine, Deine Schwester, erkennst Du mich nicht?", fragte ich sie. Wie war so etwas möglich? Nur ein paar Monate waren ins Land gezogen, seine eigene Schwester konnte man doch in so kurzer Zeit nicht einfach vergessen? Dolly schien sich beim besten Willen nicht an mich erinnern zu können, sie

Dolly: Wer bist Du, kennen wir uns?

schüttelte den Kopf und ging mit langsamen Schritten einfach weiter. Ich verstand die Welt nicht mehr. An diesem Tag wurde mir zum ersten Mal bewusst, dass etwas nicht stimmen konnte. Aber was? Waren wirklich Drogen im Spiel, wie mir einige Freunde mehr oder weniger deutlich gemacht hatten? Klar, ich wusste, dass Dolly gekifft, dass sie jede Menge Unfug getrieben hatte. Doch wer tat das nicht zu jener Zeit? Es waren die wilden Jahre gewesen, in denen die Jugend auch hierzulande erstmals jene berühmte Freiheit auskostete, die anderswo bereits 20 Jahre zuvor begonnen hatte. Bei unendlich langen Partys auf irgendwelchen Wiesen, Ufern von Flüssen, Seen und Feldern, wo gegrillt und gesoffen wurde, sowie geraucht, gekifft und kreuz und quer geliebt bis in die frühen Morgenstunden. Die Groupies der Musikgruppen der damaligen Zeit hatten es uns vorgemacht: Die Rolling Stones, Kiss, ZZ-Top, Alice Cooper oder Jethro Tull waren modern und im Kino liefen die Schulmädchenreports und Schwedinnenfilme. Beate Uhse eröffnete in ganz Europa einen Sexshop nach dem anderen, jedes Mädchen nahm die Pille, die freie Liebe hatte Einzug bis in die letzten Winkel der letzten Dörfer gehalten. Aids gab es noch nicht, zumindest wusste niemand davon. Was sollte also Schlimmes daran sein, wenn man sich endlich gehen ließ? Man zog sich von allen Konventionen und der Kirche zurück und führte ein Leben in Eigendynamik, wenigstens einen Teil davon. Selbstverständlich starben jene Streber dennoch nicht aus, die immer noch brav an Mutters Rockzipfel hingen, studierten, sich nach der Matura gnädig in den Schoß des Staates, des Landes, des Elektrizitätswerkes, der Telecom oder sonst einer spießigen halb- oder ganzstaatlichen Gesellschaft fallen ließen und schon halb mumifiziert eine ebenso brave Frau oder einen noch braveren Mann heirateten, ein paar Kinder produzierten, um dann nach ein paar Jahren ihren Frust über so viel ungelebtes Leben bei immer wieder neuen Frauen oder Männern zu suchen oder im Alkohol zu ertränken. Eine ganze Heerschar ertränkte ihren Frust im Alkohol, und täglich gesellten sich neue Frustrierte hinzu. Sie standen in zwielichtigen Spelunken um den Tresen und erzählten von ihren Heldentaten, die sie gern erlebt hätten, jedoch nie den Mut gefunden hatten, sie zu verwirklichen. Diese Typen tischten dann irgendwelche Märchen auf von attraktiven Frauen, die sie gehabt hätten, in Wirklichkeit aber nie bekommen konnten. Und dann erzählten sie von tollen Reisen, die sie ebenfalls nie gemacht hatten, von Abenteuern, von denen sie in Büchern gelesen hatten, doch vor denen sie sich scheuten wie die Motten vor dem Licht. Denn das hätte Veränderung bedeutet, und alles, was nach Veränderung nur roch, versetzte sie in helle Panik. Diese armseligen Seelengaukler blähten sich gegenseitig eine Scheinwelt auf, die nur so strotzte von unglaublich spannenden Geschichten. Und jeder wusste, dass alles erstunken und erlogen war und sie am Ende als Einzige übrig bleiben würden, die daran glaubten. Dennoch wollten alle die Geschichten hören, denn sie waren spannender als Kino, und dann gingen die vermeintlichen Helden wie jeden Tag nach Hause. Meist waren sie besoffen von den vielen Traumtänzen, die sie vollbracht hatten, und dem schlechten Wein. Dann legten sie sich zu ihren langweiligen Frauen ins Bett, deren Gesicht voller Pickel war. Diese waren ihnen aus Frust über diese verkorksten Typen gesprossen, die sie vor unzähligen Jahren geheiratet hatten, die sie seit Jahrzehnten durch dieses irrsinnige Leben schleifen mussten und die nun neben ihnen schnarchten. Meist hatten sich diese Ehefrauen am Ende selbst ein befriedigtes Leben vorgegaukelt, was sollten sie auch sonst mit all den Illusionen anfangen, die geplatzt waren wie die Seifenblasen? Auch hatten sie sich angewöhnt, nie etwas zu sagen. Denn das hätte ja wieder Veränderung bedeutet und dann hätten sie sich womöglich selbst in eine verzweifelte und unsichere Lage manövriert, aus der sie niemals herausgefunden hätten. Lieber machten sie es den drei Affen nach: Augen, Ohren und Mund verschließen, als eine eigene Meinung zu äußern, das war ihre traurige, doch auch feige Devise. So ermöglichten sie ihren angetrauten Männern, ihr ebenso feiges Leben fortzuführen, und der Kreislauf schloss sich.

Viel zu viele wussten, als sie endlich in Rente gingen, erst recht nicht mehr, was sie mit ihrem kleinen spießigen Leben anfangen sollten. Und so gab es nicht wenige, die dann noch ekelhafter wurden, als sie es sowieso schon immer gewesen waren: mit sich selbst, mit der eingeschüchterten Frau, mit dem Hund, mit den Kindern, die mittlerweile meist schon aus dem Haus geflüchtet waren. Aber wenigstens waren sie immer versorgt gewesen. Warum sie eigentlich versorgt sein wollten, hatten sie längst schon vergessen. Vielleicht war es wieder nur die pure Angst gewesen, die sie damals daran gehindert hatte, so zu leben, wie sie es sich erträumt hatten. Ab und zu kam es vor, dass einer sich der ganzen Tragweite seines kleinen, armseligen Lebens bewusst wurde und dann einfach Schluss machte mit dem Schein. Dann hieß es zwei Tage später in der Zeitung: „Plötzlich und unerwartet ist er von uns gegangen."

Unsere Lebensphilosophie war das nicht, und die vieler anderer auch nicht. Die wanderten aus oder suchten ihr Heil irgendwo im Studium oder in der Welt. Auch Dolly wollte niemals so ein Leben fristen, ja nicht einmal daran denken wollte sie. Sie wollte stets aus dem Vollen schöpfen, mit aller Konsequenz. Ich selbst war inzwischen von einem Mann einigermaßen domestiziert worden, hatte ein kleines Kind und arbeitete wie besessen, um uns über Wasser zu halten. Ich hatte mich in eine Geschichte hineinmanövriert, aus der es nun wieder herauszufinden galt. So war ich um diese Zeit in meinen eigenen Problemen gefangen. Doch diese Episode mit Dolores auf der Promenade war ein Schock für mich gewesen. Wie sollte ich dem begegnen?

Ein Anruf bei Mama brachte mich auch nicht weiter. Sie konnte es kaum glauben und beschwichtigte, es würde schon alles nicht so schlimm sein. Außerdem war ihre eigene Welt auch kurz vor dem Einsturz. Vater hatte gerade einen Herzinfarkt erlitten und lag im Spital. Nur sehr knapp war er dem Tode entronnen und nun galt es, ihn wieder auf die Beine zu bringen. Er war vor ein paar Tagen nach furchtbaren Schmerzen im Hausflur einfach zusammengesackt. Während der übergewichtige Mann zu Boden fiel, riss er noch sämtliche am Telefonschrank drapierten Gegenstände mit sich. Am Ende krachte die ganze Kommode auch noch über ihn zusammen, sodass sich den Sanitätern ein Bild des Chaos bot. Vaters Zustand war sehr ernst. Er war praktisch schon tot, als der Notarzt kam. Mama war wie gelähmt, doch gottlob gelang es dem jungen Arzt und seinem Team, Vater wieder ins Leben zurückzupumpen. Nach bangen Minuten an der Wiederbelebungsmaschine sprang sein Herz wieder an. Doch er war sehr schwer getroffen und lag wochenlang auf der Intensivstation.

Und da ein Unglück selten allein kommt, war Onkel Willi, sein Bruder, ausgerechnet am selben Tag beim Urlaub am Meer ums Leben gekommen. Er war von seinem Surfbrett einfach ins Wasser gekippt und nicht mehr an der Oberfläche aufgetaucht, bis man ihn ein paar Stunden später am Meeresgrund fand. Er hinterließ eine junge Frau und zwei kleine Kinder in völliger Verzweiflung. Außerdem gab es daheim ein halbfertiges Haus oben am Weinberg, wo einst Oma Elisabeth geschuftet hatte, und Schulden bis über beide Ohren. Die Situation war katastrophal, die Ereignisse überstürzten sich.

Es gab in dieser Familie einfach nicht die Zeit, und die Kraft schon gar nicht, um sich auch noch um Dolly Gedanken zu machen, die völlig abgehoben aus Urbino zurückgekommen schien. Dass sie

gerade jetzt Zeit und Zuwendung am allernötigsten gebraucht hätte, wollte niemand ahnen. Jeder war mit sich selbst so sehr beschäftigt, dass ihre brenzlige Situation niemandem aufgefallen war. So nahmen die Dinge wohl den Weg, den sie zu nehmen hatten, um den Lauf der Welt nicht aufzuhalten.
Irgendwann fand Willis Beerdigung statt und Vater erholte sich allmählich. Ich zog meine Janina groß und entwickelte mich beruflich weiter, während meine Mutter ernsthaft den Gedanken einer Trennung von Vater mit sich trug. Sie wollte nur warten, bis er sich erholt hatte. Die Firma, die sie jahrzehntelang gemeinsam aufgebaut hatten und die 30 Mitarbeitern Brot und Arbeit gab, glitt den Bach hinunter und war mittlerweile hoch verschuldet. Die Banken weigerten sich, weitere Kredite auszuzahlen. Dolly reiste inzwischen wieder nach Urbino zurück. Zuvor aber leistete sie sich noch einen Eklat in einer Disco am Rande der Stadt. Ein Freund hatte sie angesprochen, nichts Böses ahnend, als sie ohne jegliche Vorwarnung ausholte und ihm eine saftige Ohrfeige verpasste. „Ich konnte mir nicht erklären, was Dolly damals hatte", erinnerte sich ihre damalige Freundin Christa noch Jahre später. Niemand wollte wahrhaben, dass Dolly mit Psychopharmaka vollgepumpt war, die sie von einem Arzt in regelmäßigen Abständen holen konnte. Dem war es egal, wie es ihr ging. Erst Jahre später sollte dies alles ans Licht kommen. Dolly überkamen damals ihre ersten schizophrenen Anfälle.
Einige Freunde hatten mittlerweile nicht nur von den wilden Jahren Abstand genommen, sondern nahmen nun auch Abstand von Dolores. Sie hatten studiert, seriöse Jobs angenommen und Partner gefunden. 98 Prozent jener Typen, die damals die wüstes-

ten Feten mit Dolly gefeiert hatten, schafften den Absprung und flüchteten in ein bürgerliches Leben. Sie indes flüchtete in den Abgrund, doch sie glaubte, dies sei die absolute Freiheit. „Ich will frei sein, frei, verstehst Du, das ist mir das Wichtigste überhaupt", sagte Dolly jedem, der es hören wollte.
Freiheit. Doch was ist Freiheit? Die Freiheit hinzugehen, wo man will, die Freiheit zu entscheiden, mit sich selbst und den anderen zu tun, was einem beliebt? Legt der, der die absolute Freiheit sucht, sich nicht auch die Fessel dieser Freiheit an? Freiheit verlangt Mut, Entscheidungen im richtigen Moment zu treffen. Was ist der richtige Moment, was ist richtig, was falsch? Dolly träumte von einer Freiheit, die sie nicht erklimmen konnte, und hatte zugleich Angst, es vielleicht doch zu schaffen. Dann wäre das Ziel erreicht, es hätte nichts mehr gegeben, für das es sich frei zu sein gelohnt hätte. Ja, eigentlich hatte auch sie panische Angst vor dieser Freiheit.
Die Freiheit, auf dem Regenbogen spazieren zu gehen und seine Farben in vollen Zügen auszukosten. Die Freiheit, mit der Sonne zu lachen, mit dem Mond zu weinen, die Freiheit, alle Grenzen des Seins und des Selbst aufzuheben, das Licht zu berühren, den Duft der Wolken einzusaugen, den Hauch der Schmetterlinge zu kosten. Die Freiheit, sich von sich selbst loszulösen und körperlos über sich zu schweben. Die Freiheit, ohne Grund zu lachen und zu weinen, ohne traurig zu sein. Was ist Freiheit? Dolly war auf der Suche nach Freiheit und tat das Unfreieste, das es gab: Sie dröhnte sich mit Ersatzmitteln zu, weil sie wusste, dass sie mit der Freiheit niemals zurechtkommen würde. Sie hatte einfach nur Angst – Angst, eines Tages wirklich frei sein zu können. Ihre Sehnsucht nach grenzenloser Freiheit, ihren Hunger nach bedingungsloser

Liebe erstickte sie in Drogen, weil sie nicht wusste, wie sie mit Freiheit sonst zurechtkommen sollte. „Ich kann dieses Leben im Normalzustand nicht aushalten, Christine“, sagte sie einmal. „Es erscheint mir so farblos, so öde, ja selbst das schönste Bild, das ich male, finde ich am Ende oft nur langweilig. Der tollste Orgasmus beim Sex kann mir das grenzenlose Verlangen nach mehr Licht und Farbe nicht ausfüllen. Christine, die Welt ist so klein, so traurig, so voll von eigenartigen Dingen, die Ihr als Schmerz, als Durchhalten, als Leiden, als Lernen bezeichnet. Mir gibt das alles nichts, Christine, einfach nichts. Was soll ich aushalten, lernen, leiden, dahinvegetieren? Wozu, weshalb, für wen und für was?“ Solche Fragen erschreckten mich als ihre Schwester, weil ich keine Antwort wusste. Für mich waren gewisse Elemente im Leben wichtig, um weiterzukommen, voranzuschreiten, um gewisse Menschen, Ereignisse, Begebenheiten besser zu verstehen, zu begreifen. Doch Dolly stellte alles in Frage, alles. Und so ging der Weg in die Hölle unaufhörlich weiter.

Thailand

Eines Abends war Dolores mit diesem Robert unterwegs, einem Koch aus der Umgebung, der sich ab und zu gern einen in die Nase zog. „Dolly", sagte er, „ich hab' da ein hieb- und stichfestes Ding laufen. Wir können eine Menge Geld verdienen und uns einige Gramm Koks für uns selbst abzwacken." Robert machte ihr die Sache derart schmackhaft, dass sie am Ende glaubte, das Ei des Kolumbus gefunden zu haben. Sie trafen sich tags darauf, denn seinen Wagen sollte sie fahren. Er selbst durfte, seit sie ihm vor einigen Wochen den Führerschein abgenommen hatten, vorläufig nicht mehr. Ein geiles Gefühl, fand sie, als sie den rasanten BMW unter ihrem Gesäß hatte und Gas gab. Sie fuhren nach Bozen, denn dort wollte der verunglückte Koch von einem Dealer ein paar Gramm in Empfang nehmen. Sie hätten die heiße Ware lediglich nach Meran bringen sollen, dort wartete bereits ein Typ auf sie, den sie nicht kannte.

Dolores wartete draußen im Wagen, während Robert mit seinem langen schwarzen Mantel und dem schwarzen Hut auf seinem Kopf in ein Lokal ging. Unauffällig war der Koch nicht gerade, doch scheinbar hatte er nichts zu verbergen. Ein eleganter Herr mit Anzug und Krawatte heftete sich an seine Fersen, es fiel ihr aber erst viel später auf, zu spät. Dann erst, als alles bereits passiert war. Es dauerte nur wenige Minuten und Robert kam heraus. Er verstaute ein Paket im Handschuhfach und forderte sie auf loszufahren. Ohne groß zu fragen, startete sie den Motor und begab sich Richtung Meran. Die Schnellstraße gab es damals noch nicht und so fuhren sie gemütlich auf der alten Landstraße dahin. In Terlan kam plötzlich Bewegung in die Szene. Da stand die Polizei am Straßenrand und wie auf Bestellung hefteten sie sich an ihren Wagen. Dolores sah sie zuerst, als sie in den Rückspiegel blickte. Sie gab Gas, doch das machte die Sache nicht einfacher. Der Alfa überholte sie nämlich, die Polizisten sprangen aus dem Wagen und wiesen sie an, rechts anzuhalten. Es war wie im Film. Dann ging alles sehr schnell. Sofort hatten sie das Koks entdeckt, als ob sie es bereits vorher gewusst hätten. Dolores glaubte, dass sie der Schlag treffen würde. Da waren plötzlich nicht mehr nur die paar Gramm, die Robert, dieser Blödmann, in Bozen abgeholt hatte. Die Polizei beförderte gleich drei Pakete mit insgesamt mehr als einem Kilogramm reinem Kokain an die frische Nachtluft.

Meine Schwester muss wie vom Donner gerührt dagestanden und fassungslos auf die Ware gestarrt haben, ihr Kopf schwirrte und sie war unfähig, an irgendetwas zu denken. Das hier konnte einfach nicht wahr sein. Dass sie nun dran war, daran gab es keinen Zweifel mehr. Doch wie kam der Stoff in den Wagen, sie hatte nichts bemerkt. Er musste bereits da gewesen sein, bevor sie eingestiegen war.

Wie konnte sie nur so blauäugig gewesen sein? Und was wusste dieser blöde Koch von alledem? Alles drehte sich im Kreise. Dennoch war sie erstaunlich ruhig, so ruhig, dass sie sich vor sich selber fürchtete. Jetzt konnten sie alles mit ihr machen, sie hatte keine Chance mehr. Nur ein Gedanke schwirrte noch in ihrem Gehirn herum: „Diese Geschichte hier kostet mich Jahre, wenn nicht Jahrzehnte." Sie war erledigt, was sollte jetzt bloß mit Jarim geschehen?

„Signorina, ci spiega come sono andate le cose?", fragte dieser Knilch von Polizist und legte ihr gleichzeitig die Handschellen an – mitten auf der Straße. Zum Glück war es dunkel, niemand konnte sie erkennen. Sie schämte sich plötzlich ganz einfach, sie hatte eine Familie, Menschen, die sie liebten, sollte sie ihnen das hier antun? Was um Himmels Willen all diese Leute von ihr nun halten mochten? Es war nicht auszudenken. Auch den Koch hatten sie in der Kur, doch der gab vor, nichts gewusst zu haben. Dolores kam eine unsagbare Wut im Bauch hoch, sie schrie ihn einfach nur mehr an: „Bastardo di merda, Du hast alles gewusst und mich hineingezogen. Ich bring' Dich um, Du Schwein."

Dann ging alles relativ schnell, beide wurden in den Wagen hineingepackt und in die Kaserne befördert. Dort erwartete sie eine Befragung nach der nächsten, getrennt versteht sich, und der Zauber sollte die ganze Nacht andauern. Dolores malte sich schon aus, wie sie die Wochen, Monate und Jahre im Knast wohl verbringen würde. Ein Kilogramm Koks waren keine Peanuts mehr, das war harte Realität, das war die Hölle.

Es musste gegen drei Uhr früh gewesen sein, als ihre Nerven versagten und sie nur mehr wie eine Wahnsinnige brüllte. Es gab kein Schimpfwort, das ihr nicht einfiel. Sie spuckte den Beamten das gesamte Repertoire, das sie im Laufe der Jahre auf der Straße aufgeschnappt hatte, wie giftige Galle ins Gesicht. Bis einer dem verbalen Kotzanfall nicht mehr standhielt und ihr eine derartige Ohrfeige verpasste, dass ihre linke Backe rot wie eine Erdbeere glühte. Sie war sprachlos. Was, dieses Bullenschwein hatte sie geschlagen, das konnte doch nicht wahr sein! Erneut holte sie zu einem weiteren Wutanfall aus und trommelte dabei mit ihren Fäusten auf die harte Brust des Polizisten ein. Doch was nun kam, glaubte sie bis dato nur in schlechten Polizeifilmen erlebt zu haben, aber nicht in ihrem wirklichen Leben. Einer der Uniformierten zerrte sie in den Nebenraum, dort gab es nur einen Stuhl, und genau auf den sollte sie sich setzen. Als Dolores aufsprang, holte er unvermittelt aus und schlug wie von Sinnen auf sie ein, bis sie nur mehr von einer Ecke in die nächste taumelte.

Nach einigen Minuten kam ein zweiter Polizist in den Raum, der nun seinen Kollegen von ihr wegzerrte, wohl auch, damit der sie in seiner unbändigen Wut nicht umbrachte. Sie sah schlimm aus: Das linke Auge lief binnen weniger Minuten blau an, ihre Lippe war aufgeplatzt und das Blut rann ihr bis tief ins Kinn. Der Rest des Gesichtes begann anzuschwellen wie ein Faschingskrapfen, den man gerade erst aus dem heißen Bratöl befreit hatte. Sie hörte jemanden schreien, brüllen, schnauben, wütend um sich geifern und wusste nicht, dass sie selbst es war, die um ihr Leben brüllte. Nun war der Spuk an diesem Ort vorbei, aber wie sollte sie nun weiterleben? Ihr war klar geworden, dass sie soeben von einem „Bullenschwein" halbtot geprügelt worden war. Eine unsagbare Wut, eine nie da gewesene Abneigung gegenüber den Hütern von Gesetz und Ordnung schnürte ihr die Kehle zu. Bislang hatte sie in einem immer wiederkehrenden Anflug von Naivität geglaubt, dass „Bullen" doch irgendwie die Beschützer der Rechtlosen sein

müssten. Viele Jahre später sollte sie einen dieser Kerle auf jener Brücke wiedertreffen, von der sie springen wollte.
Einige waren bereits von dieser Brücke gesprungen und überlebt hatte das bis heute niemand. Diese Unglückseligen hatten sich für einen kurzen Moment einen Ruck gegeben, ein bisschen Mut gehörte auch noch dazu, dann folgten 30 Sekunden freier Fall, und das war's dann. Unten zerschmetterten ihre kleinen Körper an der gewaltigen Felswand, und wenn noch etwas davon übrig blieb, riss es gewiss der tosende Wildbach mit sich fort. Die Fetzen mussten dann ein paar hundert Meter weiter von den freiwilligen Helfern eingesammelt werden, die sich dafür zur Verfügung gestellt hatten. Einige von ihnen konnten nicht anders, als sich anschließend von einem Psychotherapeuten helfen zu lassen, weil sie der grausige Anblick dieser Körperstücke noch wochenlang in ihren Träumen weiterverfolgte.
Es war der zweite Sonntag im Mai gewesen – Muttertag, und Dollys Sohn war zu diesem Zeitpunkt drei Jahre alt. Doch sie durfte ihn heute nicht sehen, denn er war bei Mama und die wollte ihre Ruhe haben. Im März erst war Dolly mit Jarim aus Thailand zurückgekehrt, fünf herrliche Monate lagen hinter ihnen: Kho So Mui, eine phantastische Insel inmitten von Hunderten weiteren noch phantastischeren Inseln. Es war das Aussteigerparadies schlechthin. Dort hatte sie sich mit Jarim zurückgezogen, hatte gelebt wie Gott in Frankreich und sich erholt. Sie hatte auch ein bisschen gekifft, ja, aber mehr war nicht gewesen. Das erzählte sie jedem nach ihrer Rückkehr. An eine Episode dieses Aufenthalts wagte sie dagegen nicht einmal mehr zu denken: Sie hatte ihren kleinen Sohn in einem Aufzug in Bangkok verloren und ihn stundenlang nicht wieder finden können.

Jarim, ihr alles geliebter Schatz, war in der Millionenstadt Bangkok einfach verschwunden. Dolly war mit ihrem Sohn in einem Kaufhaus gewesen und nahm dort den Aufzug. Als sie aussteigen wollten, gab es ein Gerangel, Leute kamen und gingen, es war das Chaos pur. Und plötzlich war Jarim weg. Sie rannte durch das ganze Kaufhaus, dann die an ihrem Quartier entlanglaufende Cossanroad hinauf und wieder hinab. An jeder Ecke stank es anders, doch immer gleich schlimm. Immer wieder kreuzte sie irgendwelche verrückten Europäer, die dasselbe suchten wie sie: ihr eigenes Ich, ihren eigenen Weg in dieser Welt. Doch sie suchte nun zusätzlich auch noch ihren Sohn Jarim. Hunde pissten, wo es ihnen passte, und nicht weit davon entfernt zauberte ein Thai die wunderbarsten Gerichte auf seiner Garküche. Alles reihte sich in einem scheinbar ungeordneten Chaos aneinander und passte irgendwie doch zusammen, und es gab nichts, was störend wirkte. Aber Jarim war und blieb verschwunden. Zehnmal eilte sie dieselbe Strecke ab, doch von Jarim immer noch keine Spur. Er musste wohl das Kaufhaus verlassen haben und vor einem dieser kleinen Läden, in denen es alles, aber auch wirklich alles zu kaufen gab, stehen geblieben sein, und sie war in ihrer Verzweiflung an ihm vorbeigerannt. Jarim blieb wie vom Erdboden verschluckt. Sie schrie sich die Kehle aus dem Leib: „Jarim, Jarim, wo bist Du? Mein Gott, Jarim, sag' doch etwas. Du kannst doch nicht einfach mitten in Bangkok verschwinden", heulte sie in sich hinein. „Mein alles geliebter Jarim." Sie war verzweifelt, konnte sich nicht vorstellen, was sie tun sollte, wenn sie ihn nicht mehr finden würde. Bangkok ist eine Millionenstadt und Jarim wäre nicht das erste Kind gewesen, das hier verschwand und nie wieder auftauchte. Der Gedanke schnürte ihr die Kehle zu und sie bekam kaum noch Luft. Es war noch dazu stickig heiß und die Luftfeuchtigkeit kaum zum Aushalten. Doch dies alles war nichts im Vergleich zu den Gedanken, die nun in ihrem Kopf hämmerten. „Jarim war weg, er war einfach nicht mehr da." Wie sollte sie jetzt weiterleben und diese Katastrophe überleben? Sie war außerstande, diesen Gedanken zu Ende zu denken.

Es vergingen Stunden, ihr schienen sie wie Tage. Zeit war plötzlich ohne Bedeutung, verrann und blieb doch stehen. Während sie sich die schlimmsten Dinge ausmalte, lief sie hinüber zur Touristenpolizei und gab an, ihren Sohn verloren zu haben. Ja, er ist noch klein, drei Jahre jung. Ja sicher war es möglich, dass jemand ihn verschleppt hatte, schließlich war er ein weißes und dazu sehr hübsches Kind. Irgendwelche Verbrecher konnten alles Mögliche mit ihm anstellen, er war noch so zart und ohne jeglichen Argwohn. Womöglich war er auch mit jemandem mitgegangen, er war schließlich ein unstetes und ungreifbares Leben mit ihr gewohnt. Es gab nicht mehr viel, was er nicht schon erlebt hätte. Seine Mutter schliff ihn durch ihre Welt und er machte alles mit. Er kannte nichts anderes.

Und nun hatten ihn die Straßen dieser Millionenstadt Bangkok verschluckt. Dolores begriff allmählich, was es bedeuten könnte, wenn sie ihn nicht mehr finden sollten. Furchtbares konnte man mit dem kleinen Jungen anstellen. Nicht vorstellbare, nicht auszumalende Verbrechen. Die Touristenpolizei versuchte, sie zu beruhigen. „Madam, we will find him", nuschelte der dickliche Thaipolizist aus seinem breiten Mund und versuchte dabei ein bisschen zu lächeln, während seine gelben Zähne in der Sonne blitzten. Er war

nicht unsympathisch und meinte es durchaus gut mit ihr, tätschelte sogar ihre Hand und versuchte sie zu beruhigen. Schließlich riet man ihr, wieder ins Hotel zurückzukehren und zu versuchen, ein wenig zu rasten. Wenn sich etwas ergäbe, würden sie sich bei ihr melden. Rasten? Ja, waren denn alle verrückt geworden? Wie sollte eine Mutter rasten, wenn ihr Sohn verschwunden war? Solche perversen Gedanken konnten nur Männer haben. Sie war mit den Nerven am Ende und wusste nicht, wie ihr geschah. Plötzlich hörte sie die Stimmen ringsum wie durch Watte, der Boden unter ihr schwankte und sie verlor die Orientierung. Ihre Zunge war schwer geworden und sie brachte keinen Ton mehr heraus. Dann kippte sie ganz langsam, wie in Zeitlupe, zur Seite. Ein Polizist, der zufällig neben ihr stand, fing sie im allerletzten Moment auf und verhinderte, dass sie mit voller Wucht auf den harten Boden knallte. Dolores war vor Verzweiflung und Erschöpfung bewusstlos geworden. Eiligst brachte man sie in das nächste Krankenhaus und versuchte, sie mit Kreislauf stärkenden Mitteln wieder auf die Beine zu bringen. Dann wurde ihr Ruhe verordnet, die sie auf dem überfüllten Krankenhauskorridor finden sollte. Das war ein schwieriges Unterfangen, doch sie war so zugedröhnt von den Medikamenten, dass sie gar nichts mehr mitbekam. So dämmerte sie zwei Stunden dahin, bis man sie wieder abholte und zur Polizeistation zurückbrachte.
Vier Stunden später kam die dralle Thong auf der Polizeistation vorbei und an ihrer Hand führte sie ein weißes Kind mit blonden Locken. Jeder in der Straße kannte sie, weil sich Thong, wie ihre Freundinnen auch, laufend neue Farangs angelte, die jede Woche mit den Ferienfliegern aus Europa, den USA oder Australien ankamen und in Thailand nichts anderes suchten als frisches Fleisch.

Farang werden in Thailand alle weißen Männer genannt, doch speziell jene, die es auf junge thailändische Mädchen abgesehen haben, die ihnen hier und jetzt ihre sexuellen Gelüste befriedigen sollen. Dieses kurzweilige Hochgefühl tauschen sie dann gegen Bargeld ein. So war auch Thong, die aus Siasket stammte, eine der ärmsten Regionen überhaupt, in Bangkok gelandet. Andere verschlug es nach Pattaya, Phuket oder in weiter entlegene Touristenorte und alle hatten eines gemeinsam: Sie hofften, ihr Glück oder wenigstens einen Farang zu finden, der sie einige Tage oder vielleicht Wochen buchte, vielleicht sogar noch länger, sodass sie für diese Zeit ausgesorgt hatten. Und wenn eine von ihnen außergewöhnliches Glück besaß, wurde sie sogar mit nach Europa genommen und dort geheiratet. Die meisten dieser Träume platzten jedoch ziemlich schnell, auch für Thong. Denn alle Farangs, die sie in diesen drei Jahren kennen gelernt hatte, wollten ausschließlich sexuellen Kontakt mit ihr. Ja selbst die wenigen Worte Thai, die sich einige die Mühe gaben zu erlernen, waren letzten Endes ausschließlich auf Sex ausgerichtet. Diese Farangs zeigten wenig Interesse an ihrer Person, geschweige denn an einer gemeinsamen Zukunft. Sie suchten vorwiegend ein möglichst hübsches Mädchen, das immer lächelte und immer ja sagte, und dem man zum besseren Nutzen und höheren Genuss Befehle erteilen konnte, ohne Rücksicht auf irgendwelche Gefühle nehmen zu müssen. Die Thai-Mädchen hatten bald begriffen, dass man diesen Farangs gehorchen musste und dabei auch noch regelmäßig lächeln und ja sagen sollte. Denn sie wollten um jeden Preis Recht haben – und ihr Vergnügen und ihre Bequemlichkeit. Eine Partnerschaft interessierte sie nicht, mit der Bezahlung für das Vergnügen war aus

ihrer Sicht alles abgegolten. Auch das Thailändische interessierte die Ausländer, die nach Thailand gekommen waren, nicht wirklich. Sie bezahlten für diese Dienste an Frauen wie Thong und auch diese hielten das bald für eine gesunde Geschäftsgrundlage. Ja sagen und lächeln war im Grunde gar nicht so schwer und das bisschen „Lieb sein“ nach ein paar Mal auch nicht mehr. Somit wurde der Handel nach diesen Richtlinien und im gegenseitigen Einverständnis vollzogen und man war sich fast immer schnell einig.
Umso mehr schärfte sich Thongs Gespür für alles, was sich außerhalb dieser Norm bewegte und fernab von der Welt war, in der sie sich mit einer gleichmäßigen Monotonie seit Jahren aufhielt. Genau deshalb war ihr dieser blonde Hüne, der mit dem kleinen Jungen an der Hand die Cossanroad hinabschritt, auch sofort aufgefallen.
Irgendetwas stimmte hier nicht: Dieser Wikinger konnte unmöglich der Vater dieses Kindes sein. Dieser Kleiderschrank war der Prototyp eines Farang, der ausschließlich nach Thailand gekommen war, um sich der einheimischen Mädchen zu bedienen, nicht aber, um mit seinem Sohn oder gar mit der gesamten Familie einen gemütlichen Familienurlaub zu verbringen. Deshalb sprach Thong ihn an. Denn an Mut fehlte es ihr nicht und dieses Kind hatte etwas, was andere weiße Kinder nicht hatten. Es gehörte ganz einfach nicht zu diesem Farang. Sie stürzte sich nicht wegen der dicken Brieftasche auf diesen Kerl, sondern wollte einzig und allein von ihm wissen, wessen niedliches Kind er da spazieren führte und wie es denn heißt. Dabei säuselte sie mehr, als dass sie sprach. Doch der Wikinger war womöglich auf alles gefasst gewesen, jedoch nicht darauf, dass ihn eine Thai nach dem Jungen ausfragte.

So ließ er mehr aus Schreck als aus Überlegung die kleine Kinderhand sofort los, stammelte etwas Unverständliches vor sich hin und suchte das Weite. Er hatte vielleicht geglaubt, dass Thong den Jungen kannte und ihm nun Schwierigkeiten machen könnte. So hatte es Jarim eigentlich nur einer Fügung des Schicksals zu verdanken, dass er jetzt hier bei der bildhübschen Thong mehr oder weniger gut aufgehoben war. Er konnte sich nur daran erinnern, dass er aus dem Aufzug gestiegen war und vor sich hingetrödelt hatte – immer im Glauben, Mama sei hinter ihm. Doch als er sich dann umdrehte, war von ihr weit und breit keine Spur. Das machte ihn eigentlich nicht wirklich unglücklich, er dachte sich, dass sie bald auftauchen würde. Und so blieb er vor dem wunderbaren Laden stehen, aus dem diese herrlichen Duftwolken aufstiegen, die ihn an seine geliebte Oma erinnerten. Die hatte ihn daheim auch einmal in ein so herrlich riechendes Geschäft mitgenommen, bis ihm fast schwindlig geworden war. Seine geliebte Oma fehlte ihm sehr.

Jarim hatte Raum und Zeit vergessen, und als er wieder zu sich kam, war Mama immer noch weg. So sehr er auch nach ihr rufen mochte, sie blieb verschwunden. Er war nicht so leicht aus der Fassung zu bringen und von Verzweiflung war auch hier lange keine Spur. Doch nach einiger Zeit wurde ihm etwas mulmig zumute. Genau in diesem Moment kam dieser riesige goldgelbe Mann auf ihn zu und nahm ihn bei der Hand. Jarim verstand kein Wort, der Typ sprach Englisch und er nur Deutsch. Der Mann redete nämlich von Mama und Jarim hoffte deshalb, dass er ihn zu seiner Mutter bringen konnte.

Und nun stakte Thong mit dem kleinen Jungen die Cossanroad

entlang und begab sich zur nächsten Polizeidienststelle. Dorthin war eine aufgelöste Dolores wieder vom Spital zurückgebracht worden und heulte sich nun seit Stunden die Augen aus, trotz aller möglichen Mittel, die sie jetzt intus hatte. Als sie Thong mit Jarim an der Hand kommen sah, sprang sie wie von einer Tarantel gestochen auf und drückte ihren Sohn so hysterisch und verzagt, dass ihm fast die Luft wegblieb. „Jarim, Jarim, wo bist Du gewesen, ich bin fast gestorben vor Angst. Ach, mein kleiner Liebling, ich kann es nicht fassen, Du bist wieder da." Aus ihren mit Kajalstift dick umrandeten Augen rannen immer noch schwarze Tränen, die zu Sturzbächen anquollen und zu Boden tropften.
Sie liebte ihr Kind abgöttisch, um nichts auf der Welt hätte sie es hergeben wollen. Sie erzählte überall und ständig von ihm: wie sie ihn empfangen und geboren hatte, wie sie sich erst mit ihm anfreunden musste und wie sie dann eins wurde mit dem Kind. Es gab keine Karte, keinen Brief, in dem sie Jarim nicht auch erwähnt hätte. „Wie geht es euch, bin wieder unterwegs, habe interessante Leute hier kennen gelernt, werde bald wiederkommen", schrieb sie etwa aus Rom. Und selbstverständlich war Jarim mit ihr zusammen. Er war erst ein paar Monate alt, doch das hinderte sie nicht, ihn symbolisch mitunterschreiben zu lassen: „Herrliche Grüße von Dolores und Jarim", stand meist am rechten oder linken Rand des Briefes oder der Karte, und kaum eine kam damit aus, ohne nicht auch noch mit ein paar Herzchen oder einem Kussmund, der den von Jarim darstellen sollte, verziert zu werden. Auch aus Thailand schrieb sie ein Dutzend Karten: „Liebe Grüße von Dolores und Jarim." Jarim und Dolly, das war eine untrennbare Einheit. Und selbst als sie den Jungen später hergeben musste, stand auf allen

Karten und Briefen stets auch Jarim namentlich erwähnt, obwohl er gar nicht mehr bei ihr war. Sie hatte ihn bis dahin überall mitgenommen. Als sie ihre Kunstperformance „Morgenrock" startete, nahm sie den kleinen Jungen sogar mit auf die Bühne, wo sie ihn splitterfasernackt auszog und ihn damit Teil ihrer Darstellung werden ließ. So präsentierten sich Mutter und Sohn dem erstaunten Publikum bei verschiedenen Veranstaltungen. Die intelligenten Kunstschaffenden hatten wohl verstanden, was sie der Welt damit sagen wollte, ihre Familie war dagegen nur schockiert. Als sie ihre Ausstellungen mit klingenden Namen wie „HIV der Kunst", „Die Tür", „La notte" oder „Die Wahrheit ist mehr als nackt" organisierte, war auch Jarim stets dabei. Er wuchs in dem Bewusstsein auf, dass diese Aktivitäten seiner Mutter ohne Zweifel dazugehörten und nichts an Eigenheiten bargen.
Nun konnte der kleine Junge die Situation auf der Polizeistation in Bangkok nicht recht begreifen, er verstand nicht, warum Mama jetzt wie ein Schlosshund heulen musste. Was war denn nur so schlimm dabei, dass er ein paar Minuten die himmlischen Düfte des Ladens gerochen hatte? Jarim war drei Jahre alt, er hatte keinerlei Zeitempfinden und keine Ahnung, dass er sechs Stunden unauffindbar gewesen war. Er wusste auch nicht, was der blonde Mann mit ihm in der Zwischenzeit gemacht hatte. Er hatte es ganz einfach verdrängt. Es war auch zeit seines bisher kurzen Lebens nichts aus ihm herauszubekommen.
Dolores hielt es nun nicht mehr in Bangkok aus und so fuhr sie mit Jarim 23 Stunden mit dem Zug nach Süden, Richtung Surat Thani. Von dort ging es per Kleinbus bis zum Anlegeplatz für die Fähre nach Kho Samui. Das einstige Paradies für Hippies und Kiffer

war längst touristisch erschlossen, doch immer noch der Inbegriff einer Südseeinsel mit all den Palmenstränden, Hütten, Bungalows, Restaurants, Bars und Geschäften, in denen man alles bekommen kann, was das Herz begehrt. Hier ließ es sich aushalten, hier wollte sie mit ihrem kleinen Sohn eine Weile bleiben. Das war ihr sofort klar.

Sie mieteten sich in einen kleinen Bungalow ein, der für ein paar Bath zu haben war. Zu essen gab es dasselbe wie für die Einheimischen auch: Fisch und Gemüse, dazu den obligatorischen Reis. Das Leben war einfach nur herrlich. Es war Februar und die Sonne brannte jeden Tag vom Himmel und erwärmte die Erde bis auf 35 Grad im Schatten. Das Wasser im Meer war lauwarm und konnte die Badenden kaum erfrischen. Jeder suchte irgendwie den Schatten, am Abend lieh man sich ein Mofa und fuhr eine Runde um die kleine Insel, die nur rund 50 Kilometer geteerte Straße besitzt. Der Rest gliedert sich in Dschungel und Gestrüpp auf. Dolly traf ab und zu ein paar Typen, die ihr Gras oder Koks anboten, das war alles, was sie sich in dieser Zeit gönnte. Jarim sehnte sich nach der Oma. Er konnte nicht begreifen, wo sie so plötzlich geblieben sein mochte, warum sie nicht mitgekommen war und ihn hier alleine ließ. Manchmal, wenn seine Mama in der Hitze des Tages in der kleinen Hütte schlief, lief er auf den Strand und rief aus vollen Leibeskräften den Namen seiner Großmutter in die Brandung hinaus.

„Oma, Oma, wo bist Du, warum bist Du nicht hier, warum kommst Du nicht, warum lässt Du mich allein?“, so klangen die verzweifelten Rufe eines Dreijährigen, der die Welt nicht mehr begreifen konnte. Viele Monate war er bei Oma gewesen, hatte sein Herz an sie verloren, sie so sehr geliebt. Dann war seine Mama gekommen und hatte ihn abgeholt. „Wir fahren jetzt mit dem Flugzeug sehr weit weg, Jarim", hatte sie gesagt und er nicht verstanden, was sie damit meinte. Flugzeug – war das jener komische große Vogel, den man ab und zu am Himmel sah? Er war noch so klein und es ging über seine Vorstellungskraft, was die Erwachsenen da mit ihm trieben. Sehr weit weg – was konnte das bedeuten? Wenn Oma mit ihm in den Bus stieg und von Lana nach Meran fuhr, war das auch „sehr weit weg". Doch Mama packte ein paar Sachen in einen Rucksack, stieg mit ihm in den Zug und fuhr sehr viel weiter weg, wirklich sehr weit weg. Sie stiegen in diesen Eisenvogel, von dem Mama sagte, es sei ein Flugzeug, und plötzlich hatte er ein komisches Gefühl im Bauch, das noch sehr lange andauerte. Als sie dann nach einiger Zeit ausstiegen, war es plötzlich sehr heiß. Dabei hatte es am heimischen Flughafen zuvor noch geschneit und sie hatten beide gefroren.

„Oma, Oma, warum kommst Du nicht?", schrie Jarim aus voller Kehle und das kleine Herz zog sich zusammen. Die Wellen brachen am Strand und weißer Schaum sammelte sich, ein paar Muscheln und ab und zu ein Krebs oder eine durchsichtige Qualle blieben liegen, doch Oma antwortete nicht. Manchmal saß das Kind viele Stunden hier, so lange, bis Mama kam oder einer der Touristen und seine Hand ergriff und ihn mitnahm. Niemandem verriet er seine Abenteuer am Strand, auch seiner Mutter nicht. Dolly hatte von den Qualen des Kindes keine Ahnung, sie hatte keine Vorstellung davon, was in Jarim vorging. Er war ein stets freundlicher und liebevoller Junge gewesen, der keinerlei sonstige Regung zeigte, auch jetzt nicht. Ihr war in den letzten Tagen langsam das Geld

ausgegangen, doch nach Hause wollte sie auf gar keinen Fall. So hatte sie sich in einer Bar am Chaweng Beach beworben, wo sie auch tatsächlich gleich angestellt wurde. Dort säumte eine Kneipe nach der anderen die rund zwei Kilometer lange Straße und die Touristen amüsierten sich hier Nacht für Nacht mit scharfen Drinks und noch schärferen Frauen. Dolly sollte nun eine von ihnen sein, obwohl sie keine Asiatin war oder auch nur so aussah. Unglaublich war aber nicht nur, dass sie hier arbeiten konnte, sie durfte sogar noch Jarim mitnehmen. Der blieb die halbe Nacht bei seiner Mutter in der Bar, doch oft schlief er auch erschöpft in einer Ecke der Kneipe ein. Man hatte eine Matratze hergerichtet, damit das Kind sich jederzeit hinlegen konnte, und niemand fand etwas dabei.
Dolly hatte vereinbart, dass sie mit den Typen nicht mitgehen musste, sondern einfach nur in der Bar ihren Dienst tat und die Kerle an ihre Kolleginnen weiterreichte. Das funktionierte ein paar Wochen einigermaßen gut. Sie wollte nicht ins Bett mit diesen geilen Typen, die tausende Meilen im Flugzeug auf sich nahmen, um ihren Gelüsten in Thailand freien Lauf zu lassen. Immerhin hatte sie ihr Kind mit dabei, und obwohl Jarim viel gewohnt war, wollte sie ihm dies hier ersparen. Als die Chefin, es war eine nicht unfreundliche Thai-Lady mit viel Gespür fürs Geschäft und ihre Mädchen, dann eines Tages doch von Dolly verlangte, sich für die Kerle herzugeben, einige seien schließlich ziemlich scharf auf sie, versuchte sie es zwar, musste aber dann dankend ablehnen. „Ich bin keine Hure, ich gehe mit keinem für Geld ins Bett", sagte sie damals noch. Nur kurze Zeit später verlor sie ihren Job und damit war es absolut unvermeidbar geworden, wieder nach Hause zu fliegen. Das Geld war nämlich aufgebraucht.

Wieder zurückgekehrt, holte sie die heimische Wirklichkeit sofort mit unbegreiflicher Wucht ein und sie glich eher einem Keulenschlag in die Magengegend als einer Rückkehr zur Lebensfreude. Nun erst erkannte sie, dass Thailand ein absoluter Traum gewesen war. Dort fühlte sie sich frei, ungezwungen, voll Leben und ohne Stress – Stress, der ihr das Dasein daheim zur Hölle machte. Sie griff sofort wieder zur Droge. „Weißt Du, sagte sie viel später einmal zu mir, „wie hätte ich diese unvorstellbare Scheiße hier sonst aushalten können? Hättest Du mir ein Rezept geben können? Ich hatte keines mehr." Ja, Rezepte mochten wohl die klugen Gelehrten dieser Welt parat haben. Es gibt Millionen von Theorien und Büchern, Zehntausende von Internetseiten sind voll von Ratschlägen. Doch diese geben eher „Schläge" als wirkliche Ermunterung, für Dolly war jedenfalls nichts dabei.

Nun stand sie auf einer Brücke und wollte springen – oder vielleicht auch nicht. Ich saß mit meinem Mann Roland und den Kindern im Auto und wir waren gerade im Begriff, zu seiner Mutter Theresia zu fahren, um mit ihr den Muttertag zu feiern, als der Anruf kam. „Christine, Dolores steht auf der Brücke, dort, wo man ins Passeiertal fährt, und will springen", rief meine Mutter aufgeregt aus dem Handy.
„Wieso, ich verstehe nicht, warum will sie von der Brücke springen?", antwortete ich irritiert. Ich konnte in diesem Moment partout nicht begreifen, wie es menschenmöglich sein konnte, dass diese verrückte Familie, der ich zu entkommen geglaubt hatte, mich immer wieder mit all ihrer Wucht einholte und in die Knie zwang. „Ja, fahre sofort hoch, Dolores steht auf der Brücke", wurde

Zahlreiche solcher Bilder malte Dolly: Gesichter mit toten Augen

Mama nun einen Ton aufgeregter. Zu dieser Zeit hatte ich mit meiner Mutter leider kaum noch Kontakt, seit Jahren redeten wir nicht mehr viel miteinander. Unsere Beziehung war bedauerlicherweise empfindlich abgekühlt, und wenn es irgendetwas zu besprechen gab, dann ging es meist um Formalitäten, irgendwelche Papiere oder Akten, doch niemals um persönliche Dinge. Wir hatten uns praktisch voneinander „scheiden" lassen, ohne darüber zu reden. In stillem Einvernehmen war unser Kontakt einfach „eingeschlafen", und keine von beiden setzte eine Initiative zur Wiederbelebung. Nun aber wollte Dolly springen. Es ging um Leben und Tod, und sie musste wohl einen Grund dafür haben – einen Grund, von dem ich absolut nichts wusste. Als auch noch Tom, der damalige Partner von Dolly, am Handy war und dieselbe Geschichte erzählte, drängte ich meinen Mann, sofort zur Brücke zu fahren.

Dort standen bereits zwei Polizeidienstwagen und ein paar Schaulustige. Und nahe am Brückengeländer stand eine völlig verwirrte Dolly und gestikulierte gerade mit einem Polizisten wild herum. Als sie mich dann kommen sah, ging sie wie eine Furie auf mich los und brüllte unzusammenhängende Worte, fauchte, heulte und schimpfte auf mich ein. „Du Luder, ich hasse Dich. Du bist schuld, dass sie mir Jarim genommen haben. Ich hasse Dich. Ich darf ihn nicht mehr sehen. Du und Mama stecken unter einer Decke, Ihr habt alles unternommen, dass sie mir Jarim nicht mehr geben. Ich wünsche Euch den Tod, alles Schreckliche. Ich hasse Euch zutiefst, ich kann es in Worten gar nicht ausdrücken. Ich hasse Euch alle." Dann rannte sie wieder auf die Brücke zu und ich wusste nicht, wie mir geschah. Ich hatte von all dem keine Ahnung gehabt und zuvor bewusst jeden Kontakt mit ihr und meiner Mutter abgebrochen. Ich selbst hatte in letzter Zeit viele Herausforderungen des Lebens bezwingen müssen, auch viel Leid erfahren und viele Sorgen gehabt, so dass mir diese Dinge hier nun völlig absurd erschienen. Ich wusste nicht, dass Mama ihr Jarim „weggenommen" hatte, dass sie ihn nicht mehr sehen durfte und sich die Dinge generell auf diese Weise zugespitzt hatten. Ich hatte nicht den blassesten Schimmer. In einem Anflug von vielleicht unüberlegter, doch unbändiger Wut schrie ich meine Schwester an: „Spring, Du blöde Kuh, spring, damit diese Tragödie mit Dir endlich ein Ende findet. Wir packen es nicht mehr, wir schaffen es nicht. Niemals konntest Du in Deinem Leben etwas Normales tun. Spring, spring, spring einfach aus Deinem und unserem Leben, damit dieser Irrsinn endlich ein Ende findet." Ich war nun mindestens genauso von Sinnen wie Dolly selbst und zitterte am ganzen Körper. Es war eine Situation, die sich bis an die Grenze des Erträglichen zugespitzt hatte. Roland, mein Mann, versuchte mich zu beruhigen. Er hielt mich fest, doch ich konnte nicht anders, als in meinem hysterischen Anfall einfach nur loszuheulen und weiter zu schreien: „Spring, spring, damit das alles ein Ende hat."

Plötzlich drehte sich Dolly um, sah mir, ihrer „großen" Schwester, in die Augen und war wie aus heiterem Himmel von einer unsagbaren und fast gespenstischen Ruhe erfasst. Widerstandslos ließ sie sich nun von einem Polizisten abführen und ins Polizeiauto setzen. Sie hatte keine Kraft mehr. Nein, sie wollte nicht wirklich springen. Erst als ich sie dazu aufgefordert hatte, wurde ihr das bewusst. Sie wollte leben und um Jarim kämpfen. Wie, das wusste sie noch nicht.

Man brachte sie in die nächste Polizeidienststelle. Ich fuhr dann mit Mann und Kindern wie verrückt hinterher, doch standen wir vor verschlossenen Türen. „Quest'è una questione privata", hieß es plötzlich. Dolores wollte niemanden mehr sehen. Wie in Trance verließ ich den Ort des Geschehens, ich konnte nichts mehr tun. Ich hatte ein furchtbar schlechtes Gewissen. Warum nur gelang es mir nicht, näher an Dolores heranzukommen, warum? Es war immer dasselbe Spiel. Immer, wenn ich geglaubt hatte, einen Zugang zu ihr gefunden zu haben, entwischte sie mir wieder wie ein glitschiger Fisch und tauchte dann oft monatelang nicht mehr auf. Ich dachte in diesem Augenblick auch nicht mehr daran, dass ich ihr eben vielleicht sogar das Leben gerettet hatte. Ich hatte einfach nur ein schlechtes Gewissen und war wie von Sinnen vor Schuld. Ja, Schuld, für diesen Zustand schien in dieser Familie ich allein zuständig zu sein. Schon einmal hatte ich Jarims Leben in die Hand genommen und kann bis heute nicht sagen, ob das überhaupt richtig gewesen war. Damals war er noch nicht einmal geboren.

Dolly aber war an diesem Muttertag verzweifelt gewesen. Seit vielen Monaten lebte Jarim bei unserer Mutter und es gab ständig Streit um ihn. Zum Muttertag nun wollte sie ihn unbedingt wieder sehen, wobei Mama auch eingewilligt, doch darauf bestanden hatte, ihr Jarim nicht alleine auszuhändigen. Mamas Sorgen um das Kind waren zu diesem Zeitpunkt ins Unermessliche gewachsen. Daraufhin war Dolores ausgeflippt. Im Drogen- und Alkoholrausch war sie zur Brücke gegangen. Auch mir ging es an diesem Muttertag nicht besonders gut, ich hatte das Gefühl, keine Kraft mehr zu haben. Wir waren alle am Ende unserer Weisheiten, es gab nur Verlierer. Doch wir mussten weitermachen, Alternativen zeichneten sich keine am Horizont ab. So beließen wir es wieder einmal dabei, alles auf unserer „Festplatte" im Gehirn abzuspeichern. Was sollten wir sonst auch tun?

Nun befand sich Dolly erneut in einer Kaserne und war gerade eben halbtot geschlagen worden. Diese prügelnde „Staatsmacht" hatte anscheinend eine unwahrscheinliche Wut auf alle „drogati", wie sie sie nannten, die ihnen das Leben schwer machten. Und diese Dolores war ihnen bereits mehrmals ins Netz gegangen, nur konnten sie ihr bislang kaum etwas nachweisen. Offensichtlich war nur, dass sie selbst drogensüchtig war, und angesichts der damaligen Gesetzeslage war dies nicht strafbar. Nun schien es endlich soweit zu sein, denn sie hatte ein Kilogramm Koks bei sich – das man ihr untergeschoben hatte. Doch diesen Uniformierten war das egal.

Dann dämmerte bereits der Morgen und ein paar Heftpflaster, die einer vorbeigebracht hatte, deckten mehr schlecht als recht die Wunden ab, die man ihr zugefügt hatte. Doch man hatte immer noch nicht entschieden, was mit ihr geschehen sollte. Sie saß in einer Ecke und jeder Knochen in ihrem Körper tat ihr weh. Sie kauerte seit Stunden dort und war ziemlich fertig. Plötzlich ging die Tür auf und ein Polizist betrat den Raum. Er hielt einen Zettel in der Hand, den er einem der Anwesenden ohne Worte überreichte. Der las und wechselte die Gesichtsfarbe, bis er schließlich laut und fassungslos sagte: „Non è possibile."

„Signorina, è per Lei, è libera", teilte er Dolly tonlos mit. Sie glaubte, ihren Ohren nicht zu trauen. Warum sollte sie plötzlich frei sein? Sie hatte sich doch schon die ganze Nacht ausgemalt, wie viele Jahrzehnte sie wohl im Knast verbringen würde. „Ma Lei scherza, non ho voglia di scherzare adesso", antwortete sie. Nein, für Scherze war sie nach dieser Horrornacht wirklich nicht aufgelegt.

„Io non scherzo mai", sagte der Polizist, „quest'è un telegramma del Suo avvocato. Lei in questo caso non centra, può andare." Dolores konnte es nicht fassen. Gerade eben noch hatte sie sich ausgemalt, wie sie die vielen Jahre im Knast wohl verbringen würde. Jarim würde sie nie wieder oder wenigsten für die nächsten Jahre nicht oft sehen und ihre Familie würde sie zur Hölle wünschen. Ebenso wie wohl auch ihre Freunde – und nun das. Was ging hier vor? Und was hatten sie mit Robert gemacht? Wer war der Typ, der alles eingefädelt hatte und von dem sie nicht wusste, welche Rolle er hier wirklich spielte? Ein feiner Herr der feinen Gesellschaft dieser Stadt habe am frühen Morgen eine wichtige Botschaft ins Polizeipräsidium gesandt, so hieß es. Man sollte sie freilassen, diese Drogensüchtige hatte nichts mit dem Koks zu tun, es sei alles ein „Irrtum" gewesen. Sie sei nur versehentlich in diese Story hier hineingeraten. Erst viele Jahre später erkannte sie die Zusammenhänge. Robert, der Kerl, mit dem sie im Wagen gefahren war, hatte sie hineingeritten. Sie konnte nun gehen. Mit zu Brei geschlagenem Gesicht, einem blauen Auge und dem Gefühl, so wertvoll wie ein Taschentuch zu sein, das man gerade eben an den Straßenrand geworfen hatte. Doch sie war frei. Die Hintermänner aber hielten sie ein Leben lang im Visier, nie wieder sollte sie ihnen entkommen. Sie gehörte fortan nicht mehr sich selbst.

Loris ist tot

Sie war damals 30 Jahre alt und hatte so viel Mist hinter sich, ihre zahlreichen Eskapaden hatten ihr Negatives beschert und viele Wunden hinterlassen. Sie wohnte nun bei Anton, der ein gutmütiges Herz hatte und den sie beim Autostopp kennen gelernt hatte. Dolores hatte ihm eine rührselige Geschichte erzählt, er war wieder einmal auf der Suche nach einer Frau, und sie gefiel ihm. War es erst ein gewisses Mitleid, so entwickelte er bald schon ehrliche Gefühle gegenüber diesem seltsamen Wesen, das irgendwie verrückt schien. Dolly erzählte ihm, sie sei Künstlerin, dass ihre Kunst sie aber brotlos machte wie so viele. Deshalb müsse sie sich mit Kellnern und anderen Gelegenheitsarbeiten über Wasser halten. Sie erschien ihm außerordentlich liebenswürdig und als sie von ihrem kleinen Sohn erzählte, dass sie kein Dach über dem Kopf und keine Arbeit habe, völlig mittellos dastehe und der Welt hilflos ausgeliefert sei, erreichte sie sein zartes Gemüt. Er hatte sich von seinem Ersparten vor Jahren ein Reihenhaus anzahlen können und stotterte es von seinem kargen Gehalt als Ausgeher bei einer großen Firma ab. Was er noch brauchte, war eine Frau, die das Haus mit Leben erfüllte, eine Frau, die ihm die Wäsche wusch, den Haushalt ein bisschen in Schwung hielt, ab und zu kochte und ein wenig nett zu ihm war – und ihm eventuell mit ein bisschen Sex über die Runden half. Nur ein bisschen, denn er war nicht sonderlich verwöhnt, nicht in dieser Beziehung und auch sonst nicht. Er war mit dem Leben recht bald zufrieden gewesen. Dass ausgerechnet ihm diese eigenartige Frau über den Weg lief, mochte wohl eine Fügung des Schicksals gewesen sein. Sehr lange Zeit konnte er es sich kaum erklären. Alles hätte er für eine Frau getan, alles. Vielleicht war dieses verrückte Mädchen hier, das eigentlich gar kein Mädchen mehr war, die Frau, die er sich seit Jahrzehnten herbeisehnte. Gut, sie hatte einen Sohn, doch er liebte Kinder im Grunde sehr und fühlte sich, sobald Dolly und Jarim sich ihm näherten, sofort für sie verantwortlich. Warum, das wusste er selbst nicht. Vielleicht wäre er selbst gern Vater gewesen, doch das Leben hatte ihm diesen Wunsch bislang vorenthalten. Nun hatte er die 50 überschritten und war immer noch kinderlos. Den Wunsch nach eigenen Kindern hatte er aber immer noch, wenn er doch nur endlich die richtige Frau finden würde.

So ließ er diese junge Frau erzählen, und sie erzählte viel, als sie in seinem Wagen saß, so viel, dass er sie diese Nacht gleich bei sich auf der Couch übernachten ließ. Ja, selbstverständlich war sie auch hübsch, das hatte er natürlich ebenso bemerkt, wenn er weiter überlegte, sogar außergewöhnlich hübsch. Und sie konnte einen umwerfenden Charme haben und auch ein Lächeln auf den vollen Lippen, das ihm das Herz erwärmte. Wie sie ihn anblickte, wenn sie von Jarim sprach! Sie musste dieses Kind sehr lieben. Doch warum nur war in ihrem Leben alles schief gelaufen? Anton konnte sich keinen Reim darauf machen. Diese junge Frau hier hatte es sich nicht wirklich verdient, dass ihr alles danebenging, sie war doch so liebenswürdig, so nett. Sie lachte viel, war spritzig, zeigte Elan und Lebensfreude. Als sie gegessen hatten, sprang sie auf und wusch, ohne dass er ein Wort sagen musste, die Teller, stellte sie zurück in den Schrank und fragte ihn, ob er noch einen Kaffee wolle. Dann rauchte sie eine Zigarette und er beobachtete, wie sie den Rauch durch Mund und Nase hastig ausblies. Sie musste schon sehr lange Raucherin sein. Plötzlich zerrte sie an ihrer riesigen Stofftasche und holte ein paar kleine Bildchen hervor, die sie angeblich selbst gemalt hatte. „Willst Du mir eines abkaufen?", fragte sie Anton unvermittelt. Er verstand zwar nichts von Kunst, doch die Zeichnungen fand er nett. Sie zeigten kleine Frauengesichter, die einen eigenartigen Ausdruck hatten. Irgendwie waren sie so gemalt, als gehörten sie nicht zu dieser Welt. Anton konnte nicht sagen, warum ihm das in diesem Moment so spontan einfiel, doch diese Gesichter glichen eher Masken als Menschen.

Dolores hatte völlig abgekaute Fingernägel, ein Akt der Selbstzerstörung, das fiel ihm ebenfalls auf. Mit solchen Dingen hatte er sich noch nie viel beschäftigt. Gleich morgen wollte sie ihren Sohn holen, der immer noch bei ihrer Mutter war, und ihn Anton vorstellen. Er kaufte ihr eine ihrer kleinen Malereien ab und sagte dann: „Ja, zeige mir Jarim, dann lerne ich ihn kennen und wir sehen weiter". Es war ein netter Abend gewesen. Seit langer Zeit war wieder eine Frau im Haus, und was für eine. Antons Herz sprang vor Freude Purzelbäume, doch er musste zusehen, dass sie nichts davon mitbekam. Er würde sie damit nur erschrecken. Solche Dinge musste man mit Bedacht angehen. Vielleicht gefiel er ihr ja auch, wenigstens ein bisschen. Er war nämlich 20 Jahre älter als sie und seine Zähne hatten lange schon keinen Zahnarzt mehr gesehen.

Denn seit er das Haus abzahlen musste, war das für ihn nicht mehr möglich. Bei diesen Preisen konnte er sich keinen Zahnarzt mehr leisten. Zahnarzt oder Haus, das war die Frage, und er entschied sich für ein Dach über dem Kopf.
Als Dolores auf der Couch lag, die er für sie vorbereitet hatte, mit einem kuscheligen Federbett über dem Gesicht, war sie das erste Mal seit langer Zeit wieder froh. Draußen schien der Vollmond durch das Fenster und erleuchtete den Raum hell. Ein mannshoher Schrank stand da, solide deutsche Eiche, ein wenig altmodisch und absolut nicht ihr Geschmack. Aber das machte in diesem Moment nichts aus. An den Wänden hingen Bilder von Bauernhäusern und Hirschen, die durch den Wald röhrten. Vorhänge gab es keine, die waren für Anton zu teuer. Ein kleines Tischchen stand mitten im Raum und auf der deutschen Eiche ein Fernseher. Sonst gab es nichts, außer der Couch, die in der Ecke aufgebaut war und auf der sie nun ruhte. Heute war ihr Glückstag, dieser Anton schien ein mitfühlender Mensch zu sein. Gut, sicher wollte auch er früher oder später mit ihr ins Bett wie alle Kerle, die sie bis dahin kennen gelernt und bei denen sie Unterschlupf gefunden hatte. Doch sollte sie sich heute schon darüber den Kopf zerbrechen? Auf der Toilette hatte sie sich noch schnell einen Schuss gesetzt, der neue Typ hatte davon nichts gemerkt und ihr schien, als ob er davon auch nicht die geringste Ahnung hatte. Sie war mal wieder voll drauf, seit Monaten ging das schon so. Seit Loris, ihr alles geliebter Loris, tot war, konnte sie sich nicht mehr anders helfen. Sie wusste, es war absoluter Wahnsinn, sie musste da rauskommen, wollte sie ihrem Jungen eine gute Mutter sein und für ihn sorgen, doch momentan konnte sie einfach nicht. Sie hatte sich das Zeug heute in

Bozen besorgt und wollte dann wieder nach Meran zurückfahren. Deshalb hatte sie sich einfach an die Straße gestellt und den erstbesten Wagen angehalten. Dabei kam ihr dieser komische Anton in die Quere, bei dem sie Mitleid erweckt hatte und ihr Herz ausschütten konnte. Gut, auch ein paar dieser Tabletten hatte sie sich kurz zuvor eingeworfen, sodass sie aufgekratzt war und wie ein Wasserfall redete. Diese Tabletten brachen jegliches Tabu und es quoll praktisch alles aus ihr heraus, was sich in den letzten Monaten aufgestaut hatte. Nur über den Tod von Loris hatte sie immer noch nicht sprechen können.

Ja, sie hatten sich wieder einmal getrennt, hatten einander bekundet, dass es aus sei, zum tausendsten Mal aus sei, und waren im Streit auseinander gegangen. Seit Monaten schon war Dolly allein mit Jarim, der zu dieser Zeit ganz bei Mama lebte, während sie als Zimmermädchen arbeitete. Es war ihr sogar gelungen, sich einigermaßen zu fangen. Sie schuftete Tag und Nacht, denn sie wollte mit Jarim fort von hier und fand, dass sich die Schufterei dafür auszahlte. Ab und zu gelang es ihr außerdem, eines ihrer selbstgemalten Bilder zu verkaufen, und so kam sie gut über die Runden.
Dolores hatte gerade beim Frühstück gesessen, das Radioprogramm war wie immer gewesen und so lauschte sie nur halbherzig den Klängen der Musik und anschließend den Nachrichten. Dann kam eine Kurzmeldung: „Der 26-jährige Loris S. wurde heute früh in seiner Wohnung in Lana tot aufgefunden. Die Polizei geht davon aus, dass es sich um einen Drogentoten handelt und Loris S. an einer Überdosis gestorben ist." Dolores fuhr hoch wie vom Blitz getroffen. „Loris", schrie sie gellend durch den Raum. Das war ihr

Loris, der Vater ihres Kindes. Klar, sie hatte sich von ihm getrennt, denn es ging einfach nicht mehr mit ihnen beiden. Es hatte in den letzten Wochen und Monaten nur mehr Zoff gegeben. Sie liebten und sie schlugen sich, es war die Hölle.
Und er hatte bald schon Trost bei einer anderen Frau gefunden, er unterschied sich da kaum von anderen Männern, die ihren Schmerz lieber mit neuen Frauen übertünchten, als ihn auszuhalten und aufzuarbeiten. So sind Männer eben. Sie selbst hätte sich nie im Traum vorstellen können, sich nur wenige Wochen nach dem großen Krach gleich dem nächstbesten Kerl an den Hals zu werfen, nein, so etwas erschien ihr absolut absurd. Doch Männer tun das. Die scheinen allzu häufig ihre Gehirne unterhalb der Gürtellinie angesiedelt zu haben und die Hormone spielen ihnen Streiche. Auch Loris tat es. Er war ziemlich schnell in die Wohnung seiner neuen Freundin gezogen und versuchte dort zu kompensieren, was er nie kompensieren konnte, denn Ilse war nicht wirklich seine Frau. Selbstverständlich litt er genauso wie Dolores, doch der Welt erzählte er genau das Gegenteil. Die Welt sollte nicht erfahren, dass er sich wie ein getretener Hund fühlte und beinahe daran zugrunde gegangen wäre. Dann hätte er sich nämlich auch eigene Fehler eingestehen müssen, und dazu war er nicht bereit gewesen. Er liebte Dolores immer noch abgöttisch und hing an ihr und dem Kind, doch er konnte es bei ihr nicht mehr aushalten. Und sie liebte ihn abgöttisch, ebenfalls immer noch, doch auch sie konnte es bei ihm nicht mehr aushalten. So war die Trennung unvermeidlich geworden, bevor sie sich ganz kaputt gemacht hätten. Doch sie hatten nie aufgehört sich zu lieben, das wusste er und das wusste sie. Ilses Schuld war das nicht, sie hatte nichts damit zu tun. Sie be-

mühte sich redlich um ihn, versuchte ihn von seinem alten unglückseligen Leben wegzuzerren, tat alles für Loris und noch viel mehr. Auch er versuchte nun mit ihr, der netten jungen Frau, ein neues Leben aufzubauen, das mit dem alten nichts mehr zu tun haben sollte. Doch nichts und niemand konnte ihm über die unendliche Traurigkeit in seinem Herzen, über den schmerzlichen Verlust hinweghelfen. Ilse mochte es wohl geahnt haben: Der Zugang zu seinem Innersten war ihr versperrt. Er konnte seinem Schicksal nicht entrinnen, so sehr er und sie sich auch bemühten. Dann kam Ilse eines Tages von der Arbeit zurück und er lag in ihrem Bett und war tot. Er hatte noch die Spritze im Arm stecken, doch sein Körper war bereits eiskalt. Sie konnte nichts mehr für ihn tun. Ein furchtbarer Schlag für das junge Mädchen, das aus Liebe versucht hatte, sein Leben zu retten. „Der Staatsanwalt forderte die Obduktion der Leiche an", ergänzte die Nachrichtensprecherin abschließend kühl.

Für Dolly war Loris bereit gewesen, alles zu tun. Er hatte sie festgehalten, und wieder losgelassen. Er hatte sie geliebt, abgrundtief, und verletzt, ebenso abgrundtief. Und dann hatte er sie geschlagen, sie verrückt gemacht. Er war groß, jung und sah sehr gut aus. Sie war sechs Jahre älter als er und es dauerte nicht lange, da war er ihr verfallen, und sie ihm. So liebten und schlugen sie sich genau sechs Jahre lang, bis zur Ekstase. Sie hielten sich in ihrem gemeinsamen Schicksal gefangen, das sie in die Sucht trieb, die Sucht nach dem anderen, die Sucht nach Liebe und Sex, die Sucht nach mehr Leben, nach dem Schein, die Sucht nach mehr und immer mehr: mehr Liebe, mehr Hoffnung, mehr Leben. Es war eine Aneinanderreihung von zahllosen Süchten, deren einzige Erlösung nur der Tod sein konnte. Sie versuchten, aus dem fließenden Gewässer auszubrechen, doch mit dem veränderten Verlauf verschwand das Wasser nicht etwa, sondern suchte sich lediglich einen anderen, oft weniger bequemen Kanal zu seiner Ausbreitung.

Loris verdiente sich als Lastwagenfahrer sein Geld, dann als Mann für alles bei einer Konzertorganisation, später als Pflasterer auf der Straße. Er war nicht schlecht und machte seine Arbeit zur Zufriedenheit seiner Brötchengeber. Dolly malte ihre Bilder und versuchte, sie zu verkaufen. Und sie hatte hunderttausend Ideen. Eine herausragende Malerin wollte sie werden, Ausstellungen organisieren, um die Welt reisen, und Loris sollte mit ihr kommen. Doch schon nach ein paar Monaten stritten sie sich, dass die Fetzen flogen. Sie flüchtete nach Jugoslawien, machte Urlaub mit mir, der Familie und vielen Freunden am Meer. Wir waren auf einem Campingplatz unter Pinien, die Luft roch nach Sommer, Strand und Wasser. Roland ging zum Klettern, dort wo die Felsen fast senkrecht gen Himmel ragten, sich wilde Schluchten öffneten wie gierige Mäuler und die paar Kletterer verschluckten, die sich hierher verirrt hatten.

Dolores saß den ganzen Tag oben auf einem Felsvorsprung und malte. Sie malte wie besessen und am Abend kam sie herunter mit einem Stapel bunter Bilder. Es waren Bilder voller Farben mit weichen Formen und klaren Linien. Es waren aber auch Bilder darunter, die eine wüste Aneinanderreihung von dunklen Klecksen zeigten, grell, bunt, gleißend. Loris erwähnte sie in diesen Tagen mit keinem Wort, man mochte glauben, dass sie ihn längst vergessen hatte. Was mochte nur in dieser Frau vorgehen? Am Abend

gingen wir alle gemeinsam ins Dorf, um ein Restaurant aufzusuchen, als im Hinterland bereits die Schüsse krachten. Die ersten Kriege in Jugoslawien standen kurz vor dem Ausbruch, die Leute waren nervös, angespannt und unfreundlich. Die Touristen konnten ihnen nun gestohlen bleiben, hier hatte man momentan andere Sorgen. Sollte es so weitergehen, würde es bald schon gehörig knallen, und diese Deutschen, Italiener oder woher diese Touristen sonst herkamen, hatten nichts anderes zu tun, als sich über das Essen oder die Bedienung zu beschweren. Es mangelte bereits an Benzin und an den Ticketschaltern in den Bahnhöfen und Häfen herrschte das reinste Chaos. Dolores blieb am Abend meist länger aus und ein paar Nächte später holte sie sich einen Kerl ins Zelt. Am nächsten Morgen steckte ihr Latin Lover den Kopf vom Eingang heraus und grüßte freundlich den Rest der Bande. Ja, sollte ihr Loris doch gestohlen bleiben, sie konnte sich jederzeit einen anderen anlachen. Im Augenblick war es der schmucke Micek, der aussah wie Antonio Banderas in seinen besten Zeiten. Oder glaubte Loris wirklich, sie hätte nur auf ihn gewartet?
Natürlich hatte sie nur auf ihn gewartet. Als sie zurückkam, zog er gleich wieder zu ihr unters Dach. Dort war es sehr heiß im Sommer, aber noch heißer war ihre wieder aufgeflammte Leidenschaft. Zwei Monate später war Dolly schwanger und flippte völlig aus. In der Gewissheit, dass sie dauernd gekifft, gekokst, geschnieft, ja gespritzt hatte, kam die Panik. „Ich kann dieses Kind nicht haben“, so ihr erster Gedanke. „Ich bin nicht reif für ein Kind, ich kann für das Kind nicht sorgen, ich bin zu schwach, habe keine fixe Arbeit, kein Geld, und außerdem will ich raus. Nein, ich will dieses Kind nicht“, so der zweite Gedanke. Sie saß bei Mama auf der Couch

und heulte Rotz und Wasser. Der Abtreibungstermin stand bereits fest. Wenn alles vorbei war, wollte sie nie wieder auch nur im Entferntesten mit dem Gedanken konfrontiert werden, ein Kind bekommen zu müssen. Loris saß neben ihr wie ein begossener Pudel. Was sollte er da noch sagen? Er war 22 Jahre alt und im Grunde ein grüner Flegel. Er hatte keine Ahnung, was es bedeutete, ein Kind zu bekommen. Sie ahnte, was da auf sie zukommen würde. Oft genug hatte sie Freundinnen und mich gesehen, wie beschäftigt wir waren, Windeln zu wechseln, zu stillen und mit diesen kleinen Wesen spazieren zu gehen. Auch unser häufiges Jammern hatte sie mitbekommen, wie schwer doch das Leben mit Kindern mitunter werden konnte. Müttertralala eben. Sie würde keine Nacht mehr durchschlafen können, und das über Monate, ja sogar über Jahre hinweg. Dauernd waren diese Kinder krank, spuckten, lallten und brüllten durch die Gegend, machten ununterbrochen in die Windeln, machten Bäuerchen oder hatten Bauchweh, sodass sie vor Schmerzen stundenlang herumheulten. War es das, was sie von ihrem Leben wollte? Sie war sich sicher: Nein, absolut nein. Ganz abgesehen davon war sie wieder einmal ohne Arbeit, besaß kein Geld, keine Wohnung und wollte ihre Freiheit wiederhaben, auch von Loris, der ihr jetzt mehr denn je auf die Nerven ging. Warum nur hatte er ihr dieses Kind gemacht, warum nur hatte er ihr das antun können? Sie hätte ihn umbringen können.

Sie waren beide an diesem Abend in wahnsinnig guter Laune gewesen, voller Romantik hatten sie sich ausgemalt, wie es sein könnte, hätten sie etwas, was nur ihnen beiden gehören würde. Sie waren beide auf Koks, das sie sich wenige Stunden zuvor in

Bozen besorgt hatten. Dann waren sie heimgefahren, hatten eine Kleinigkeit gegessen und sich anschließend das weiße Pulver mit einem Röhrchen aus Papier in die Nase gezogen. Es dauerte nicht lange, dann war alles einfach nur mehr himmlisch. Sie genossen wieder jenen unsagbar geilen Kick, der mit nichts anderem vergleichbar war. Das Wunderpülverchen hatte sie auf einen jener seltenen Höhepunkte von Gefühlen und Sehnsüchten katapultiert, die so unbeschreiblich schön waren, dass es dafür keine Worte zu geben schien. Als Dolly und Loris sich gemeinsam ins Schlafzimmer manövrierten, erschien ihnen das Bett als weiße Wolke und ein unsagbar feines Rauschen drang in ihre Ohren. Es waren die Wellen im Indischen Ozean, großartige Musik klang von weither und ein helles, alles umfassendes, herrlich weiß strahlendes Licht umgab die beiden Liebenden. Sie fühlten sich an wie Watte. Ein nie da gewesenes Verlangen nach einander nahm ihnen beinahe die Luft zum Atmen. Als sie sich endlich in den Armen lagen und nur noch ein einziges verschlungenes Bündel abgaben, hauchte er ihr in die Ohren: „Ich liebe Dich, liebe Dich, liebe Dich, lass mich mit Dir verschmelzen, versinken, vergessen, dass ich da bin. Ich bin Du und Du bist ich. Dolly, Du bist alles, mein Leben, Dolly. Niemals habe ich so stark gefühlt, so gesehnt, so geliebt." Wie die Ertrinkenden klammerten sie sich aneinander fest, fielen dann wie die Besessenen übereinander her und liebten sich bis zur Ekstase. Niemals zuvor hatten sie sich körperlich so nahe gefühlt wie in jener Nacht, in der Jarim gezeugt wurde, und seelisch auch nicht. Als die beiden am nächsten Morgen wieder zu sich kamen, fiel es Dolly wie Schuppen von den Augen, dass sie die Pille vergessen hatte. „Shit, verdammt noch mal, die gestrige Pille steckt noch in der Packung", schrie sie auf und rannte auf den Balkon. Sie glaubte augenblicklich, sich übergeben zu müssen, so als ob sich bereits die ersten Anzeichen der Schwangerschaft bemerkbar machen würden. Ja, sie wusste es sofort: Sie war schwanger. Dennoch begann eine Zeit des Hoffens und Bangens, bis sie ein paar Wochen später dann die Gewissheit hatte: Es war passiert. Diese Nacht der Sehnsüchte und Leidenschaft hatte ihnen ein Kind beschert – das sie nun nicht haben wollte. Das Erwachen war grausamer als alles, was sie bis dahin erlebt hatte.

„Bist Du völlig verrückt", schüttelte ich sie an den Schultern, „Du kannst doch nicht Dein eigenes Kind töten, das tust Du nie, hörst Du, niemals". Eindringlich redete ich als ihre Schwester und als Mutter zweier Kinder mit ihr. Auch Mama stimmte in den Chor der Lebensretter ein. „Ja, Dolly, sie hat Recht, das kannst Du nicht machen." Loris sagte gar nichts. Was er in den letzten Wochen mit ihr erleben musste, hatte ihm die Sprache verschlagen. Sie machte ihn für ihr ganzes „Unglück" verantwortlich. Er war es schließlich, der ihr dieses Etwas, das sich nun in ihrem Bauch breit machte, gezeugt hatte. Dafür hätte sie ihn totschlagen können. Dass sie es nicht tat, hatte sie möglicherweise nur ihren Hormonen zu verdanken, die sich langsam auf mütterliche Wesenszüge einstellten und ihr wenigstens das Gefühl zu geben schienen, dass dies doch eigentlich ein tolles Ereignis für ihr Leben sein könnte und mehr einem halbvollen Glas gleichkam als einem halbleeren. Doch sie war gefangen in ihrer abscheulichen Furcht, denn schließlich hatte sie ja monatelang ihren Körper vergiftet und Loris war um keinen Deut besser gewesen. Dieses Kind, das da in ihrer Gebärmutter heranwuchs, konnte eigentlich gar nicht gesund sein. Außerdem dachte sie an jene Hepatitis B-Infektion zurück, die ihr damals von Hannes übertragen wurde. Von der war sie zwar für vollständig geheilt erklärt worden, man konnte sich aber dennoch nie ganz sicher sein, dass das Baby keine Schädigungen davontragen würde. Nicht auszudenken, nicht nur ein Kind, sondern auch noch ein krankes, ein behindertes Kind zu bekommen. Ihr graute davor. Sie war dauernd launisch, unpässlich, lachte kaum noch und zerbrach sich Tag und Nacht darüber den Kopf, wie sie es wieder loswerden könnte. Dafür gab es nur einen Ausweg: Abtreibung.

„Wir überlegen gerade, ein Lokal zu pachten", sagte ich in dieser Zeit zu meiner Schwester. „Da kannst Du arbeiten, bis das Kind kommt. Du bist versichert und es soll Dir an nichts fehlen." Inzwischen suchte ich verzweifelt einen Ausweg und machte ihr jede Menge Zugeständnisse, von denen ich in diesem Moment nicht wusste, ob ich sie überhaupt würde einhalten können. Mein Mann Roland war von der Idee nicht sonderlich begeistert, doch er wusste, dass ich eine Widerrede niemals hätte gelten lassen. Wenn es um meine Schwester ging, kannte ich kein Pardon. „Das ist doch super", meldete sich nun sogar Loris erstmals wieder zu Wort. „Schau mal, da kannst Du arbeiten und dann bekommst Du gemütlich das Baby. Ich helfe Dir dabei", hakte er gutmütig nach. „Gemütlich", lachte sie hysterisch. „Das kann auch nur ein Mann sagen, als ob man Babys gemütlich bekommt. Frag' einmal Christine, wie es ihr bei der Geburt ihrer Tochter ergangen ist, als sie und das Kind beinahe krepiert wären, nur weil der Arzt durchgedreht hat", fauchte sie Loris an. Und was weißt Du schon von „helfen", hakte sie noch boshafter nach. „Bis jetzt habe ich mir alles selber machen müssen, Du bringst es ja nicht einmal fertig, genug Geld

für Dich allein herbeizuschaffen. Was glaubst Du, was Du groß tun kannst?", wurde sie immer wütender. Loris verstummte augenblicklich. Auch Mama war entsetzt, wie aggressiv Dolly seit Beginn ihrer Schwangerschaft immer wieder reagierte. Aber über den Gedanken einer Abtreibung war sie noch entsetzter und gemeinsam redeten wir auf sie ein, dass dies nicht der richtige Weg sein konnte. Im Grunde war die Drohung mit der Abtreibung Dollys Hilferuf an die Welt, um Himmels Willen etwas zu unternehmen, um sie aus dieser fatalen Situation herauszuholen. Dolly hatte nie gelernt, für sich Verantwortung zu übernehmen. Immer waren Mutter, Schwester oder die jeweiligen Männer zur Stelle, die ihr die Last abnahmen, von der sie sich ab und zu schier erdrückt fühlte. Wie sollte sie nun auch noch Verantwortung für dieses Wesen übernehmen, das gerade in ihr heranwuchs und bald breiten Raum einzunehmen drohte? Sie war völlig überfordert.
„Ich werde mir alles überlegen", schlug sie plötzlich einen milderen Ton an. Ganz so, als ob sie uns einen Gefallen tun müsste und nicht sich und dem Kind. Doch das fiel in diesem Moment niemandem auf. Wir waren alle erst einmal heilfroh, dass wir einen Meinungswandel einleiten konnten, nun musste man eben Geduld haben. Da Dolores im Grunde ihres Wesens eigentlich liebenswürdig und gutmütig war, glaubten wir aber, die größte Hürde genommen zu haben. Die Situation war einfach dramatisch und traurig zugleich: Es ging darum, ob das Baby in ihrem Bauch leben sollte oder nicht. Es sollte leben. Zwei Tage später rief Dolly an und teilte allen zunächst mit, dass sie den Termin für die Abtreibung verstreichen ließ, und fragte dann, wann mit der neuen Arbeit begonnen werden könne. Allgemeines Aufatmen war die unmittelbare Folge.

Die Vorbereitungen für das Lokal liefen indes auf Hochtouren, die Eröffnung war nur mehr eine Frage der Zeit.

„Dolly, willst Du leben oder sterben?, sag' es mir", schrie ich sie verzweifelt an. Nach der unzähligsten Einlieferung ins Krankenhaus hatte ich kaum noch Kraft, und sie auch nicht. „Wir alle packen das mit Dir nicht mehr. Wir können Deiner nicht aufhörenden Selbstzerstörung nicht mehr zusehen. Willst Du leben oder sterben?" Ich war sehr wütend an jenem Nachmittag, als ich diese Provokation in den kahlen Krankenhausraum hinausbrüllte. Dolores lag wie ein Häufchen Elend in ihrem weißen Laken eingewickelt da und starrte trotzig zur Decke. Dann wandte sie ihren Blick plötzlich mir zu und antwortete: „Eine interessante Frage, Christine. Ich will sterben, ja, ich will sterben und dies aus vollem Herzen, so sehr, wie ich es mir noch nie gewünscht habe. Du hast mich ehrlich gefragt, und da ist es mir plötzlich bewusst geworden. Lass uns aufstehen und ein paar kleine Runden gehen."
Ich starrte sie ungläubig an. Ich hatte klar gefragt und eine ebenso klare und präzise Antwort bekommen, dennoch wusste ich nun nicht, was ich damit anfangen sollte. Schweigend nahm ich meine Schwester, die nur ein fahles Krankenhaushemd trug, das hinten dürftig zusammengebunden war, beim Arm und führte sie hinaus in den belebten Krankenhausgang. Dolores humpelte mehr als sie ging, sie hatte immer noch starke Schmerzen. Ein Katheter steckte in ihren Lymphen und so trug sie einen Beutel mit sich herum, aus dem ununterbrochen eitrige Flüssigkeit aus ihrem kranken Organ tropfte. Sie steuerte auf ein Fenster zu, das sperrangelweit offen stand. Wir befanden uns im fünften Stock

und weit unten lag der Krankenhausaufgang. Dort bewegte sich eine geschäftige Menschenmenge. Abrupt lachte Dolores hysterisch und sagte ganz laut: „O.K., bringen wir es doch gleich hinter uns. Ich springe jetzt einfach und schwups ist alles vorbei." Nur mit Mühe gelang es mir sie zurückzuhalten, und das wahrscheinlich auch nur, weil Dolores so krank und schwach war. Sonst war mir meine Schwester körperlich weit überlegen: Sie war einen halben Kopf größer und wegen der Größe auch um einiges kräftiger. Ich war eher zart und auch bei ihr schien es, als ob sie keine körperliche Kraft besitzen würde, was aber nicht stimmte. „Bist Du völlig verrückt geworden, das ist doch totaler Quatsch", schrie ich sie nun an. Auch stieg schon wieder diese undefinierbare, unbändige Wut in mir hoch, die in Situationen wie dieser zum Ausbruch kam, weil Dolores permanent Mist zu bauen schien, wenn ich anwesend war. Ich zerrte sie in das Zimmer zurück und dort lachte Dolly selbstquälerisch weiter: „Natürlich will ich leben, was glaubst Du denn? Ich will Jarim wiederhaben, will ihn wiederhaben. Ich will leben, leben, leben." Sie schrie jetzt wie eine Besessene, sodass eine Krankenschwester herbeigeeilt kam und ihr eine Beruhigungsspritze geben musste.
Man hatte Dolores aus der Schweiz hierher gebracht, wo sie in Zürich ein ganzes Jahr verbracht hatte. Dorthin war sie gegangen, weil sie es hier nicht mehr aushalten konnte, als die Liebe zu Tom in die Brüche gegangen war. Vier Jahre waren sie beisammen gewesen, nach Loris' Tod hatte sie ihn irgendwo aufgelesen. Oder er sie, wer konnte das nachvollziehen? Ein netter Junge mit langen dunkelblonden Locken, der sie irgendwie an Loris erinnerte. Sie musste ja zwangsläufig ein neues Leben beginnen und konnte

**Sonnenlicht als Stundenuhr.
Kinder spielen nach dem Spiel,
arbeiten ganz ohne Hast.
Freunde, die sich anvertrauen.
Das ist mein Traum.
Jemand, der mich gut versteht.
Älter werden Stück für Stück,
Das nenn ich Glück.
Tränen nur aus Freude noch,
Hunger nirgends auf der Welt.
Das ist mein Traum.
Grenzen, die aus Blumen sind.
Das ist mein Traum.**

(Dolores)

nicht ewig an Loris denken, da war ihr Tom über den Weg gelaufen. Der schien so hilflos, jammerte ihr ständig von seiner ruinierten Kindheit vor, von seinem Vater, der ihn dauernd geschlagen hatte, und von Frauen, die ihn nur ausnutzten und nichts wert waren, die sein wahres Wesen nicht verstanden. Er tat ihr so unsagbar Leid, dass sie in ihrem Mitleid bald ergeben war. Es dauerte nicht lange, da kifften, koksten und schnieften sie um die Wette. Jarim war immer dabei, bis sie es nicht mehr schaffte und ihn ihrer Mutter brachte. „Mama, kannst Du Jarim für ein paar Tage nehmen?", fragte sie dann. Mama hatte inzwischen einen neuen Partner gefunden: Eduard war annehmbar, geduldig und vor allem sehr viel älter als sie. Er hatte schon einiges hinter sich, insbesondere eine Ehe, aus der zwei Kinder hervorgegangen waren, und eine Frau, die im Laufe der Jahre völlig durchgedreht hatte. Sie posaunte durchs Dorf, welches Schwein ihr Mann gewesen sei und welche Ungeheuerlichkeiten er von ihr verlangt habe. Die Situation war ziemlich absurd, er schämte sich für die Auftritte seiner Frau, wusste aber nicht, wie er darauf reagieren sollte. Da kam ihm Charlotte gerade recht, die einen Teil ihres Schicksals bereits hinter sich hatte. Sie taten sich zusammen und Jarim konnte bei ihr bleiben, während Dolores sich in immer größere Ausschweifungen verstrickte. Immer wieder wurde sie von Helfern des Roten oder des Weißen Kreuzes in irgendeiner Kneipe, an irgendeiner Straßenecke aufgelesen und ins Spital gebracht. Wir bekamen meist nichts mit, denn kaum war sie wieder zu sich gekommen, verwies sie auf ihre „Privacy", die ihr heilig war. Kein Wunder, nur wer etwas zu verbergen hat, braucht Privacy. Mehr als einmal glaubten alle Beteiligten, ihre letzte Stunde sei gekommen. Doch sie schaffte es immer wieder.

„Eines Abends, es mag wohl schon nach zehn Uhr gewesen sein, saß ich auf einer Bank am Sandplatz in Meran und ruhte mich gerade von einem anstrengenden Tag aus. Ich war vorher noch etwas durch die Stadt spaziert und ließ meine Eindrücke gerade Revue passieren, als sich Dolores zu mir setzte", erzählte mir Desiree, eine Künstlerin, die in Meran an zahlreichen Projekten mitgearbeitet hatte, Jahre später. „Sie war so wunderbar, so erfrischend offen, so nett und freundlich, dass ich ihr, dieser mir völlig fremden Frau, augenblicklich zuhörte. Es entspann sich ein Gespräch, das ich mein Leben lang nicht vergessen werde", fuhr sie fort. Dolores erzählte ihr von ihrem kleinen, beschissenen Leben, sprach von ihrem Sohn und ihrer Schwester, die sie sehr vergötterte, von ihrem Scheitern und von den Philosophen dieser Welt, bei denen sie sich anscheinend sehr gut auskannte. Dann erwähnte sie Antonio di Mello, der zu dieser Zeit ihr Lieblingsautor war und von dem sie lernen wollte, dass auch ein „pollo", ein Huhn also, wie ein Adler fliegen lernen kann. Ja, auch sie wollte fliegen lernen, weit hinaus in den Horizont, dorthin, wo die Freiheit so grenzenlos war. Doch sie war so schwach und ganz allein. So fühlte sie sich jedenfalls. Sie war Gefangene von Drogen und Alkohol und vielen giftigen Substanzen, die sie nicht mehr losließen – und dies seit etlichen Jahren. Sie erzählte von Jarim, den sie abgöttisch liebte und den sie doch nicht haben konnte, weil er bei ihrer Mutter lebte. Im nächsten Moment betonte sie aber, dass er dennoch immer „ihr" Sohn bleiben werde: ihr Jarim ganz allein. Sie werde um ihn kämpfen, jawohl, was dachten die anderen sich eigentlich: dass sie ihren Sohn so einfach aufgab? Was sie nicht erzählte, waren die langen und ermüdenden Kämpfe, die sie mit ihrer Mutter um diesen Sohn

ausgefochten hatte. Immer wieder tauchte sie bei Mama auf und forderte unter großem Gezeter, sie solle Jarim herausrücken. Er sei ihr einfach ohne triftigen Grund weggenommen worden. Dolores konnte schon lange nicht mehr unterscheiden zwischen dem, was sie sich wünschte und was machbar war. Die Sucht hielt sie im Würgegriff und spaltete ihre Persönlichkeit. Dolores war eine Grenzgängerin, die sich in ihren eigenen Grenzen verlor und nicht mehr zurückzufinden drohte.
In den letzten Monaten hatte sie allerdings tapfer durchgehalten und einen Computerkurs, der immerhin sieben Monate gedauert hatte, zum erfolgreichen Abschluss gebracht. Es schien so, als ob es ihr gelungen wäre, sich in den Griff zu bekommen. Sie zeigte sich bereit, ein neues Leben zu beginnen. Sie wollte ihren Sohn zurückhaben, sie wollte sich „bessern", aus vollstem Herzen. Nach dem Kurs sei es ihr gelungen, bei ihrer Schwester unterzukommen. Privat hatte sie ihre Beziehung zu Tom vertieft. Er hatte zwar von zu Hause auch einen leichten „Dachschaden" mitbekommen, hasste seinen Vater abgrundtief, doch er wollte dennoch den Versuch wagen zu leben – ohne Drogen. Seit Loris tot war, hatte sie den Boden unter ihren Füßen verloren, doch nun wollte sie sich wieder fangen. Sie absolvierte ihr Praktikum, die Voraussetzung für das definitive Diplom, das sie erhalten sollte. Zu dieser Zeit lief alles sehr positiv, bis der Tag kam, als sie das erste Geld kassieren sollte.
Dann war Dolores plötzlich drei Tage und drei Nächte verschwunden. Keiner konnte sich einen Reim darauf machen, wo sie abgetaucht sein konnte. Keiner? Tom wusste sicher davon, doch er war ebenso unauffindbar. Und ich wusste nicht, wo ich sie suchen

sollte. Meine Schwester war nicht mehr bei der Arbeit erschienen, doch dies war eher zweitrangig. Jeder konnte sich hier frei bewegen, sich die Zeit nach Belieben einteilen. Wichtig war, dass die Arbeit termingerecht „geliefert" wurde. Doch Dolly blieb weg und tauchte nicht mehr auf. Dass ihr schon wieder nach Koks und Co gelüstete, wollte ich mir in meiner Naivität nicht vorstellen. Mein eigenes Leben, meine Familie, Millionen von Dingen, mit denen ich selbst beschäftigt war, hielten mich zudem fest im Griff. Dolly aber war wieder mit ihren Typen unterwegs und warf sich Stoff in großen Mengen ein, haschte, trank und spritzte. Stolz zeigte sie in jenen Kreisen, in denen sie erneut abgetaucht war, das Geld, das sie selbst erarbeitet hatte. Dann fuhren sie mit ihr zu einer Abbruchhütte in der Nähe von Lana, wo sich zahlreiche Albaner befanden, die ihr die heiß ersehnten Drogen verkaufen wollten. Doch Dolly musste der Blitz getroffen haben, als sie das viele Zeug vor sich liegen sah. Sie musste regelrecht besessen gewesen sein, denn in einem Augenblick, in dem sie sich unbeobachtet wähnte, griff sie plötzlich zu und steckte einige der abgepackten Briefchen hastig in ihre Hosentasche. Dann hatte sie es eilig und wollte verschwinden. Doch sie hatte die Rechnung ohne den Wirt gemacht, und der hieß Amir. Er hatte sie beobachtet und stellte ihr ein Bein, als sie versuchte, durch die Tür zu schleichen. Sie fiel der Länge nach hin und lag nun auf dem schmutzigen Fußboden. Die gestohlenen Dosen Koks waren ihr dabei aus den Jeans gerutscht. Augenblicklich fielen Muhammad und Amir über sie her. Das Mädchen, das der Länge nach vor ihnen ausgebreitet lag, war ab diesem Moment nichts weiter als Freiwild, das sie für ihre Zwecke gebrauchen konnten.

„He, was wolltest Du mit dem Zeug? Wohl abhauen, ha", johlten sie im Drogenrausch, den letzten Rest an Hemmungen hatten sie längst draußen vor der Haustür abgelegt. Dieser Ort hier war eine narrenfreie Zone. Jeder tat, was er wollte, auch Muhammad und Amir.
Wie die Tiere fielen sie über Dolly her und ehe sie begriff, was los war, vergewaltigten beide sie abwechselnd und dann gleichzeitig. Sie schrie wie besessen, biss, kratzte und schlug auf ihre Peiniger ein, doch mehr als ein höhnisches Lachen hatten die für sie nicht übrig. Beide waren ziemlich groß und stark, sodass es ein Leichtes für sie war, Dolly festzuhalten und immer wieder wie von Sinnen in sie einzudringen. Im Koksrausch hatten diese Kerle hier ein brauchbares Opfer gefunden, und immerhin hatte dieses Miststück sie bestehlen, ihnen das Beste, was sie derzeit besaßen, wegnehmen wollen. Für sie war dieses zeternde Wesen hier nichts weiter als ein Objekt, keine Frau und kein Mensch aus Fleisch und Blut, der Schmerzen, Empfindungen und Gefühle verspürte. Sie war einfach nur ein Stück Fleisch, das es zu „bestrafen" galt. Wenn sie sich auch noch ihren Spaß dabei holen konnten, umso besser. So vergingen sie sich mehrere Male an ihr, und zwar die ganze Nacht hindurch. Irgendwann stießen auch noch andere Typen hinzu, die sich zu ihnen gesellten und angetörnt von den beiden ihren brutalen Gedanken ebenso freien Lauf ließen. Hier hatten sie endlich die Gelegenheit, das zu wiederholen, was sie in ihrer Heimat während des Krieges zwar auch gemacht, in diesem Land hier aber bislang nie gewagt hatten. Hier seien die Gesetze zu streng und die Frauen zu emanzipiert, hatte man ihnen gesagt. Sie sollten sich lieber vorsehen, wollten sie nicht gleich im Knast landen. In dieser Nacht

nun hatten sie endlich die Gelegenheit, alle Bedenken über Bord zu werfen und ihren perversen Neigungen freien Lauf zu lassen. Hier hatten sie endlich ein Opfer gefunden, bei dem es egal war. Schließlich hatte diese Nutte eine Menge Zeug stehlen wollen, dafür sollte sie büßen. Und wer kannte sich bei diesen Weibern schon aus? Vielleicht genoss sie es sogar und schrie nur vor Lust und Wonne, weil sie es ihr endlich besorgten, wie sie es sich schon lange gewünscht hatte. Und das Gekratze, das Beißen und Schreien war vielleicht nur Show.

Dolores hatte absolut keine Chance. Sie glaubte, in dieser Nacht sterben zu müssen. Dennoch raffte sie sich auf, kam ein paar Schritte weiter in dieser üblen Hütte, die nach vermoderten Kleidern und verdorbenen Lebensmitteln stank. Aber immer wieder holte sie einer dieser Schweine ein und fiel über sie her. Sie war eben nicht mehr als ein Stück Fleisch, das man für sich gebrauchen konnte, um es dann in einer Ecke liegen zu lassen. Gegen vier Uhr früh war endlich auch der Letzte der vier eingeschlafen. Sie war halbtot und fühlte sich bis in die letzten Haarspitzen verletzt. Dennoch gelang es ihr irgendwann, sich aufzuraffen, durch das kaputte Fenster zu steigen und auf die Straße hinunterzulaufen. Dort stand sie mit den Fetzen, die ihr noch am Leib geblieben waren, und stellte sich einfach mitten auf die Fahrbahn. Sie zitterte am ganzen Leib, auch weil sie glaubte, die Typen seien ihr dicht auf den Fersen. Die würden sie umbringen, wenn sie erst einmal bemerkten, dass sie abgehauen war. Dann fand sie einen mitleidigen Fahrer, der sie nach Dorf Tirol brachte, wo ein völlig verstörter Anton drei Tage auf sie gewartet hatte.

Dort schlief sie zunächst endlos lange. Ab und zu wachte sie auf und begann heftig zu heulen, doch Anton war nicht da. Er musste zur Arbeit und hatte am darauf folgenden Morgen gar nicht so richtig die Zeit gefunden nachzusehen, was passiert war. Als er am Abend heimkam, fand er eine völlig verstörte Dolores im Wohnzimmer vor, die fürchterlich zugerichtet war. Tom war auch da, er wusste von nichts. Dass auch er gemein und brutal sein konnte, davon hatte Dolly in letzter Zeit oft erzählt. Mehrmals schon waren sie sich im Drogenrausch in die Haare geraten und sie hatte dabei stets den Kürzeren gezogen. Doch was sich ihnen hier bot, konnte Tom nicht angerichtet haben. Das eine Auge konnte sie nicht mehr öffnen und das andere glich einem Veilchen. Überall am Körper hatte sie blaue Flecken, sie war völlig zerschunden und nur mehr ein Häufchen Elend, das nichts anderes konnte als herzzerreißend weinen. Erst nach Stunden war sie endlich in der Lage herauszubringen, was geschehen war. Doch nun wusste niemand weiter. Was konnte man schon in einer solchen Situation tun? Dolly und Tom wussten, dass diese Typen mehr als gefährlich waren. Ein deutlicher Eindruck davon war nun auf Dollys gesamtem Körper abgebildet, eine eventuelle Rache würde sie nicht überleben.
Kerle, die von diesen Teilen der Welt kamen, hatten Kriege durchgestanden und überlebt, wie auch immer. Hier ging es um mehr als um ein paar Schlägereien. In diesen Kriegsgebieten wurde damals nicht lange gefackelt, und schließlich mussten die meisten von ihnen zusehen, wie sie ungeschoren aus dem Land kamen, da viele einiges auf dem Kerbholz hatten. In Italien oder anderswo versuchten sie mit allen möglichen illegalen Geschäften ihr Glück, Schweinereien inklusive. So gingen diese Bruchbuden oft

jahrelang und bildeten ein dichtes Netz, das kaum jemandem einen Einblick gewährte. Polizei und andere Ordnungshüter waren machtlos, sofern sie nicht sogar selbst mitspielten. Zum Teil war auch die so genannte feine Gesellschaft der Stadt mit involviert, schließlich konnte man diese Herren für die Drecksarbeit ganz gut gebrauchen. Wichtig war nur, dass man sie gut bei Laune hielt und ihnen das zukommen ließ, was sie verlangten, dann hatte man seine Ruhe. So bekamen Rechtsanwälte, Wirtschaftsberater, ja sogar die Polizei oft wertvolle Informationen und als Zugabe eine Nase Koks gleich mitgeliefert. Es vergingen oft viele Jahre, bis sie gestört wurden. Es profitierten zu viele von ihnen, der Markt war unersättlich und unermesslich groß. Hoteliers, deren feine Söhne, die Reichen der Stadt, wollten mit Stoff versorgt werden, mit reinem Stoff, und keiner sollte ihnen dabei in die Quere kommen. Was wollte da eine verrückte Frau, die eines Tages ausflippte?
Dolores kannte die Kerle alle. Sie war nur wenige Monate zuvor für sie in Marseille gewesen, gegen gutes Geld versteht sich. Es waren jene Typen involviert, die sie damals für viel Geld „herausgekauft" hatten, als sie und Robert mit Kilomengen Koks erwischt wurden. Nun musste sie ihnen zu Diensten sein, ob es ihr passte oder nicht. Doch es passte ihr sowieso meistens, denn für sie selbst fiel auch stets ein nicht zu verachtender Brocken ab. In Marseille hatte sie auf ein Schiff gewartet, das über den Ozean aus Kolumbien geschippert kam. Sie musste den Stoff in Empfang nehmen, es waren erneut mehrere Kilogramm Ware, für den Markt in Bozen und Meran bestimmt. Einen fetten Brocken gab es für sie selbst, monatelang konnte sie damit gut über die Runden kommen. Marihuana, Heroin und Kokain hatte sie sich besorgen können: Es ging

ihr gut, sehr gut sogar, und es gelang ihr, einen Teil der Ausbeute für sich und Tom beiseite zu legen. Das war eine Art Rücklage für schlechtere Zeiten. Dieses Mal aber war sie gierig geworden und hatte gehofft, sich ein paar nette „Gratisabende" mit Tom organisieren zu können. Doch es war schief gegangen und der Preis, den sie dafür zahlen musste, war hoch – zu hoch.
Der letzte Rest ihrer geschundenen, ausverkauften Seele war ihr geraubt worden. Am nächsten Tag tauchte sie wieder bei mir auf, ihr fiel wohl die Wärme ein, in der sie in den letzten Monaten eingebettet gewesen war, ausgerechnet in dieser „anderen" Welt, die die ihre schon lange nicht mehr war. Es gab da Kollegen, Mitarbeiter, die sie freundlich begrüßten, die mit ihr plauderten, einen Kaffee trinken gingen, sie einfach nur ein Mensch sein ließen. Ja, sie wollte nun tatsächlich wieder arbeiten. Ich war aber zunächst zu Tode erschrocken, als ich meine Schwester sah. „Mein Gott, wie siehst Du aus?", entfuhr es mir. Dolores tischte erst eine Geschichte auf, dann die nächste und am Ende eine Mischung aus mehreren Geschichten, die ich nicht verstehen konnte. Es ging um ein paar Typen, die Dolores wehgetan hatten, aber die Ursache dafür blieb unklar. Kein normaler Mensch vergreift sich ohne ersichtlichen Grund an einem anderen, außer es handelt sich um einen völlig Verrückten. Hatte es Dolores mit Verrückten zu tun? Und dann tauchten immer wieder Kerle vor dem Büro auf, fast täglich wartete jemand draußen, wenn ich oder eine meiner Mitarbeiterinnen vor die Tür trat. Was ging hier vor? Wenn ich die Straße hinuntereilte, setzten die Männer den Motor ihres Golfs in Betrieb und fuhren langsam neben mir her. Ich tat so, als ob ich nichts bemerken würde und ging einfach weiter, wobei sie nie etwas sagten. Das ging

ein, zwei Wochen so, dann blieben sie plötzlich weg. Es war so, als ob sie etwas ausforschen wollten, aber mit dem Ergebnis nichts anfangen konnten.

Sehr viel später kam ich auf den wahren Hintergrund dieser Episode. Viel zu spät. Roberto, ein Typ, der völlig fertig und seit 40 Jahren auf dem Drogentrip war, erzählte mir die ganze Geschichte. Dolores konnte das zu diesem Zeitpunkt nichts mehr bringen, es war zu spät. An diesem Tag riet ich ihr, eine Anzeige zu machen, um sich und ihren Sohn zu schützen. Und sie folgte meinem Rat tatsächlich. Gemeinsam mit Tom raffte sie sich auf und ging zur Polizei. Doch das Ergebnis war gleich Null.

Ein paar Wochen später, als meine Schwester schon ein paar blaue Flecken weniger hatte, begleitete ich sie nach Bozen auf das Jugendgericht. Dolores hatte einen Brief bekommen: Sie sollte sich umgehend melden, es ging um Jarim. „Ich will ihn wiederhaben, Christine, bitte hilf mir doch. Ich weiß, dass er bei Mama unglücklich ist, er will zu mir. Du siehst doch, wie ich mich gebessert habe, wie ich alles tue, um mein Leben in den Griff zu bekommen. Ich habe sieben Monate Ausbildung durchgehalten, dann die ganze Zeit bei Dir. Es geht mir besser, ich will Jarim wiederhaben", schluchzte sie herzzerreißend. Ich wusste nicht, was ich tun sollte. Ich war selbst Mutter und verstand deshalb die Nöte meiner Schwester durchaus. Ich erinnerte mich an jenen Muttertag, als Dolores auf der Brücke stand und springen wollte. Ich erinnerte mich auch an die eigene Kindheit, die alles andere als unproblematisch verlief, an die Kindheit von Dolores und an meine Mutter, die nun bei Jarim alles gutmachen wollte. Sie meinte es dabei durchaus gut und man musste auch fair sein. Denn wer hatte ihr

das Kind gebracht, als sie bereits weit jenseits der 50 war und bei Gott andere Dinge hätte tun können?
Und ich zweifelte auch daran, ob Jarim wirklich wieder zu Dolly zurückkommen wollte. Der Junge war bei Mama eigentlich sehr gut aufgehoben. Es ging ihm gut, wenngleich das Verhältnis meiner Mutter zu uns Töchtern in dieser Zeit alles anderes als rosig gewesen war. Irgendwann am dritten Tag des Flehens ließ ich mich dann aber doch erweichen und nahm den Telefonhörer in die Hand, um mit der zuständigen Richterin zu telefonieren und einen Termin zu vereinbaren. Ja, ich wollte Dolores helfen, sie hatte sich wirklich gebessert und sollte eine Chance bekommen. Und schließlich gehörte ein Kind auch zu seiner Mutter.
Dann standen wir dort vor dem Eingang des kargen Büros in einem Bozner Hochhaus. Dolores hatte sich bieder in ein braunes Kostüm gezwängt, die wilde Mähne hochgesteckt und zu allem Überfluss auch noch eine spießige Brosche angesteckt. Parfümiert hatte sie sich mit irgendetwas Süßlichem, der Auftritt erschien schon fast peinlich, übertrieben auf jeden Fall. Doch sie erhoffte sich damit Wirkung zu erzielen. Ich war in Grau mit weißem Halstuch erschienen und die Haare hatte ich zu einem Pferdeschwanz gebunden. Die Richterin, eine patente Frau Mitte 50, schaute uns beide an und hieß uns setzen. Ihr konnte man nichts vormachen, hatte sie doch selbst einen Drogenfall in der Familie, wie ich später herausfinden sollte. Im Grunde war dies die Motivation für ihre Arbeit und der Grund, warum sie überhaupt auf diesem Sessel saß. Sie durchschaute alle, und das knallhart.
„Sie wollen Ihr Kind wiederhaben?", fragte sie forsch und Dolores zitterte wie Espenlaub, schon bevor sie überhaupt die erste Antwort

geben konnte. Sie war so aufgeregt, dass sie kaum Luft bekam, so als ginge es um ihr Leben. Im Grunde ging es auch tatsächlich um ihr Leben, denn ihr Leben war ihr Sohn. Manchmal, wenn sie abends im Bett lag, übermannte sie die Sehnsucht nach ihm dermaßen, dass sie stundenlang in ihr Kissen weinte. Dann musste sie aufstehen und sich einen Schuss setzen, weil sie glaubte, diesen Zustand, diesen unglaublichen Schmerz in ihrer Brust nicht länger aushalten zu können. Der Stoff half dann kurzfristig, indem er sie einlullte. Meist schlief sie dann wieder beruhigt ein, doch ihre Tränen versiegten die ganze Nacht nicht. Am nächsten Tag kam das Leben dann wie ein gewaltiger Hieb zu ihr zurück und sie konnte nicht anders, als es mit irgendeiner beruhigenden Tablette fortzusetzen. Die hatte ihr ein Arzt verschrieben, dem das alles egal war. Und wenn sie gar nichts mehr im Haus fand, dann tat es zur Not auch Weißwein oder Bier.
„Ja, ich will meinen Sohn zurückhaben", antwortete sie mit einer Stimme, der sie einen festen Ton geben wollte. Das gelang ihr auch, obwohl sie ihre Hände unter dem Bürotisch verstecken musste, da die immer noch so zitterten, dass man geglaubt hätte, sie sei an irgendeinem Leiden erkrankt. „Ich habe einen Kurs absolviert, der sieben Monate gedauert hat, und dann bei meiner Schwester ein Praktikum gemacht."
„Was sagen Sie dazu?", fragte die Richterin und wandte sich mit einem prüfenden Blick zu mir. „Ja, das stimmt. Ich will meiner Schwester helfen, wieder neu zu beginnen. Doch vorerst muss sie Jarim zurückbekommen, damit sie eine Zukunftsperspektive hat", antwortete ich ehrlich.
„Wo wollen die beiden denn wohnen?", bohrte die Richterin weiter. „Ich habe eine Unterkunft bei einem Bekannten, er würde Ja-

rim gern aufnehmen", sagte Dolores. Das entsprach tatsächlich den Tatsachen. Denn Anton hatte immer betont, dass ihn das Kind nicht stören würde, im Gegenteil, es wäre herzlich willkommen. Er sagte dies nicht ohne Hintergedanken. Immer noch hoffte er, dass Dolores sich für ihn entscheiden würde, wenn sie erst einmal das Kind wiederbekommen könnte. Anton sah in Jarim die Chance, näher an Dolly heranzukommen, und damit die Chance seines Lebens.

Dann aber sagte die Frau, die uns wie eine Feindin gegenübersaß, dass es schon sehr triftige Gründe geben müsste, um Jarim, der seit seinem dritten Lebensjahr bei der Oma lebte und es dort immer gut gehabt hätte, wieder der biologischen Mutter zurückzugeben. Immerhin sei ihr das Sorgerecht zum Teil aberkannt worden, da sei es sehr schwierig, den Rückwärtsgang einzuschalten. Einen kleinen Moment wollte Dolores aufbrausen, doch ich drückte unter dem gewaltigen Mahagonitisch ihre Hand so heftig, dass sie beinahe vor Schmerzen aufheulen wollte. Sie hatte verstanden: Hier musste sie den Mund halten.

Danach zählten wir alle möglichen Argumente auf, weshalb Jarim wieder zu seiner Mutter zurück sollte. Die Oma habe nicht jene Erziehungsmethoden, die sich Dolly vorstellte, und wolle eigentlich an ihm nur das gutmachen, was sie bei ihren eigenen Töchtern vielleicht falsch gemacht hatte. Doch ob ihr dies gelingen würde, könne man erst in Jahren wirklich beurteilen. „Ich aber habe ihn geboren, er gehört mir. Er ist mein Sohn, niemand hat das Recht, ihn mir wegzunehmen", sagte Dolores am Ende des Gesprächs sehr bestimmt. Wir drückten uns unter dem Tisch die Hände, ich streichelte Dollys Arm, um sie zu beruhigen. Ich dachte in diesem

Moment: jetzt nichts falsch machen. Die Richterin zeigte Einsehen, wiederholte dabei aber auch die bekannten Einwände. Dolly hatte bis dato ein chaotisches Leben im Würgegriff der Sucht geführt, und Jarims Vater war auf diese Weise sogar schon den Drogentod gestorben. Sie sei nach wie vor zu schwach, ein Kind zu versorgen und großzuziehen. Ich betonte noch, dass ich alles in meiner Kraft Stehende tun wolle, um meine Schwester zu unterstützen, dann wurden wir entlassen. Wir würden in einem Brief über die Entscheidung des Jugendgerichtes informiert werden. Es könne allerdings ein paar Wochen dauern.

All diese Geschichten erzählte meine Schwester in jener Nacht dieser Frau hier, die sich als Desiree vorgestellt hatte. Sie besaß eine warmherzige Ausstrahlung und war empfänglich für alles, was da seltsamerweise auf sie eingeprasselt kam. Desiree schien beeindruckt von dieser Dolores, die sich wie zufällig zu ihr gesellt hatte, ohne zu fragen und zu diskutieren, ob es ihr recht war.
Beide Frauen ließen in dieser Nacht ihrem Schicksal einfach freien Lauf. Das allein war Grund genug, es geschehen zu lassen, es einfach so zu akzeptieren, wie es war. Es gab kein Fragen nach dem Warum und nach der Zeit. Sie verbrachten die halbe Nacht im Gespräch, und es schien so, als würden sie sich schon eine Ewigkeit kennen. Keine fragte am Ende der Nacht nach der Adresse der anderen, sie verabschiedeten sich ohne irgendeine Hoffnung auf ein Wiedersehen und überließen alles dem Schicksal. Desiree sollte zwei Jahre später in einer Tageszeitung von Dolores lesen.
Jarim war seit der Rückkehr aus Thailand ständig bei seiner Oma. Davon hatte er in diesem fernen Land immer geträumt, denn dort

hatte sie ihm sehr gefehlt. Mama hatte sich nach 30 Jahren und einem schlimmen Trennungskrieg nun endgültig von unserem Vater entfernt. All seiner Grundlagen beraubt, im Guten wie im Schlechten, wollte dieser sich nun eigentlich nur mehr umbringen. Er konnte und wollte es sich in seinen schlimmsten Träumen nicht ausmalen, wie er ohne Charlotte leben und zurechtkommen sollte. Er hatte sie jahrzehntelang belogen, betrogen, misshandelt, geschlagen und psychisch zerstört, nun gab ihm das Leben all das zurück, was er an sich und den anderen „verbrochen" oder versäumt zu haben schien. Vater sank in wenigen Monaten in sich selbst zusammen. Plötzlich war er allein in der Wohnung, seine Töchter längst aus dem Haus, die Frau fort und zudem die Firma Pleite gegangen. Was sollte ihn noch in diesem Leben halten? Mehrmals kam ich mit Roland herbeigeeilt, weil er gedroht hatte, den Gashahn zu öffnen und das Haus in die Luft zu sprengen. Auch Aufhängen könne man sich, lallte er zuweilen ins Telefon, denn nun trank er noch unberechenbarer und noch hemmungsloser als je zuvor. Was sollte ihn jetzt noch davon abhalten, sich völlig zu zerstören? „Ich kann nicht mehr, Christine", weinte mein Vater wie ein kleines Kind. Ich fühlte mich in dieser Situation so unendlich hilflos und schuldig, eingeklemmt zwischen den Stühlen. Was sollte eine erwachsene Tochter mit zwei Kindern mit einem ebenso erwachsenen Vater anstellen, der am Boden zerstört war, weil ihm die Frau nach jahrelangem Martyrium davongelaufen war? Die Situation schien geradezu ausweglos, es galt nur mehr Brände zu löschen und auf bessere Zeiten zu hoffen.

Wieder einmal waren wir wie die Verrückten gerannt, um am Ende einen völlig verzweifelten und betrunkenen Vater in seiner

einsamen und unaufgeräumten Wohnung vorzufinden, der nicht mehr wusste, wie er sich und sein Leben in den Griff bekommen sollte. Zahlreiche Vorschläge, ihm beizustehen oder ihn gar bei uns aufzunehmen, wurden zwar dankbar angenommen und ließen sogar ab und zu ein kleines Lächeln auf sein mittlerweile um viele Jahre gealtertes Gesicht huschen, doch alles scheiterte an seinem inneren Widerstand. Dennoch waren es wenigstens Hoffnungsschimmer, nach denen sich mein Vater damals wie an einen Strohhalm klammerte. Ja, er wollte es sich überlegen und vielleicht doch bald zu mir ins Haus kommen, sagte er das eine oder andere Mal. Dann aber kam wieder einmal alles anders als geplant. Plötzlich ließ er monatelang nichts mehr von sich hören und war nicht mehr erreichbar.
Er hatte eine Frau getroffen: Emma. Sie saß in jener Nacht in ihrer Stammkneipe und betrank sich. Sie waren sich bald einig, sie hatten dasselbe Schicksal, und so klagten sie sich erst einmal gegenseitig ihr Leid. Sie war schon jahrzehntelang dem Alkohol verfallen und hatte ihren letzten Partner vor ein paar Jahren verloren. Der war nach einem Kneipenbesuch ein paar Schritte vorausgegangen und dann im Vollrausch über eine Mauer gestürzt. Er brach sich dabei das Genick und war auf der Stelle tot. Emma war verzagt und wusste nicht, was sie ohne Erich anfangen sollte. Bis sie Karl begegnete, für den sie ein Glücksfall war. Denn Emma hatte eine Wohnung, in der Vater nun Unterschlupf fand. Er hatte es satt, ewig in seinen vier Wänden zu sitzen, dort, wo er einst mit Mama gelebt hatte und mitunter sogar glücklich gewesen war. Und Emma war heilfroh, endlich jemanden gefunden zu haben, der alles mit ihr teilen wollte, sogar den Suff. So fuhren sie

mit seinem Mercedes durch die Gegend, das Einzige, was ihm aus besseren Zeiten übrig geblieben war. Da hatte er noch eine Frau, zwei Töchter, einen Hund, eine Firma, 30 Angestellte und 22 Autos „besessen". Diesen Lebensstandard versuchten sie nun irgendwie nachzuspielen. Menschen treffen sich oft bei den skurrilsten Gelegenheiten, und so war es auch bei Emma und meinem Vater gewesen. Emmas Wohnung war in einer passablen Gegend. Sie war bei einem Ehepaar untergekommen, das sich ihr wegen ihrer verkrüppelten Hand verpflichtet sah. Sie hatte einst bei ihnen gearbeitet und das Paar fühlte sich für den Unfall mit der Bügelmaschine auch ein wenig mitverantwortlich.
Irgendwann mussten sie dennoch umziehen und Gemeinde und Fürsorge halfen. So lebten die beiden mehr als zehn Jahre zusammen. Bis auf einen weiteren Wohnungswechsel und der Tatsache, dass der Mercedes irgendwann den Geist aufgab, änderte sich in ihrem Leben nicht wirklich viel. Dann aber kam der Tag, an dem Vater erneut ins Spital musste. „Es geht mir heute gar nicht gut", jammerte er Emma vor. Anschließend fiel er in ein Koma, aus dem er drei lange Monate nicht mehr erwachen sollte.
Notarzt und Rettungssanitäter kamen in rasantem Tempo und hauchten ihm neues Leben ein. Dann ging es auf die Intensivstation und dort lag Vater die ganzen Monate fast regungslos. Emma und ich wechselten uns mit unseren Besuchen ab, Dolores mochte wohl ebenfalls einmal da gewesen sein, doch öfter noch wegen ihrer eigenen Blessuren. Einmal wurde sie unter den Meraner Lauben in einer Ecke halbtot aufgelesen. Passanten riefen das Rote Kreuz und ein Cousin, der dort seinen freiwilligen Dienst absolvierte, rettete sie. Ein paar Mal half das Medikament Narkan, mehr als einmal

hing ihr Dasein am berühmten seidenen Faden, doch wir wussten wieder einmal von nichts. Einmal, da rief sie aus dem Krankenhaus von Meran an und ich eilte zu ihr. Ihre beiden Arme waren fürchterlich angeschwollen, es waren Entzündungen, die von schmutzigen Spritzen herrührten. Sie riskierte, dass man ihr die Hände, ja vielleicht sogar die Arme amputieren musste, doch uns tischte sie die tollsten Märchen auf. Als ich nach einem Arzt verlangte, wurde ich auf den nächsten Tag vertröstet. Aber auch am übernächsten Tag war der Doktor dann wieder nicht zu sprechen und irgendwann war die Sache vergessen. Meiner Mutter gelang es einmal, jemanden anzutreffen. Der Arzt zog sie in seinen Raum und tat sehr geheimnisvoll. „Also, eigentlich dürfte ich gar nicht sprechen", haspelte er peinlich berührt. Es handle sich hier immerhin um eine volljährige Person, die ihre Sinne noch beieinander hatte und ihnen striktes Redeverbot auferlegt hatte. „Aber klarerweise handelt es sich hier um eine Drogenvergiftung. Ihre Tochter hat sich dieses Leiden mit verschmutzten Spritzen geholt und nun versuchen wir zu retten, was zu retten ist." Auch ich hatte mich inzwischen außerhalb des Krankenhauses informiert. Die Diagnose war dieselbe, es war einfach zum Kotzen. Wie sollte man Dolores nur helfen können, ihr beibringen, dass sie mit ihrem Leben spielte, dass sie am Rande des Todes balancierte? Sie wollte dies alles nicht hören, ja nicht einmal, dass sie sich diese Krankheit hier durch verdreckte Spritzen geholt hatte. „Ach, Ihr da, hört doch auf, ich habe nichts mit Drogen getan. Ich weiß nicht, wovon Ihr redet", zischte sie mich an. Ich wusste mir keinen Rat mehr. Die letzte Einstichstelle war durch den angeschwollenen Arm nicht mehr erkennbar, sonst hätte ich ihr dieses Loch im Arm am liebsten gezeigt und gebrüllt: „Und was ist das da hier? Vielleicht nichts?" Doch was sollte es bringen? Dolly weigerte sich vor ihren Angehörigen, den Tatsachen in die Augen zu sehen. Was sie nicht sehen, hören und spüren wollte, sah, hörte und spürte sie auch nicht. Und damit basta. Was ging die anderen ihr Leben an? Das war eine ihrer wichtigen „Aussagen". Ja, was schon? Sie wollte einfach ihre Ruhe haben. Doch Ruhe war in diesem Moment das Letzte, was sie wirklich brauchte.

Und nun war auch Vater wieder einmal hier gelandet: Manchmal lagen er und Dolly zeitgleich im Spital, sodass Mama und ich ebenso gleichzeitig durch die Korridore irrten. Sie besuchte Vater nicht mehr. Er war in einen Schockzustand gefallen, die Leber hatte ihre Arbeit verweigert. Doch er schaffte es noch einmal. „Vielleicht, weil ich solche Angst vorm Sterben habe", sagte er später einmal im Scherz. Aber wer ihn kannte, wusste, dass er diese Aussage auch genauso meinte. Denn Vater hatte panische Angst vor dem Tod, und diese Angst hatte ihn auch stets vor dem Selbstmord bewahrt. Damals, als Mutter ihn verlassen hatte, spielte er ja dauernd mit dem Gedanken, doch der Mut fehlte ihm stets dazu. Außerdem verdrängte er das Thema sehr stark und wollte auch später nie vom Sterben, nie vom Tod reden. „Ach, hör' auf damit", winkte er stets ab, wenn irgendjemand auch nur im Entferntesten auf diese Idee kam. Vater versuchte alles, um sich so lange wie möglich am Leben zu erhalten. Gleichzeitig tat er auch alles, um sein Leben zu verkürzen. Diese Schizophrenie und die Angst vor dem Sterben trieben ihn Tag für Tag weiter. „Weißt Du", sagte er, als er wieder gesund war und ich ihn zu Hause bei Emma besuchte, „es tut mir so schrecklich Leid, dass ich Dir damals wehgetan habe".

Ich konnte es kaum fassen. Noch nie hatte sich mein Vater für irgendetwas, das er im Leben gemacht hatte, entschuldigt. Dies hier aber war echte Reue, und ich maß ihr jene Größe zu, die er sich damit verdient hatte. Er mochte wohl sehr viel dazugelernt haben. Ich begriff und hakte sofort ins Gespräch ein. „Tata, ich weiß, dass Du es damals nicht gewollt hast. Du wolltest mir nicht wirklich wehtun, trotzdem hat mich dieser Schmerz sehr tief getroffen", antwortete ich. Und es war nicht nur der körperliche Schmerz, das sollte er wissen. Ich wollte ihm aber zu erkennen geben, dass ich verzeihen konnte. Womöglich blieb ja nicht mehr viel Zeit dafür und so war es wichtig, dass dies nun ausgesprochen wurde. Vielleicht fühlte er auch, dass es mit ihm bald zu Ende gehen könnte, und wollte etwas, was ihm noch am Herzen lag, bereinigt haben. Und ich spürte, dass es auch für mich wichtig war. Ja, sehr wichtig sogar.

Als er im Koma lag, hatte er verständlich machen können, dass Mama kommen sollte, doch sie kam nie. Zu groß war wohl ihr eigener Schmerz gewesen, den er ihr mehr als 30 Jahre lang zugefügt hatte. Außerdem hielt sie die gemeinsam mit ihm erlebte Geschichte wohl davon ab. Auch hatte sie wohl stets geglaubt, die Sache mit ihm sei endgültig ausgestanden. Doch das war ein Trugschluss. Immer wieder sprach er von ihr, seiner einzigen großen Liebe, die er mit Füßen getreten, geschlagen und gedemütigt, zerstört und kaputtgemacht hatte. Ja, er war ein Meister im Kaputtmachen, er machte alles und alle kaputt, die ihn geliebt hatten. Und am Ende konnte er ihr und sich selbst nicht verzeihen, dass alles so furchtbar geendet hatte. Die Kraft reichte einfach nicht mehr aus. Mit mir, seiner Tochter, wollte er aber sprechen. Mit

Dolores um 1989:
„Schau in den Spiegel, wo bist Du? Ich frage Dich, Indianer, viele Dinge, die Antwort werde ich niemals hören"

Dolores gelang es ihm nur in seltensten Augenblicken, eine gute Basis zu finden, zu utopisch waren ihre Gedanken, zu verrückt ihr Leben, das er nie verstehen konnte. Es war ihm zu phantastisch. Ihre Ideen schienen ihm zu verrückt, verwegen und abstrus. Die waren für ihn so weit weg, dass er dazu keinen Zugang fand.
Nun sprachen wir von jenem schrecklichen Sonntag, an dem er mir das Nasenbein zertrümmert hatte. Ich versuchte ihm ganz ruhig zu erklären, was ich damals gefühlt hatte und wie es mir ergangen war. Vater begriff, dass es weder Anschuldigungen noch Vorwürfe waren. Es sollte nur ein Aufzählen der Begebenheiten sein, um endlich abschließen und verzeihen zu können. „Tata, es ist gut, wir haben uns nichts mehr vorzuwerfen, hörst Du", sagte ich leise und sah dann, wie sich seine Augen mit Tränen füllten. „Ich habe es nicht gewollt, Christine, glaube mir. Es hat mir so schrecklich Leid getan. Doch ich wusste nicht, wie ich Dir begegnen sollte. Ich habe das nie gelernt."
Ich konnte nicht anders als mitzuheulen. Schon lange hatte ich meinen Vater nicht mehr weinen sehen. Als damals Mama fortging, da hatte er tage- und nächtelang nur geweint, richtig geweint. Es war für ihn zum Verzweifeln. Bei Emma waren die Tränen dann wieder versiegt, um zehn Jahre lang unter Verschluss zu bleiben. Jetzt flossen sie plötzlich wieder.

Jarim ging es bei Mama gut. Bei seiner Geburt glaubte Dolly sterben zu müssen und verfluchte Loris, diesen gottverdammten Kerl, der ihr das angetan hatte, millionenfach. Doch Mutter war bei ihr und versuchte sie zu beruhigen, und am Ende ging dann auch alles gut. Der Junge war kerngesund, was einem Wunder glich.

Denn Dolores hatte nicht ohne Grund geglaubt, ein todkrankes Kind in den Armen halten zu müssen. Doch die so düsteren Prognosen traten Gott sei Dank nicht ein. Jarim entpuppte sich sogar als wahrer Wonneproppen. Keine Hepatitis und keine Anzeichen ihrer damals schon vorhandenen Drogensucht waren festzustellen. Sie war vollkommen erleichtert und schien ihr Glück kaum fassen zu können.

Loris hatte inzwischen in der vor wenigen Monaten gemieteten Wohnung alles vorbereitet. Nun konnten sie endlich eine glückliche Familie werden, das dachten sie beide jedenfalls. Er hatte Dolly in den letzten Monaten mit nach Deutschland, Österreich und Holland genommen und überall dorthin, wo er durch seinen Job bei einem Konzertveranstalter hingeschickt worden war. Dieser fuhr mit der altersschwachen, schaukelnden, doch originalen Karre von Elvis Presley, dem Rock-Hüftidol, durch die Lande und präsentierte dessen Hinterlassenschaft überall dort, wo man sie sehen wollte. Loris war damals als Fahrer engagiert worden oder als Aufpasser oder als Mädchen für alles. Dolores konnte ihn begleiten, nachdem sie die Pflichtmonate in unserer Bar absolviert hatte, die ihr sowieso zu anstrengend geworden waren. „Ach, was muss ich da herumrennen mit meinem dicken Bauch", stöhnte sie bereits im fünften Monat. Aus ihrer Sicht gab es unter Gottes Sonne wahrscheinlich keine Schwangere, die es so schwer hatte wie sie. Letzten Endes blieb sie ab dem sechsten Monat daheim und dann ging es ihr besser. Ich muss zugeben, dass ich das Gejammere schlicht und ergreifend nicht mehr aushalten konnte und Roland schon gleich gar nicht. So ging Dolly in den frühzeitigen Schwangerschaftsurlaub und zog mit Loris durch die Lande. Es wurde eine schöne Zeit für beide. Endlich konnten sie die Gemeinsamkeit genießen, die Vorfreude auf das Leben, das in ihr heranwuchs. So schienen die ganzen Monate vor der Geburt wirklich glücklich. Sie genossen diese Auftritte, jeden Tag an einem anderen Ort, in einer anderen Stadt. Das war ihr Leben. Sie schliefen im Hotel, lebten aus dem Koffer und Dolly war inzwischen im siebten Monat. Ihre Liebe blühte auf wie Mohn im Sommer, war glutrot und prall. Jede Woche trudelte aus einem anderen Ort der Welt eine Karte bei mir und Mutter ein. Wir freuten uns über die endlich eingetretene Idylle. Konnte man soviel plötzliches Glück überhaupt glauben? „Irgendwann wird es einen Knall tun und alles ist aus", prophezeite Mama stets viel sagend, und mir stieg die Wut hoch. Immer, wenn es schön zu werden begann, musste Mama mit etwas kommen, das einen absolut negativen Touch hatte. Warum nur konnte Mutter nicht einfach den Augenblick genießen, warum musste sie immer an später denken, wenn sowieso wieder alles schlimm werden würde? Ich konnte nicht begreifen, wie man so endlos düstere Prognosen in die Welt jagen konnte. Es war schier zum Verzweifeln. Das Allerschlimmste war dann aber, dass manch eine dieser düsteren Prognosen tatsächlich eintrat, sodass sich Mama in ihrer weisen Voraussagung auch noch bestätigt fühlen konnte. „Siehst Du, ich habe es ja gewusst", pflegte sie dann zu betonen. Sie war eine Meisterin der negativen Suggestion, diese Monate bis zum Geburtstermin vergingen wie im Flug und an einem schönen Sommertag war es dann so weit: Jarim erblickte nicht irgendwo unterwegs, sondern ganz bodenständig in Meran das Licht dieser Welt. Er wurde wie sein Großvater im Sternzeichen des Krebses geboren. Laut Horoskop verhieß das Häuslichkeit, Feinfühligkeit,

Sensibilität und Weitblick für Dinge, die andere nicht zu sehen vermögen. Andererseits werden dem Krebs auch eine Portion Hörigkeit gegenüber Vorgesetzten und eine gewisse Verschlossenheit beim Auftauchen von Begebenheiten, die nicht auf Anhieb begriffen werden, nachgesagt. So stand es jedenfalls in mehr oder weniger klugen Horoskop-Büchern, die wir damals zu Rate zogen.
Loris hatte sich nun einen anderen Job gesucht, um bei Dolly und dem Kind sein zu können. Zunächst ging es gut. Doch schon nach wenigen Wochen war sie restlos überfordert. Sie wollte nicht begreifen, wieso sie mit dem kleinen Kind daheim bleiben sollte, während er den ganzen Tag über in „Freiheit" verbringen konnte. Zwar arbeitete er fleißig und war bereit, für sie und den Kleinen alles zu tun, doch sie fühlte sich mit dem Baby in der engen Wohnung wie in Ketten gefangen und hoffte auf bessere Zeiten. So waren Konflikte vorprogrammiert und es gab Stress – und Streit. Dann schrie das Kind wie am Spieß und keiner konnte es mehr beruhigen. Einmal kam meine Tochter Janina, die damals nicht älter als zehn Jahre alt war, um ein paar Tage bei Dolly und dem Baby zu verbringen. Janina gab Jarim das Fläschchen, tröstete ihn, trug ihn stundenlang durch die Wohnung, wenn er von Bauchschmerzen geplagt wurde, und schlief schließlich auch nachts bei ihm. Sie kannte dies alles von ihrem kleinen Bruder, der zu dieser Zeit gerade einmal 18 Monate alt war. Sie konnte sehr geschickt und liebevoll mit Babys umgehen: Während sich Dolly und Loris draußen im Wohnzimmer wie die Irren stritten, blieb Janina bei Jarim und wiegte ihn in den Schlaf. Dolly und Loris gelang es nicht, sich in der Elternrolle zurechtzufinden. Sie warfen sich gegenseitig Unfähigkeit vor und beschimpften einander unentwegt. Irgendwann

wollte sie ihn ertappt haben, wie er wieder Drogen zu sich nahm. Er bestritt es, doch sie glaubte ihm nicht.
Nach nur wenigen Monaten konnten sie die Wohnung nicht mehr bezahlen und die Kündigung flatterte ins Haus. Auch Dolores' Wagen, ein ehemals flotter Flitzer, rostete auf dem gegenüberliegenden Parkplatz vor sich hin. Wie sollte sie sich auch um alles kümmern? Längst hatte sie die Kontrolle über ihr Leben verloren. Die Wohnung musste geräumt und das Kind untergebracht werden, da war für die alte Karre keine Zeit mehr. Sie musste zusehen, genug zum Essen für sich und ihren Sohn herbeizuschaffen. Loris hatte sich seit Wochen nicht mehr blicken lassen und Geld war auch weit und breit nicht in Sicht. Sie fühlte sich wieder einmal allein auf der Welt und das auch noch mit einem Baby, das Tag und Nacht zu schreien schien und irgendetwas von ihr wollte. Doch es gab auch glückliche Momente. Da liebte sie ihren Sohn über alles, ja vergötterte ihn geradezu, und dann rannte sie von Freundin zu Freundin. Auch bei mir kam sie vorbei und erzählte, welch tolles Leben sie eines Tages mit Jarim führen wollte. Später, ja später wollte sie alles anders machen, dann, wenn sie ihre „goldene Mitte" endlich gefunden hatte. Das war ihr Zauberwort: die goldene Mitte. Aus ihren zahlreichen Büchern, die ihr tägliches Brot waren, entnahm sie alle Weisheiten des Lebens, doch umsetzen konnte sie diese nicht. Traum und Wirklichkeit lagen meilenweit voneinander entfernt. Ja, im Moment ging wieder einmal alles drunter und drüber. Später wollte sie alles anders machen. Ich konnte es nicht fassen. Mir schien es fast unmöglich nachzuvollziehen, was in meiner Schwester vorging. Warum nur gelang es ihr nicht, ein dauerhaftes Verantwortungsgefühl zu entwickeln?

Oft ging es wochenlang gut, dann verfiel sie immer wieder in jene abgrundtiefe Welt der Verzweiflung, der Hoffnungslosigkeit und des Chaos, aus der sie dann erneut Wochen, ja Monate nicht herausfand. Das Kind befand sich in solchen Phasen zeitweise bei fremden Leuten, manchmal wusste niemand, wie sein Überleben sichergestellt war. Dolores am allerwenigsten. Außerdem war sie längst wieder den Drogen verfallen.
Denn eines Tages konnte sie es nicht mehr aushalten und als sie diesen Typen in der Stadt traf, gab es kein Halten mehr. Nach Monaten setzte sie sich den ersten Schuss und der Rausch brach wie eine Erlösung über sie herein. Alles schien plötzlich ganz einfach, ganz klar und leicht zu bewältigen. Warum nur hatte sie so viele Monate daran gezweifelt? Nun würde sie es schaffen.
„Kannst Du mir Jarim für einen Moment abnehmen?", fragte sie Jenny, die alte Kifferin, die auch schon härtere Sachen probiert hatte. Doch gerade war sie wieder einmal auf Entzug, als Dolly sie unter den Lauben von Meran traf. „Aber klar, gib'ihn mir", antwortete Jenny. Sie hatte in den letzten Monaten 40 Kilo abgenommen und war nur noch ein Schatten ihrer selbst. Als Teenager war sie noch dick gewesen, und alle hatten sie Elefantenbaby genannt, was auch nicht besonders nett gewesen war. Immer musste sie diese sackartigen Klamotten tragen, weil sie unter den modernen Sachen nichts Passendes fand. Doch eines Tages hatte sie endlich etwas „gefunden": Heroin. Nachdem sie es geschnieft und sich bald darauf den ersten Schuss gesetzt hatte, aß sie kaum noch etwas, musste nun nicht mehr wahllos alles in sich hineinstopfen, um sich zu befriedigen. So verringerte sich ihr Gewicht rapide in den Keller und als sie sich einmal im Spiegel betrachtete, erkannte sie sich selbst nicht mehr.

Sollte dieses klapperdürre Gespenst die dicke Jenny sein? Fahl im Gesicht und die Augen in tiefen, dunklen Höhlen, starrte ihr ein völlig anderes Wesen entgegen. Sie war völlig abgemagert und an den Schultern traten die Knochen hervor. Ihre Haut war grau und voller Pickel. Ihr Aussehen war der Spiegel ihrer Seele. Doch Dolores hatte ausgerechnet sie gebeten, ihr Kind für ein paar Minuten zu behalten, weil sie noch etwas Dringendes zu erledigen hatte.
Dolores blieb anschließend Tage weg und die kaputte Jenny wusste nicht, was sie mit dem Baby anstellen sollte. Gut, es war jetzt mehr als ein Jahr alt und musste nicht mehr gestillt werden, also versuchte sie es mit Brei und Milch. Schließlich rief sie ihre Mutter an, um sie um Hilfe zu bitten. Susanne kam auch tatsächlich sofort und war von der Situation ziemlich geschockt. Zu zweit versuchten die Frauen nun, zuerst für das Kind zu sorgen und dann seine Mutter ausfindig zu machen. Dolly hatte in den letzten Monaten mit Loris und Jarim in einem Hotelzimmer gehaust. Einmal hatten sie sich dermaßen zugedröhnt, dass sie nicht bemerkten, wie der Kleine inzwischen zu den Tabletten gegangen war. Im Glauben, bei diesen bunten Pillen handle es sich um süße Bonbons, hatte er sie wahllos in sich hineingestopft. Das hätte Jarim fast das Leben gekostet. Am Morgen, als seine Eltern endlich wieder zu sich gekommen waren, lag das Kind immer noch bewegungslos in seinem Bettchen und atmete ganz flach. Loris erkannte die Situation als Erster und sprang wie von Sinnen auf. „Dolly, wach auf, mit Jarim ist etwas nicht in Ordnung“, schrie er sie an.
„Was willst Du“, lallte sie, immer noch nicht Herrin ihrer Sinne. „Was soll schon mit ihm sein, er wird halt schlafen“, fügte sie hinzu. „Er rührt sich nicht mehr. Dolly steh' auf, wir müssen ihn ins

Krankenhaus bringen", brüllte nun Loris ganz verzagt. Und mit einem Mal war auch Dolly bei vollem Bewusstsein. Jarim lag völlig regungslos im Doppelbett der Eltern und gab kein Lebenszeichen mehr von sich. Irgendwo war noch ein Luftzug eines Atems zu verspüren, doch sein kleines Gesicht war bereits leichenblass. Seine kleinen Hände waren eiskalt, die Füße ebenso. So sehr sie ihn auch schüttelten, er erwachte nicht mehr. Voller Panik packten sie das Notwendigste zusammen und fuhren mit einem Taxi ins Krankenhaus. Dort pumpten die Ärzte Jarim den kleinen Magen aus und nach ein paar Stunden war er wieder einigermaßen auf der Höhe. Wenngleich noch sehr schwach und zerbrechlich, lachte er nach dieser bangen Zeit seine Eltern schon wieder an – so als wäre nichts geschehen. Das schlechte Gewissen drückte die beiden jedoch. Den Ärzten erklärten sie, dass Jarim wohl irgendwelche Medikamente geschluckt hätte. Eine Untersuchung fand nicht statt, niemand schien sich wirklich um den kleinen Jungen zu kümmern. Am selben Abend noch konnten sie mit ihm nach Hause gehen. Nach Hause?

Nun war Jarim bei dieser komischen Jenny und schrie nach seiner Mutter. Am ersten Tag war es besonders schlimm, am zweiten wimmerte er nur mehr und am dritten war er plötzlich vollkommen ruhig. Er hatte sich seinem Schicksal ergeben. Als er endlich Nahrung zu sich nahm, atmeten die beiden Frauen erleichtert auf. Ins Krankenhaus oder eine ähnliche Institution wollten sie ihn nicht bringen, um Dolly nicht in zusätzlichen Ärger zu stürzen. Am Abend des dritten Tages tauchte sie wieder auf. Sie stammelte etwas von Kerlen, die sie aufgehalten hätten, und dass sie beim besten Willen nicht hatte anrufen können.

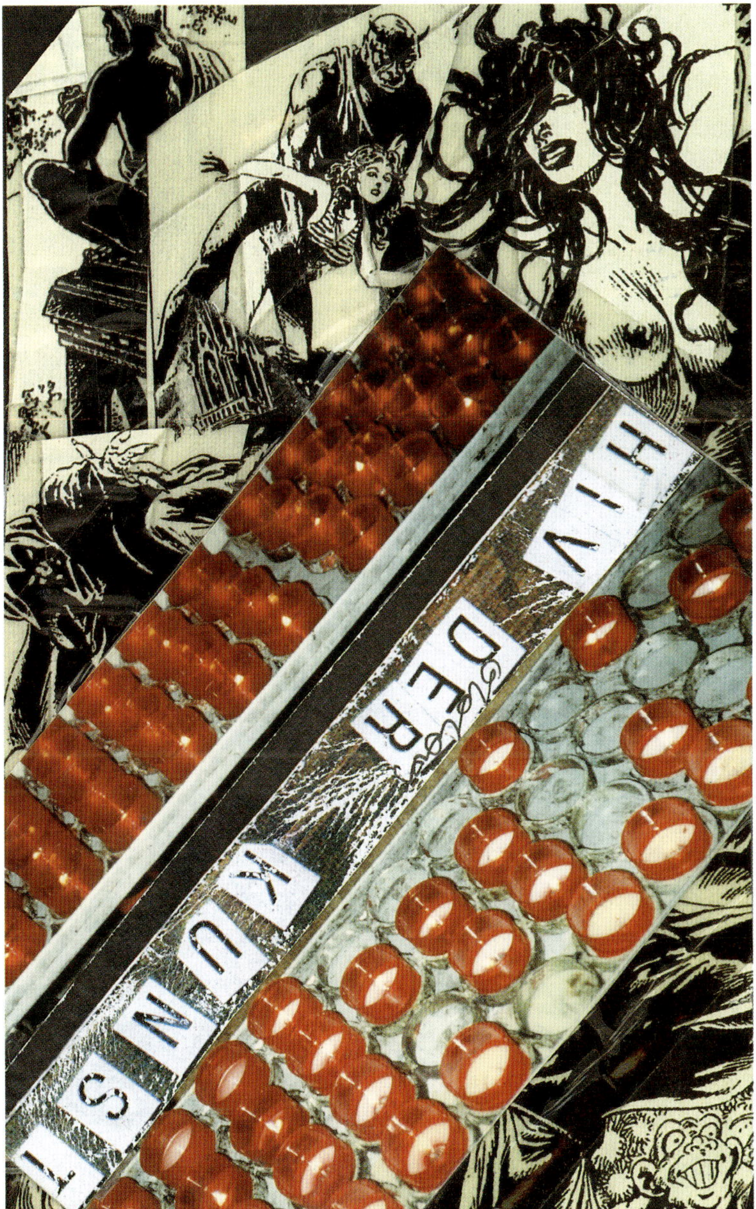

Dolores: HIV der Kunst – damit organisierte sie in Meran eine viel beachtete Ausstellung

Jenny war wütend und ihre Mutter noch mehr, doch wer konnte Dolly schon wirklich lange böse sein? Sie nahm ihr Kind in den Arm und verschwand so plötzlich, wie sie vor drei Tagen gekommen war.

Nach vielen Wochen kam endlich der Brief der Richterin. Zu dieser Zeit war Dolores längst schon wieder spurlos verschwunden. Mir war es nur kurz gelungen, sie zu halten, und einmal war meine Schwester sogar bei mir daheim erschienen: völlig kaputt, völlig fertig. Sie schlief zwei Tage und zwei Nächte durch. Ich glaubte schon, ich müsste den Arzt rufen, als Dolores sich endlich wieder vom Bett erhob und in die Küche ging.
„Ich habe furchtbaren Hunger", verkündete sie, dann stopfte sie den Inhalt des halben Kühlschranks in sich hinein. Ich konnte mir keinen Reim darauf machen, was dies nun wieder zu bedeuten hatte. Doch ich freute mich schon, wenn sie überhaupt auftauchte, wenngleich Dolly auch die schreckliche Gabe besaß, binnen kurzer Zeit die gesamte Familie aus dem Häuschen zu bringen. Wenn sie hier war, klappte nichts mehr, wie es sonst geklappt hatte. Sie war imstande, eine unerklärliche Unruhe mitzubringen, die alle anderen Familienmitglieder ansteckte. Das war auch damals so, als sie während der Schwangerschaft im Lokal gearbeitet hatte. Trotz der Einschränkungen, die sie wegen ihres immer dicker werdenden Bauches in Kauf nehmen musste, wirbelte sie wie ein Derwisch herum und machte alle verrückt. Das fiel sogar den Gästen auf. Niemand konnte sich vorstellen, was diese Frau so umtrieb, dass sie sogar Gäste aus der Fassung brachte. Oft fiel es Dolores auch schwer, sich selbst auszuhalten. So griff sie immer wieder zu

beruhigenden Mitteln, die sie wie in Watte packten. Sie schien die Welt um sich herum aussperren zu wollen.
An diesem Tag aber platzte unserer Janina, die damals so fürsorglich auf Jarim aufgepasst hatte, förmlich der Kragen. „Musst Du immer so herumrennen, dauernd irgendetwas erzählen und uns alle närrisch machen?", fauchte sie ihre Tante an. Mir tat der Wutanfall meiner Tochter zwar Leid, aber ich musste ihr Recht geben, denn es war wirklich kaum auszuhalten. Dolores war so getroffen, dass sie beinahe in Tränen ausbrach. Sie wusste, dass sie sich wieder einmal nicht im Griff hatte. Zu dieser Zeit hatte Janina selbst bereits ein kleines Töchterchen und ihr war diese Tante, die da ab und zu auftauchte, manchmal einfach nur zuwider. Dabei konnte Dolly aber auch sehr, sehr liebe und lange Briefe schreiben und sie ermuntern. Dazu legte sie wunderschöne, von ihr selbst gemalte kleine Bildchen bei. Janina erinnerte sich an jene Ausstellung in Meran, die Dolores organisiert und die sie „Die Wahrheit ist mehr als nackt" genannt hatte. Ganz in ihrem Element war sie gewesen, hatte sich die Haken für Sponsoren abgelaufen, alles organisiert, andere Künstler animiert mitzumachen, Gelder aufgetrieben und den Raum gemietet. Am Ende schien alles perfekt. Zu guter Letzt hatte sie Janina und ihre Freundin Eva gebeten, die Vernissage musikalisch zu umrahmen. Wie naiv wir wieder einmal waren. Auch ich wollte mich engagieren und ihr meine Hilfe anbieten. Roland sagte ihr zu, Fotos zu schießen. Er hatte eine hochmoderne Kamera und heuerte sogar noch einen Freund an, damit es möglichst professionell ablaufen konnte. Doch die Idylle fand ein jähes Ende. Dolores wollte von allen Ausstellern einen Beitrag für ihre Spesen, das war wohl so vereinbart. Als sie aber daran ging, auch

von mir und den Kindern einen Beitrag einzukassieren, platzte uns der Kragen.
„Ja, bist Du denn völlig verrückt geworden, die Kinder haben freiwillig gespielt. Wir haben Dir geholfen, wo wir konnten, haben unsere Zeit dafür verwendet, und jetzt sollen wir auch noch dafür zahlen", giftete ich sie bitterböse an. Sie aber blieb cool und wollte partout nicht einsehen, wieso wir nicht zahlen sollten. Für uns Naivlinge dagegen war es schlicht nicht nachvollziehbar, was sich in ihrem Kopf abspielte. Nach diesem unseligen Streit gab es erst einmal monatelange Funkstille und dieser Besuch sollte jetzt eigentlich eine Art Wiederfindung samt Versöhnung sein. Außerdem konnte ich meiner Schwester nie wirklich lange böse sein, und sie mir auch nicht. Sie war imstande, für viele Monate von der Bildfläche zu verschwinden. Niemand wusste dann, wo sie sich aufhielt, wie es ihr ging und was sie tat. In solchen Zeiten waren wir oft der Verzweiflung nahe, konnten aber nichts, rein gar nichts unternehmen, denn Nachfragen bei der Polizei ergaben stets dieselbe Antwort: Was wollen Sie, die Frau ist volljährig und für ihr Leben allein verantwortlich. Wenn sie es vorzieht, wegzufahren und ab und zu ein Lebenszeichen von sich zu geben, ist das in Ordnung. Und Lebenszeichen gab sie ja tatsächlich, ab und zu wenigstens.
Dann schrieb uns Dolores wundersame Briefe und Karten, in denen sie nie ganz deutlich berichtete, was sie so trieb. Stets malte sie nette Details am Rande und vergaß auch nicht, Grüße von Jarim auszurichten – und das, obwohl er seit Jahren bei Mama lebte. Dolores wollte der Welt und sich klarmachen, dass Jarim immer noch ihr Sohn war und zu ihr gehörte, egal, was auch immer passieren sollte. Sie hatte sich eine Scheinwelt aufgebaut, in die

sie flüchtete, wenn sie ihr wirkliches Dasein nicht mehr aushalten konnte. Und sie hielt sich immer öfter in dieser Scheinwelt auf.
Nun wollte diese Richterin ihr Jarim nicht ganz überlassen, sondern lediglich ein Besuchsrecht einräumen. Doch Dolores tat sich schwer, fixe Vereinbarungen einzuhalten, sie konnte auch derartige Regelwerke des Systems nicht anerkennen. Sie tauchte einfach auf, wann es ihr passte, und dann gab es Auseinandersetzungen mit Mama. Sie stritten sich selbstverständlich immer um Jarim, denn Mutter wollte ihn mit Blick auf den jeweiligen Zustand ihrer Tochter oft nicht mehr herausrücken. Als Dolly einmal mit Tom unterwegs war, holte sie Jarim bei Mama ab, um ihn schnurstracks zu mir zu bringen.
„Kannst Du Jarim zwei Tage behalten?, fragte sie mich, „ich muss dringend weg und es ist zu anstrengend für das Kind, mich zu begleiten". Klar konnte ich. Denn auch meine eigenen Kinder hatten ihre helle Freude mit dem kleinen Kerlchen, das sich inzwischen zum Spaßvogel der Familie entwickelt hatte. Zwei Tage später wollte ich das Kind Dolores an einem vereinbarten Ort wieder übergeben und da sah ich, dass sie und Tom mir regelrecht entgegentorkelten. „Was ist los, Dolores, was hast Du, schaffst Du es?", fragte ich sie irritiert, doch sie lachte nur und wollte nichts von meinen Sorgen wissen.
„Klar schaffe ich es, warum fragst Du, glaubst Du, Du bist die Einzige, die eine gute Mutter sein kann?", entgegnete sie unwirsch. Ich fühlte mich getroffen und unsicher, denn natürlich wollte ich ihr die Fähigkeit zum Muttersein nicht aberkennen. Keinesfalls wollte ich zum Ausdruck bringen, dass ich besser war als sie. Ich sollte diese Nacht kaum schlafen, denn mir ging meine torkeln-

de Schwester nicht mehr aus dem Sinn. Erst am nächsten Tag, als ich endlich Mama erreichen konnte und sie mir die problemlose Ankunft Jarims bestätigte, war ich beruhigt. In Zeiten, in denen es kaum Handys gab, war es mitunter nicht einfach, schnelle Informationen zu bekommen. Noch Jahre später sollte ich mir wegen dieser eigenartigen Übergabe Vorwürfe machen. Tatsache war, dass sowohl Dolores als auch Tom an diesem Abend völlig zugedröhnt waren, als sie Jarim in Empfang nahm. Aber ich und Roland hatten die Lage völlig unterschätzt. Wir wussten zu diesem Zeitpunkt nicht einmal genau, wie es wirklich um sie stand - oder wollten es vielleicht einfach nicht wirklich wahrhaben. Auch wir verdrängten und hatten noch unsere eigenen Sorgen. Dann war meine Schwester wieder einmal für lange Zeit verschwunden. Weder ich noch Mama hatten auch nur die geringste Ahnung, wo sie stecken konnte. Als ich viele Wochen später Tom in der Stadt traf, fragte ich ihn danach.

In Zürich

„Dolores hat gesagt, sie wolle in die Schweiz gehen, nach Zürich, dort hat sie eine Freundin, die Karin, zu der will sie", schien Tom wenigstens einen Anhaltspunkt zu haben. Doch weitere Angaben fehlten. Und Zürich war nicht nur riesig, sondern eine jener Städte in Europa mit den lockersten Drogenregelungen. Dort liefen zu jener Zeit innovative Modelle, genauso wie in Amsterdam, die Drogensüchtigen helfen sollten, mit so genanntem reinen Stoff aus der Illegalität herauszukommen. Es gab zahlreiche Theorien und Studien über Drogensucht und wie man sie in den Griff bekommen könnte. Eine davon war, die Süchtigen mit reinem Stoff zu versorgen, damit sie sich die Droge nicht auf illegale Weise beschaffen mussten und nicht ständig in die Kriminalität abrutschten. Auch sollte dieses Modell verhindern, dass das Heroin mit giftigen, ja todbringenden Substanzen vermischt wird, was meist die schlimmeren Konsequenzen hat als der eigentliche Stoff selbst.
„Weißt Du", erzählte Roberto einmal, jener Mann, der seit seinem 14. Lebensjahr drauf war, „die Reichen krepieren selten an Drogen, weil sie sich die unverschnittene Ware leisten können. Die lassen sie sich dann von den Fertigen, die dringend Stoff brauchen, um weitermachen zu können, besorgen." So gibt es zahlreiche feine

Die Rede für Dolores' Totenmesse im Juni 2001:

Für Dolores

Wir alle wissen nicht, wann sie sich entschlossen hatte, diesen, ihren Weg zu gehen. Doch es muss wohl schon vor langer Zeit gewesen sein. Wir haben es nur sehr langsam wahrgenommen, „begriffen", verstanden, dass Dolores einen Pfad beschritten hatte, der für unsere Begriffe unvorstellbar war. Einen Pfad, den sie von da ab nicht mehr verlassen wollte, einen Pfad, den sie selbst „Freiheit" nannte. Ja, es war wohl die Freiheit; zu tun und zu lassen, was sie wollt. Doch diese Freiheit war auch sehr beschwerlich, sehr dornig und für uns alle sehr schmerzhaft. Schmerzhaft insbesondere, weil wir ihr nicht helfen konnten in dem Sinne, was wir unter helfen auch verstehen.

Dolores wollte diese, unsere Hilfe nicht. In ihrer inneren Zerrissenheit war sie ein ruhe- und rastloses Menschenkind, das nach etwas gesucht hatte, was es auf dieser Welt nicht finden konnte. Unzählige Male habe ich mich mit ihr darüber unterhalten, wieso Akzeptanz in der Gesellschaft nicht einfach bedingungslos sein kann. Auch wenn es nach unseren Maßstäben noch so absurd, noch so verrückt, noch so unglaublich klingen mag: wir konnten sie nicht festhalten, sie nicht davon überzeugen, eine Abzweigung zu nehmen, um den für unsere Begriffe „richtigen" Weg zu finden.

Dolores war ein Schmetterling im Wind, für niemanden fassbar, für niemanden be - greifbar. Viele verurteilten sie dafür, Dolores verurteilte niemanden. Sie war nicht von dieser Welt. Einer allein weiß, warum er sie auf die Erde geschickt hat, wozu das alles gut war. Vielleicht damit wir von ihr lernen. Vor nicht allzu langer Zeit hat sie mir Folgendes geschrieben: „Auch ich habe mir mein Leben so viel anders vorgestellt, die Geburt von Jarim, das Familienleben mit Loris, alles schien okay und perfekt. Dann war wie ein Fliegentatsch alles weg, alles anders, doch der Tag vergeht so schnell, ein Augenaufschlag und Jahre sind vorüber. Und Du stellst dir die große Frage: Was habe ich daraus gemacht? Vieles? Nichts?"
So war wohl der Tod ihres geliebten Loris der Beginn ihres eigenen Sterbens. Und wir haben es nicht aufhalten können. Liebe Dolores, das göttliche Wesen, das uns alle empfängt, die Mutter des Lichts, mag dich geborgen halten, damit Du endlich die Freiheit findest, jenen Frieden, den Du auf der Erde nie hattest. Auf Wiedersehen, mein kleines Mädchen, das Du nie erwachsen werden wolltest. Auf Wiedersehen Dolly.

In inniger Liebe
Deine Schwester
Deine Mutter
Dein Sohn

Damen und Herren aus der gehobenen Gesellschaft, die schon jahrzehntelang abhängig sind, denen man ihre Sucht aber kaum ansieht. Denn aufgrund ihrer finanziellen Möglichkeiten sind sie stets in der Lage, das beste Zeug zu bekommen und sich auch soweit zu pflegen und im Griff zu haben, dass Außenstehende kaum etwas merken. Dieses beste Zeug freilich beschaffen ihnen jene armen Teufel, die den reinen Stoff jeden Tag auf der Straße irgendwie auftreiben müssen. „Weißt Du, Christine", sagte Roberto stets, „was die schlimmste Schweinerei ist? Dass die armen Teufel gar nicht an der Sucht selbst krepieren, also nicht am Zeug, sondern am Verschnitt, weil sie sich die pure Droge nicht leisten können."
Dann zählte Roberto eine ganze Reihe namhafter Persönlichkeiten auf, für die er selbst schon gearbeitet hatte. Auch Dolores war darin zum Teil involviert gewesen. Das hatte sie wiederum jenen Typen zu verdanken, die sie damals „gerettet" hatten. Auch die Sache mit der Vergewaltigung hatte damit zu tun. Dolores hatte sich über den Koks hergemacht, ohne ihn bezahlen zu wollen. In der Drogenszene der Stadt war dieser brutale Akt tagelang Gesprächsstoff gewesen, doch weniger, weil meine Schwester die ganze Nacht hindurch vergewaltigt worden war, sondern weil sie das kostbare Zeug hatte stehlen wollen. Sehr lange noch wurde sie als abschreckendes Beispiel gehandelt und die Typen prahlten damit, dass es allen Weibern gleich ergehen würde wie ihr oder wahrscheinlich noch viel schlimmer. Erst viele Jahre später brachte Dollys Anzeige den Erfolg, den sie sich zu dieser Zeit so gewünscht hatte. Doch da war es zu spät. Unmittelbar nach der Tat hatte ihr keiner der Polizisten geglaubt und niemand dachte auch nur im Traum daran, der Sache nachzugehen. Obwohl sie auf der Dienststelle geschunden

erschienen war und ein ärztliches Zeugnis in Händen hielt, hatte man ihre Geschichte als interne Sache unter Dealern abgetan.
„Es handelt sich hier um Dinge, die zwischen Dealern und ihren Geliebten vereinbart werden. Da kommt es schon mal vor, dass die Mädchen übel zugerichtet werden. Doch die halten dann meist dicht, weil sie von ihren Freunden ja abhängig gehalten werden und das Zeug wieder brauchen", so die Aussage der Polizei. Die tatsächliche Sachlage in diesem Fall wurde erst Jahre später anerkannt, erst dann konnte die Bande ausgenommen werden. Doch für viele, die darin verwickelt waren, war es zu spät. Auch für Dolores.
Jetzt hielt sich offensichtlich meine Schwester im Ausland auf. Tom, von dem sie sich mittlerweile getrennt hatte, betonte erneut, dass sie in Zürich war. „Sie ist einfach abgehauen, hat Leute kennen gelernt, die dort sind; und denen ist sie gefolgt." Also Zürich. Dolores musste vom Schweizer Modell fasziniert gewesen sein, insbesondere von der Möglichkeit, dort alles auf Rezept zu bekommen. So war sie aufgebrochen in das Paradies, das sich für sie schon sehr bald als Hölle entpuppen sollte. Zunächst aber erhielten wir noch den ersehnten Anruf von ihr: „Hallo Christine, ich bin in der Schweiz: Es geht mir sehr gut, ich bin jetzt Tänzerin", säuselte sie in einem eigenartigen Tonfall in den Hörer. Ich war erst einmal unsagbar erleichtert, immerhin lebte sie noch und war sogar ansprechbar. Und so schlecht schien es ihr nicht zu gehen. Denn immer, wenn man nichts von ihr hörte, schien es ihr einigermaßen gut zu gehen. Schlimm wurde es oft erst, wenn sie sich meldete. Doch Tänzerin? Um Himmels Willen, was sollte das schon wieder bedeuten? Dolores hatte doch niemals tanzen gelernt, wenn man

von einem Pantomimeauftritt vor vielen Jahren einmal absah, bei dem sie gar nicht so schlecht gewesen war. Die Körpersprache beherrschte sie ganz gut, doch konnte man damit professionelle Tänzerin werden? Nein, irgendetwas stimmte hier nicht. „Tänzerin"? Ich überlegte blitzschnell und dann fiel es mir wie Schuppen von den Augen: Dolores musste in einem Puff gelandet sein. Dort tanzte sie nun wahrscheinlich halbnackt an irgendeiner Stange, die auf dem Tresen stand, vollgepumpt mit Drogen, und die Männer zogen sie allabendlich mit ihren Blicken aus. Ein paar Whiskeys später begrapschten sie das aus sich selbst herausgetretene Wesen und steckten ihm wahrscheinlich die Scheine in den BH, in die Strümpfe oder in den String Tanga. Gut möglich, dass sie dann auch im Bett eines solchen zahlungskräftigen Kunden landete, der für sie ein paar hundert Franken ausgegeben hatte. Das Geld kassierte dann der Barbesitzer ab, sie selbst bekam so viel, dass sie sich wieder neue Drogen beschaffen und die Miete für das Zimmer bezahlen konnte. So wiederholte sich das Trauerspiel sicher Nacht für Nacht, unerbittlich und immerfort. Der Chef wollte schließlich Ergebnisse sehen. Brenzlig wurde es allenfalls, wenn eine nicht konnte oder unpässlich oder einfach nicht gut drauf war. Oder wenn eine zugenommen hatte. Dicke, aufgeschwemmte „Kühe" konnte er überhaupt nicht gebrauchen, wenn überhaupt, dann schon „dralle Puten", wie er sie nannte. Drall durfte eine sein, doch nicht schwammig und unansehnlich. Ihr Fleisch war sein Kapital.
Ein paar Wochen später folgte ein weiterer Anruf, er kam von Karin. „Dolores ist bei mir. Sie hat gesagt, ich soll Dir meine Nummer geben, damit Du auch einmal anrufen kannst", piepste Karin ins Telefon. Auch mit ihr musste irgendetwas nicht in Ordnung sein.

Ihre Stimme klang so seltsam, wie die eines verletzten Vögelchens, das man am Straßenrand aufgelesen hatte. Doch immerhin gab es jetzt eine Nummer, an die man sich wenden konnte. Anrufe bei Mama folgten, die Nummern wurden ausgetauscht und Jarim verständigt, dass es seiner Mutter gut gehe und sie nun Tänzerin sei. Ihm war das alles egal. Er lebte seine Kindheit bei Oma, zwischen Fußballfeld, Schule und Freunden. Was brauchte er eine Mutter, die Tänzerin in der Schweiz war? Dieser Gedanke war für den kleinen Jungen mehr als abstrakt. Ihm war eine weit entfernt lebende Mutter völlig egal. Was er benötigte, war eine Oma, die hier war und ihn festhielt, wenn er Sorgen hatte, sei es in der Schule, mit den Freunden, mit den Lehrern oder auf dem Fußballplatz. Oder mit den Freundinnen, für die er sich nun plötzlich im zarten Alter von acht Jahren zu interessieren begann. Sonst wollte Jarim einfach nichts, als seine Ruhe haben.
So zogen die Monate ins Land und Dolly schien ihre „Tanzkarriere" voranzutreiben. Man hörte nichts von ihr. Ab und zu rief ich Karin an, die bestätigte, dass es Dolly gut ging. Das war immerhin ein Lebenszeichen aus zweiter Hand. Dann geschah wieder lange Zeit nichts. Es folgten ein Brief und eine Postkarte. „Ihr fehlt mir so sehr, ich liebe euch, bitte helft mir", stand darauf notiert. Umrandet von vielen Blumen, Verzierungen und Zeichnungen. „Bitte helft mir. Viele Grüße von Dolly und Jarim." Jarim? Dieser Gruß veranlasste mich, bei Mama anzurufen und nachzufragen. „Ist Jarim da?"
„Natürlich ist Jarim da, wieso?" Nichts, ich dachte nur, Dolly hatte nämlich geschrieben: „Viele Grüße von Dolly und Jarim". „Ach so. Das macht sie immer, Du weißt ja, das ist ihre Art. Sie will der Welt mitteilen, dass sie Jarims Mutter ist und sich um ihn kümmert. Sie

ist so." „Gut Mama, mach's gut." Sie hatte aber auch geschrieben „bitte helft mir".

Daher rief ich auch bei Karin an. „Wie geht es Dolly, hat sie Probleme?" Eine völlig narkotisierte Karin lallte in den Hörer. „Dolly, ja, es geht ihr gut. Sie ist nicht da, sie muss tanzen, tanzen, tanzen." Karin lachte wie verdreht auf. „Ja, das kann sie gut. Sie tanzt um ihr Leben." Dann blieb das Telefon lange Wochen, ja Monate stumm.

Eines Tages kam der nächste Anruf und eine schwache Stimme meldete sich: „Hallo Christine, ich bin's, Dolly. Ich bin im Krankenhaus von Bozen, schon seit fast einer Woche, bitte komm mich doch besuchen." Du lieber Himmel, im Krankenhaus von Bozen, wieso weiß niemand Bescheid? Ich packte ein paar Sachen zusammen und raste in die Klinik. Dort lag sie nun im fünften Stock und konnte kaum sprechen. Es ging ihr sehr schlecht, sie hatte unglaublich starke Schmerzen. Zuvor war sie auf der Intensivstation gewesen, nun steckte ein Schlauch in ihrer Lunge. Sie war trotz des Hochsommers bleich im Gesicht und keuchte ein paar Worte hervor. „Ich kann nicht reden, mir tut alles weh." Ich eilte zum Arzt, um zu erfahren, was geschehen war. Man hatte sie hierhergebracht, als sie am Rande des Todes stand. Sie war vergiftet von all den Substanzen, die sie in sich hineingekippt hatte, eine Lungen- und eine Rippfellentzündung hatten ihr den Rest gegeben. Man hatte sie in Zürich halbtot in ihrem Zimmer aufgefunden und ins Spital gebracht, dort notversorgt und dann nach Italien abgeschoben, da sie nicht versichert war und die Rechnungen der Klinik nicht bezahlen konnte. Spätestens da wollte niemand mehr etwas mit ihr zu tun haben. Irgendwie, keiner konnte sagen wie, war sie in diesem Zustand im Krankenhaus von Bozen gelandet. Eine Wahnsinns-Story, voller Widersprüche und Irrsinnigkeiten. Was musste sie erlebt haben? Es grenzte an ein Wunder, dass sie überhaupt noch lebte.

Nun lag sie hier in diesem schneeweißen Laken, und alles wirkte grotesk, das Gesicht ebenso weiß, die Haare strähnig und klebrig, der Atem schwer. Tränen liefen ihr die Wangen hinunter, als ich ins Zimmer trat. Sie brachte nur ein paar Worte über ihre Lippen, erst kurz zuvor hatte sie dem Tod in die Augen geschaut. Ich umarmte sie und hielt sie minutenlang fest. Die Verzweiflung hielt uns beide umschlungen und unsere Gefühle füreinander waren ein Spiegel unseres Selbst.

Der Arzt riet ihr zu einer Therapie, wenn sie die jetzt nicht in Angriff nähme, sähe er kaum mehr Hoffnung für sie. Ich bat diesen Doktor eindringlich, Dolly nicht ohne mein Einverständnis zu entlassen. Ich wollte alles erdenklich Mögliche in die Wege leiten, vielleicht war dies nun der richtige Zeitpunkt. Ich lief mir die Haken ab, um die Drogenberatungsstelle davon zu überzeugen, dass meine Schwester dieses Mal keinesfalls aus dem Krankenhaus durfte, ohne anschließend sofort mit einer Therapie zu beginnen. Ein hartes Stück Arbeit, denn es brauchte immer wieder das Einverständnis der Betroffenen selbst. Privacy ging wieder einmal über alles. Diese Privacy stand gegen jede Vernunft und über jedes normale menschliche Denken. Ich kochte deswegen vor Wut. Die Betroffene war ja außerstande, irgendwelche Entscheidungen zu treffen. Sie war psychisch hochgradig belastet, in höchstem Maße krank, körperlich und seelisch am Ende und froh, dass sich irgendjemand überhaupt ihrer annahm. Und da sprach man von Privatsphäre, die gewahrt werden müsse. Ich fand das alles nur absolut pervers.

Was wussten diese Ärzte von einem Leben, das sich seit 20 Jahren abseits jeglicher Privatsphäre, ja jeglichen menschlichen Verstandes abspielte? Wegen dieser so genannten Privacy hatte es erst so weit kommen können, diese Erkenntnis wollte ich nun in die Welt hinausschreien, doch niemand wollte sie hören. Ich war so ohnmächtig, welche Drogenpolitik wurde hier eigentlich verfolgt? Die der langatmigen Schritte, die hoffte, dass wieder einmal jemand krepierte? Ich konnte dies alles nicht nachvollziehen und war einfach nur wütend. Hier ging es um ein Menschenleben, verdammt noch mal, um das Leben meiner Schwester. Ich wollte endlich wissen, was los war, welche Therapiemöglichkeiten es gab, wohin ich mich mit Dolores wenden sollte. Was konnten wir für sie tun? Doch die Welt schien nicht wirklich auf meiner bzw. auf ihrer Seite zu sein und schien sich nur schleppend weiterzubewegen. Dolores war mittlerweile 36, in ihren Entscheidungen aber schon lange nicht mehr frei. Die mussten fortan von anderen getroffen werden, wollte das denn niemand hier verstehen? Ich war schier verzweifelt.
Als ich tags darauf erneut ins Spital kam, lag Dolly nicht mehr in ihrem Bett. „Sie ist auf dem Balkon, sie hat Freunde dabei", wisperte eine Schwester viel sagend. Tatsächlich, dort saß sie in der Sommersonne und es ging ihr schon viel besser. Von ihren Selbstmordgedanken noch vor wenigen Tagen war keine Spur mehr vorhanden. Zu ihrer Linken saß ein Junge mit langen Locken und in ihren Händen hielten beide je eine Bierflasche. „Um alles in der Welt, Dolly, bist Du völlig übergeschnappt, Du trinkst schon Bier?", konnte ich mich nicht zurückhalten. „Ja, stell Dir vor, das hier ist Hans, er liegt unten in der Neurologie und kam mich besuchen",

antwortete Dolly freudestrahlend. „Er wollte mir eine kleine Freude machen und hat Bier mitgebracht." Ich weigerte mich, das hier zu fassen. Noch vor ein paar Tagen war meine Schwester dem Tod näher gewesen als dem Leben und niemand hätte mehr einen Pfifferling auf sie gesetzt. Nun saß sie mit dem gelockten Hans auf dem Spitalsbalkon im fünften Stock und trank Bier. Eine groteske Situation, doch es schien ihr dabei blendend zu gehen. Auch sprach sie nicht mehr von der Therapie, die sie machen wollte, sondern nur mehr davon, dass sie raus musste, und das so schnell wie möglich. Es gehe ihr sehr gut und sie habe schon wieder neue Pläne im Kopf. Sie wolle Jarim zu sich nehmen und es würde alles wunderbar werden.

Welcher Trugschluss sich wieder in ihrem Hirn abspielte. Ich war ziemlich verzagt, obwohl die Situation eher zum Lachen war. Wie konnte ich sie nur überzeugen, bei ihrem ursprünglichen Gedanken zu bleiben? Wenn nur nicht alles so schwierig wäre. Ich ging am nächsten Tag erneut zur Drogenberatungsstelle und bat inständig um die Aufnahme in das Therapiezentrum und darum, Dolores auf gar keinen Fall nach der Entlassung sich selbst zu überlassen. Man versprach es mir hoch und heilig, und nur ein paar Tage später war es dann tatsächlich so weit. Daria hatte Kontakt mit meiner Schwester aufgenommen und sie im Krankenhaus besucht. Ab diesem Zeitpunkt sollte Daria ihre engste Vertraute sein, was zur Konsequenz hatte, dass ich nun gar nichts mehr mitbekam. Daher der erneute Versuch, meine Schwester umzustimmen, damit sie endlich ihre absurde Privacy lockert und der Drogenberatungsstelle die Genehmigung gab. Sie sollte wesentliche Dinge über ihre „Krankheit" und ihr Privatleben auch ihren Angehörigen mitteilen. „Wie sonst soll ich, Deine Familie Dir helfen, über all dies hier hinwegzukommen?", fragte ich sie zum wiederholten Male in den letzten Jahren. „O.k., o.k., ich werde es Daria schriftlich geben", zeigte sie sich gnädig. Wir mussten regelrecht darum betteln, ihr helfen zu dürfen. Ich hatte es so satt. Doch es geschah tatsächlich, woran wir schon nicht mehr geglaubt hatten. Nach 20 Jahren durfte endlich auch die Familie Einsicht in ihre Krankengeschichte nehmen. Doch was da zum Vorschein kam, war äußerst spärlich, im Grunde war es gar nichts. Die Unterlagen mussten erst von zahllosen Beratungsstellen und hunderten von Behandlungen gesammelt werden. Es war ein Puzzlespiel, aber zum Spielen war uns zu diesem Zeitpunkt nicht zumute, denn die Zeit rann unter den Fingern davon. Eine Betreuerin holte Dolores vom Krankenhaus ab und brachte sie direkt ins Zentrum der Therapiestelle. Dort sollte sie nun Monate, wenn nicht Jahre verbringen, bis sie geheilt war. Die Vorschriften waren streng, so durfte sie weder Freunde noch Verwandte empfangen. Die Befürchtung, dass neue Drogen hineingeschmuggelt werden könnten, war zu groß. Allerdings musste ich nach einiger Zeit zur Kenntnis nehmen, dass es außer dem Gefängnis wohl kaum einen anderen Ort gab, in dem mehr Drogen zirkulierten als in diesem Therapiezentrum. Als Dolly ihren 37. Geburtstag feierte, gab es die nächste Überraschung. Meine Schwester sollte keine Besuchserlaubnis bekommen, sie sei noch zu kurz in Therapie. Dabei hatte sich Dolores so darauf gefreut und wochenlang nur diesem einen Tag entgegengefiebert. Doch die Antwort auf sämtliche Anfragen blieb stets „Nein".

Ich ging trotzdem gemeinsam mit Janina, Katharina und Dany hin, mit einem Blumenstrauß und ein paar Kleinigkeiten, die sich meine Schwester gewünscht hatte. Ich rannte sämtliche Türen ein und war wild entschlossen. „Was soll das, ich will meine Schwester an ihrem Geburtstag besuchen, ihr Mut zusprechen, sie aufheitern und zeigen, dass wir alle zu ihr stehen und sie lieben, damit sie Kraft bekommt weiterzumachen", schrie ich eine dieser so genannten Betreuerinnen voller Wut an. Wann sollten Drogensüchtige den Beistand ihrer Familie spüren, wenn nicht in solchen Momenten? Gerade jetzt war es für Dolores überlebenswichtig, ihr zu signalisieren, dass man zu ihr steht, dass es draußen Menschen gibt, die mit ihr leiden, kämpfen, vergeben und verzeihen. Das schien hier niemanden zu interessieren. Die zuständige Person mit der Berufsbezeichnung Psychologin, die gerade Mitte 20 sein mochte und vor ein paar Monaten ihr Studium abgeschlossen hatte, saß in ihrem sterilen Raum und wollte den Kontakt zu ihren Klientinnen nicht wirklich pflegen. Sie war einfach restlos überfordert und Dolly lachte sich regelmäßig ins Fäustchen. Was schon wollte ihr diese junge, unerfahrene Frau, die gerade eben von der Universität gekommen war, schon groß beibringen wollen vom Leben, von dem sie selbst keine Ahnung haben konnte? Tamara war vor so viel gelebter Lebendigkeit einfach nur perplex und diese Dolly erschien ihr einfach nur durchgeknallt. Was die Lebenserfahrung betraf, hätte sie eigentlich nichts anderes tun können, als ehrfurchtsvoll zu Dolly aufzusehen, und das tat sie natürlich nicht. Denn hier war sie „oben" und Dolly „unten". Doch sie wollte Dolores wenigstens „verstehen", Wege aufzeigen, wie diese ihr Dasein besser in den Griff bekommen könnte. Auch wenn sie selbst keinen blassen Schimmer davon hatte, was all dies in der Realität eigentlich bedeuten mochte. So bekam meine Schwester jedes Mal einen hysterischen Lachanfall, wenn sie zu Tamara, der Psychologin, musste. Die war ihr nicht im Geringsten gewachsen. Dolores wickelte sie, so oft sie nur wollte, um den kleinen Finger, und so geschah es, dass die Psychologin den Raum mehr als einmal völlig verzagt und abgekämpft verließ, während Dolores noch immer seelenruhig dort saß und schelmisch fragte, was denn in diese Zicke schon wieder gefahren sein mochte. Dolly erzählte oft von diesen Psychologen, die bald selbst reif für eine Therapie sein würden. Es war schier zum Verrücktwerden, doch geholfen war damit niemandem. Dolly erzählte Tamara schlussendlich nur genau das, was diese zur Weiterleitung für ihre Berichte brauchte, die sie im Interesse ihres beruflichen Fortkommens verwenden konnte. Damit war zwar der Psychologin gedient, nicht aber der Patientin.

Auch heute, an ihrem Geburtstag, hatte sie wieder eine Sitzung bei Tamara absolviert. Dann endlich konnte sie zu uns, zu ihrer Nichte Janina und zu ihrem Neffen Dany. Wir hatten ihr Kuchen und Geschenke mitgebracht und die Situation beruhigte sich allmählich. Am Ende schienen wohl alle begriffen zu haben, dass Regeln auch ab und zu gebrochen werden müssen. So saßen wir draußen im Hof und Dolly erzählte uns von Daria, von dem Leben hier und dem Eingesperrtsein, das ihr schlimmer als in einem Gefängnis erschien. Dann kam eine Frau die Treppe heruntergeschlurft und ich rieb mir die Augen. „Was, die auch hier? Wie lange schon?" Ich hatte Monika „ewig" nicht mehr gesehen, mich aber nie gefragt, wo sie wohl geblieben sein mochte. Und jetzt traf ich sie ausgerechnet hier im Therapiezentrum. Dolores aber hatte nur ein Thema: So schnell wie möglich aus dieser Institution herauszukommen. Herrgott, jetzt war sie gerade mal drei Wochen da und die Therapie hatte erst begonnen, da sprach sie schon davon, wieder abzuhauen. „Ich bitte Dich, halte durch, Du wirst es schaffen", versuchte ich auf sie einzureden. „Es bringt nichts, wenn Du jetzt alles hinwirfst. Denk' an Jarim und an das Leben mit ihm. Wenn Du durchhälst, kannst Du ihn am Ende zu Dir holen und es wird alles gut."

„Alles gut", brauste sie auf, „was bitte soll schon gut werden? Ich werde hier wie eine Sklavin gehalten, wie im Gefängnis, darf nicht einmal Familienbesuch empfangen, wie Du ja gesehen hast. Ich soll alles machen, wie es sich die Herrschaften hier wünschen, werde gedrillt wie ein Affe im Zoo, und dann soll alles gut gehen? Christine, es fehlt hier schlicht und ergreifend die Basis, damit alles gut werden könnte, die Wärme, die Zuneigung, die Liebe. Sag' Du mir bitte, wie ein Mensch es in dieser Kälte schaffen soll, von Drogen loszukommen. Wenn alles, was in diesem bescheuerten Leben noch Sinn macht, verboten, ja sogar jeglicher Kontakt zu engen Familienangehörigen unterbunden wird? Hier ist alles Programm und Planung, doch wir sind Menschen, Christine. Man kann uns nicht wie die Computer programmieren, wir reagieren einmal so und einmal anders. Wie es uns gefällt und wie ihr Gescheiten da draußen auch reagiert. Ich will keine Maschine sein, die zu funktionieren hat, weil die da ein Programm gemacht haben, in das wir zu passen haben." Sie hatte sich richtig in Rage geredet. Ihrer Kritik stimmte ich innerlich durchaus zu, doch Antwort wusste auch ich keine. Es war wirklich absurd, ein Anti-Drogenprogramm abzuspulen, das womöglich längst überholt war und nur durchgeführt wurde, weil die Subventionen dafür für Jahre im Voraus vergeben worden waren. Auch war die Rückfallquote generell sehr hoch, üblicherweise liegt sie bei fast allen Therapien um die 80 Prozent. Das war ein Irrsinn, doch wo sonst konnte man Dolly unterbringen? Was sollte mit ihr geschehen? Sollte ich sie mit nach Hause nehmen und selbst therapieren? Würde meine Liebe ausreichen, meine Erfahrung? Konnte ich so etwas schaffen? Ich wusste mir aus diesem Dilemma keinen Rat mehr.

Länger als eine Stunde durften wir nicht bleiben. Bis dahin unterhielten wir uns noch über andere, belanglosere Dinge, dann mussten wir Abschied nehmen. Dolores standen die Tränen in den Augen, sie erwähnte noch, dass auch Jarim mit Oma hier gewesen war. Mit lange vorher genehmigter Besuchserlaubnis, versteht sich. Es ging mir sehr schlecht danach. „Mama, hast Du Dolores gesehen, es geht ihr nicht gut", sagte ich beim anschließenden Telefongespräch mit meiner Mutter. „Ja, ich weiß, wir waren auch da und haben geredet, doch jetzt muss sie durchhalten. Es gibt einfach keinen anderen Weg, Christine." Ja, sie hatte so Recht. Durchhalten musste sie wohl. Es gab keine andere Chance für sie. Dolores war am Ende, doch sie glaubte nicht daran. Und wir waren mit unserer Weisheit ebenso am Ende.

Es folgten ein paar Briefe. „Christine, wir waren am Sonntag auf dem Berg. Da durften wir reiten, es war schön." Diese Zeilen lasen sich wie der Schulaufsatz einer Zehnjährigen. „Wir durften reiten. Weil wir brav waren, durften wir reiten." Mir zog sich das Herz zusammen. Hier wurden erwachsene, mündige Menschen wie Kleinkinder behandelt, wie Aussätzige. Ich krallte meine Hände zusammen und kaute an meinen Nägeln herum, so wie ich es als Kind immer gemacht hatte, wenn ich keinen Ausweg fand. Doch einen besseren Rat wusste auch ich nicht. Dann kam eine Postkarte. „Wir waren heute spazieren. Wir reden in der Gruppe über unsere Sucht und warum es wohl so weit gekommen ist." Sie reden über ihre Sucht. Gut. Hoffentlich reden sie auch über etwas anderes. Bis jetzt hatte sich ihr Leben sowieso nur um die Sucht gedreht, jetzt reden die auch noch wochen-, ja monatelang darüber. Welch grausame Vorstellung. Gab es denn nichts anderes? Ich versuchte mir vorzustellen, wie ich selbst reagieren würde, wenn ich jetzt in dieser Situation wäre.

Ich würde alle anbrüllen und sie fragen, was ihnen eigentlich einfällt, dachte ich mir. Wenn ich ein neues Leben beginnen wollte, wäre es das Letzte, was ich brauchen könnte, auch noch Wochen lang und breit alles vor anderen ausbreiten zu müssen. Gut, ein paar klärende Gespräche wären sicher nötig, dann aber würde ich mit meinem alten Leben abschließen und nichts mehr damit zu tun haben wollen. Ich würde alles verändern und dann neu starten. Vielleicht sogar in einer anderen Umgebung, fern von anderen „Gleichgesinnten", „gleich Leidenden". Niemals hätte ich mit „denen" auch noch darüber sprechen wollen, ich hätte einfach in Ruhe mein neues Leben beginnen wollen. Ein Ex-Raucher will sich ja auch nicht dauernd mit Rauchern beschäftigen, ein Ex-Alkoholiker ebensowenig permanent mit Alkoholikern. Welche Art von Therapie wurde hier eigentlich verfolgt, die Rückfall-Therapie? Ich war wieder einmal ziemlich wütend, und Wut machte mich bislang stark. Doch das nützte meiner Schwester in diesem Fall rein gar nichts. Hätte ich ihr nur ein klitzekleines bisschen von meiner Wut abgeben können, ihr wäre sehr geholfen gewesen. Mich machte dieser Zustand nur von Tag zu Tag aggressiver. Doch ich konnte

nichts tun, als in einem friedvollen Zustand zu verharren. Die Welt widerte mich an.
Nur wenige schafften es zurück in ein „normales" Leben. Andere krepierten beim ersten Ausgang, weil sie sich wieder unsauber geschnittenen Stoff besorgten oder sich angesichts der wochen- oder monatelangen Abstinenz einfach eine Überdosis gaben. Sollte Dolly ebenfalls zu ihnen gehören? Ich weigerte mich, das zu glauben, bis der Anruf kam. „Christine, ich bin draußen, die wollten mich hier kaputtmachen." Zum Teufel, schon wieder. „Mama, Dolly ist wieder draußen", sagte ich tonlos ins Telefon. „Jemand, der sie gesehen hat, hat mich bereits angerufen. Ich weiß mir auch keinen Rat mehr, Christine, sie ist irgendwo in Bozen unterwegs. Ich bin völlig fertig. Doch bitte mach' nicht Du Dich auch noch verrückt. Ja, sie ist wieder unterwegs." Mama haderte längst schon nicht mehr mit ihrem Schicksal. Sie war einiges gewohnt und nahm viele Dinge hin, mit denen ich längst noch nicht fertig war. Wie gut sie es hatte, oder doch nicht? Ich war ungerecht. Meine Mutter hatte alles schon hinter sich, was ich noch mühevoll lernen musste. Immerhin hatte sie mir einige Jährchen voraus. Doch wie mir das alles auf die Nerven ging, ahnte wohl keiner. Lernen – wozu? Für wen, für was? Natürlich wusste ich, dass das ganze Leben ein Lernprozess ist und Erfahrungen die Dinge geschehen lassen, damit wir daraus schöpfen, begreifen und weiterkommen. Doch ich hatte einfach nur genug, wie ein kleines Kind. Warum war alles so verdammt schwierig, warum konnte in dieser Zeit eigentlich nichts einfach nur „einfach" sein? Ich hätte die Wände hochgehen können, weil ich das Gefühl hatte, gescheitert zu sein. Ich betrachtete Dollys Ausbruch als meine ganz persönliche Niederlage. Ich war dermaßen harmoniesüch-

tig gewesen, dass ich nicht begreifen wollte, dass hier die Dinge entgegen den mir gewohnten Regelwerken abliefen. Herrgott, hier ging es doch um Leben oder Tod, warum nur schaffte ich es nicht, meine Schwester zu retten? Ich geriet in Panik.

„Stell Dir vor, Christine", Mutter erzählte von einer Begebenheit, die sie beschäftigte und sich bei der Ersten Kommunion von Jarim zugetragen hatte.„Damals ist Dolores in die Kirche gekommen und hatte eine Kamera dabei. Sie wollte Jarim fotografieren. Ich habe ihr aber ausdrücklich gesagt, dass die Eltern einen Fotografen engagiert hätten und dieser nun die Bilder in der Kirche macht, damit die Kinder und die Messe nicht durch das dauernde Blitzlichtgewitter gestört werden. Doch weißt Du, was Dolores gesagt hat? Das sei ihr egal, denn sie allein sei Jarims Mutter und deshalb entscheide auch sie, wann, wieso und wie oft fotografiert werde. Man habe sie nicht gefragt, ob sie mit dieser blödsinnigen Regelung einverstanden sei. So ist sie dauernd zum Altar gerannt und hat herumfotografiert. Ich habe mich so geschämt." Alle hätten Mama angestarrt und auch der Letzte in der Kirche nun gewusst, was für eine Tochter sie hatte. Ja, was für eine. „Doch das Schlimmste war, dass alle Jarim angestarrt haben", betonte Mutter mit Nachdruck. So, nun war ihr diese Begebenheit endlich herausgerutscht, obwohl sie nicht besonders gut in die Situation passte. Doch was passte hier schon in welche Situation? Es war schon längst alles aus dem Ruder gelaufen, jeder tat hier offensichtlich irgendwelche Verrücktheiten, die er nicht mehr unter Kontrolle halten konnte – jeder. Mama schaffte es oft nicht mehr, mit der Stigmatisierung zurechtzukommen. Sie und Jarim waren für die Gesellschaft jene Familie, in der es eine Drogensüchtige gab. Was mochte diese Familie da sonst noch alles „verbrochen" haben, dass es überhaupt so weit kommen konnte? Meine Mutter war dauernd auf dem Sprung, Jarim irgendwo verteidigen zu müssen. Immer wieder schien es ihr, als ob sie sich gegen Angriffe dummer Menschen wehren müsste, die sie in eine Schublade zu zwängen versuchten, in die sie nicht hineinpassen wollte. Und ich fragte mich, warum meine Mutter mir ausgerechnet jetzt von dieser Erstkommunion erzählte? Es gab schließlich wichtigere Dinge zu besprechen. Dann begriff ich, dass noch so vieles unausgesprochen, so vieles aufzuarbeiten und durchzudiskutieren war. Zu viele Verletzungen waren geschehen, zu viele Ungereimtheiten von beiden Seiten passiert, die nicht verdaut, ja kaum gekaut waren.

Ich erinnerte mich an die Taufe von Katharina, meinem Enkelkind. Es war dieselbe Kirche und ein ähnlicher Anlass. Dolores hatte sich darüber gefreut, überhaupt eingeladen worden zu sein. „Dass Ihr an mich denkt", strahlte sie. Natürlich dachten wir alle an sie – Tag und Nacht. Sie ließ uns Angehörigen ja keine andere Wahl, als ständig an sie zu denken. Bei vielen weiteren Familienfeiern war sie nicht dabei gewesen, weil wir sie nicht finden konnten. Dieses Mal aber standen wir alle hier auf dem Kirchplatz und warteten, bis Katharina, die wohlig eingepackt in einer weißen Daunendecke schlummerte, von ihrer Mutter Janina in die Kirche getragen wurde. Dolores hatte hundert kleine Zöpfchen im Haar, die ihr fast bis zur Hüfte reichten, und sah umwerfend aus. Wie schaffte es diese Frau immer wieder, die ganze Welt zu täuschen? Sie trug eine extravagante karierte Hose, eine helle Bluse und hochhackige Stiefel. Ich selbst kam mir in meinem braunen Hosenanzug blass und

bieder vor neben meiner Schwester, die mit ihrem Outfit alle anderen anwesenden Frauen in den Schatten stellte. Ein Geraune ging durch die Gäste. „Wer ist diese Frau?“, traute sich schließlich einer zu fragen. „Das ist meine Schwester Dolores“, antwortete ich und war sogar ein bisschen stolz auf sie. Hatte es Dolly geschafft, von den Drogen loszukommen, hatte sie ein neues Leben begonnen, vielleicht sogar eine neue Liebe gefunden? Tausend Fragen gingen mir während der Zeremonie in der Kirche durch den Kopf. Vielleicht war doch alles nur eine Show, die nicht mehr als ein paar Tage anhielt, wie so viele Male zuvor, um dann erneut wie ein Kartenhaus einzustürzen?
Anschließend fanden wir uns in einem Gasthaus wieder, wo wir aßen, feierten und diskutierten, wie es eben viele andere Familien in denselben Situationen auch gemacht hatten. Der Tag verlief sehr locker und harmonisch, das Baby verhielt sich ruhig. Katharina hatte eine lange und lebensgefährliche Krankheit überwunden und war nun endlich über den Berg. Wir alle freuten uns, dass diese anfangs tragische Situation ein gutes Ende gefunden hatte. Auch Dolores war rührend besorgt um die Kleine, sprach immer wieder mit ihr, herzte und kuschelte sie und zog die Gäste in ihren Bann. Sie sprach einmal mit diesem und bald darauf mit dem Nächsten. Kaum jemand hatte sie vorher gekannt, sie war in den letzten Jahren zu wenig in die Familiengeschichten involviert gewesen. Zudem waren bei dieser Taufe mehr Freunde als Verwandte eingeladen. Dolly trank einigen Weißwein, dann wechselte sie zu Rotwein und ihre Zunge wurde immer lockerer. Plötzlich standen zwei Typen im Lokal, die sie in Eigenregie eingeladen hatte und nun als Freunde vorstellte. So war sie eben und im Grun-

de war es auch egal. Plötzlich, mitten in der Feier, sprang mein Schwesterherz auf und behauptete, sofort aufbrechen zu müssen. Es war erst 15 Uhr Nachmittag und keiner konnte sich einen Reim darauf machen. Erneut hatte sie eine innere Unruhe gepackt. Sie forderte einen ihrer Begleiter auf, sie irgendwohin zu bringen, und es dauerte keine drei Minuten, da war sie verschwunden – in ihr anderes Leben.

Und jetzt hatte sie die Therapie erneut hingeworfen und war wieder irgendwo unterwegs. Ich weigerte mich wieder einmal, das alles zu fassen. Was sollten wir nur tun, damit dieser Horror endlich ein Ende nahm? Ein paar Tage später rief ich erneut meine Mutter an: „Mama, wir müssen reden. Ich habe ein ganz komisches Gefühl."

„Ja gut", sagte sie, und es war eigenartig. Jahrelang hatten wir nur sporadischen Kontakt gepflegt und stets war Dolores Ursache der Streitereien gewesen, bis wir alle nicht mehr konnten. Jetzt schienen wir zu spüren, dass es Wichtigeres gab als diesen dummen Zwist, der uns trennte. Ja, wir mussten dringend reden. Es ging um Dolores, um Jarim, um die Zukunft, um alles.

Ein paar Tage später kam der Bescheid, dass sich Dolores doch noch zu einer neuen Therapie nach Rovereto aufgerafft hatte, die Rechtsanwältin hatte ihr dies nahe gelegt, um einer Haftstrafe zu entgehen. Ich wollte sie besuchen, doch dann kam mir Onkel Moritz in die Quere. Der schrieb Dolores allen Ernstes, dass sie ein paar hunderttausend Lire von Oma Elisabeth geerbt hätte, die ein paar Monate zuvor in hohem Alter verstorben war und an alle ihre Lieben gedacht hatte. Elisabeth hatte zwar herbe Züge und ein Mundwerk wie ein „Scherenschleifer", wie man in diesen Landstrichen jemanden bezeichnete, der nicht auf den Mund gefallen war. Aber im Grunde ihres Herzens war sie gutmütig und gerecht. Sie war zeit ihres Lebens eine Kämpferin, hatte vier Kinder alleine großgezogen und den Weinberg in Schuss gehalten, von dem sie ihre Familie ernähren musste. Für die letzten Jahre ihres Lebens war sie zurück in ihr Dorf gegangen, begab sich aus eigenen Stücken ins Altersheim und freute sich, wenn sie ab und zu jemand besuchen kam. So wurde sie 97 und war kaum einen Tag krank, obwohl sie mit 55 einmal eine tiefe Krise durchlitten und sich daraufhin ins Spital begeben hatte, wo man eine Lungenerkrankung feststellte. Sie beschloss damals zu sterben und rief ihre Söhne und ihre Tochter ans Krankenbett, auch deren Familien und sämtliche Verwandten, die sie auftreiben konnte, um ihnen mitzuteilen, dass sie bald das Zeitliche segnen werde. Als die Verwandtschaft ins Spital geeilt kam und fast vollzählig um ihr Bett saß, jammerte sie laut und unaufhörlich: „Ich will mich jetzt von euch verabschieden, denn ich werde bald sterben. Ich fühle mich so krank, müde und schwach, es geht nicht mehr lange mit mir." Alle waren zutiefst erschrocken und konnten sich keinen Reim darauf machen, bis ihr Sohn Willy endlich einen Arzt holte, von dem er wissen wollte, wie es wirklich um seine Mutter stand. Dieser zeigte sich sehr erstaunt, wenn nicht sogar amüsiert, und konnte keinen Grund finden, warum sich seine Patientin so hoffnungslos gab.

Nach dieser Episode erholte sich Elisabeth rasch. Ihr Leben lang hatte sie stark sein müssen und so stand sie auch hier eines Tages wieder vom Krankenbett auf und begehrte entlassen zu werden. Seither war sie nie wieder krank gewesen, bis sie mit 97 friedlich einschlief.

Elisabeths Großzügigkeit beim Erbe verschaffte Dolores leider ein Alibi, um sich wieder von einer Therapie zu entfernen. Für sie gab es kein Halten mehr. In Rovereto machte sie den Betreuern glaubhaft, dass sie sich nun eben um die Formalitäten dieser Erbschaft kümmern müsste. Bald darauf spazierte sie mit ihrer kleinen Tasche beim Tor hinaus, noch ehe ich es geschafft hatte, sie dort zu besuchen. Schließlich musste sie sich um die Erbschaft kümmern – die gerade einmal 500.000 Lire betrug. Umgerechnet waren dies nicht mehr als rund 250 Euro.

Das Geld war selbstverständlich in kürzester Zeit ausgegeben. Sie hatte es sich in die Venen geknallt, und erneut lungerte sie im Bahnhofsbereich von Bozen herum, wo Roland sie nur ein paar Tage später entdeckte. Dolores war völlig kaputt, sie erkannte ihren Schwager gar nicht. Im Bahnhofsgelände traf sie auch ihre alte Liebe Markus wieder, der sie dann mit zu sich in die neue Wohnung nahm. Bei Markus verbrachte Dolly die nächsten Monate, und es schien so, als ob sich die Dinge doch noch zum Besseren wenden sollten. „Christine, bist Du noch sauer?", rief sie ins Telefon. „Nein, nicht wirklich, Dolores. Wo bist Du, wie geht es Dir?" „Ach Christine, es beruhigt mich, wenn wir Frieden schließen. Weißt Du, ich habe mir gedacht, dass es doch ein riesiger Blödsinn ist, wenn wir streiten. Da habe ich nur eine Schwester und mit der streite ich mich dann wegen lauter Kleinigkeiten herum, anstatt froh zu sein, dass es ihr gut geht und sie das Glück ihres Lebens gefunden hat. Auch ich will mein Glück nun finden. Ich bin bei Markus gelandet, es geht mir ganz gut. Er schaut auf mich, ich bin nicht mehr in Rovereto, weißt Du?"

„Ja, ich weiß, Dolly. Ich habe Dir Shampoo gekauft und viele andere Dinge auch, denn ich wollte kommen." „Du bist an dem Tag nicht gekommen, als ich so auf Dich gewartet habe", wurde sie nun doch einen Ton schärfer. „Ich habe es Dir doch nicht fest versprochen, Dolly. Ich habe gesagt, wenn es geht, dann komme ich, und ich rufe Dich dann an. Doch es ging leider nicht, sodass ich alles um eine Woche verschoben habe." „Du bist so gemein, ich habe gewartet", sagte sie. „Es war ein Missverständnis, ich wäre auf alle Fälle gekommen, doch jetzt bist Du weg, einfach abgehauen." Ich war in den letzten Monaten ziemlich sauer auf sie gewesen und hatte ihr klargemacht, dass es so nicht weitergehen konnte: Ich wollte und konnte sie nicht mehr unterstützen, da ich genug hatte von all den halbherzigen Therapieversuchen, den Ausbrüchen, dem Untertauchen und den Anrufen oft mitten in der Nacht. Diese kamen, wenn sie wieder einmal von den Rettern des Weißen oder Roten Kreuzes aus irgendeiner Ecke herausgeholt wurde, um mit Blaulicht und Sirene ins Krankenhaus eingeliefert zu werden, wo man ihr den Magen auspumpte oder ein Gegenmittel spritzte. Ich konnte einfach nicht mehr, ich hatte mir diese Freiheit genommen und reagierte nun zum Teil auch ihr gegenüber aggressiv. Wir brüllten uns an, machten uns gegenseitig Vorwürfe, beschimpften uns und wussten doch beide, dass es die Verzweiflung war, die uns so verletzend werden ließ. Wir hatten keinen Ausweg aus dieser Situation, wir waren mit unserem Latein am Ende. Wenn die Liebe verraten wird, schlägt sie in Wut, mitunter in Hass um. Diese beiden unterscheiden sich nicht wesentlich voneinander, sie sind im Grunde ähnlich intensiv, stark und übermächtig. Liebe und Hass gleichen sich wie Zwillinge, beide gründen tief und können unsagbar wehtun. So war es mit uns beiden in den letzten Monaten gewesen: So sehr wir uns liebten, so sehr hatten wir uns auch wehgetan.

„Christine, ich habe doch geerbt und musste mich darum kümmern." „Ach, Dolores, geerbt. Das waren doch nur ein paar hunderttausend Lire, mir hat Oma dieselbe Summe vermacht." Dann bat sie mich erneut, die unseligen Streitereien zu begraben, und mir saß ein schwerer Kloß im Hals. Natürlich wollte ich nichts lieber als Frieden schließen, aber in dieser Zeit hatte ich mir vorgenommen, die harte Linie zu fahren. Das war mir von den Drogenberatungsstellen, Freunden, Bekannten und Verwandten geraten worden. „Sie müssen ihr die kalte Schulter zeigen, sie so tief sinken lassen, bis sie es nicht mehr schafft und kapiert, dass sie am Boden liegt", so die weisen Ratschläge. Am Boden liegen – Dolores lag längst am Boden, doch es gelang ihr immer wieder aufzustehen und ein paar kleine Schritte zu gehen. Dolly konnte wohl nicht tief genug sinken, um zur Besinnung zu kommen. Sie war eine Drogensüchtige und krank, so sehr krank, dass sie gar nicht mehr verstand, wo sie sich befand. Es gelang ihr einfach nicht, sich daraus zu befreien, und vielleicht wollte sie das auch gar nicht. Der Zustand des ewigen High-Seins gefiel ihr, sie konnte es nicht aushalten, ein „normales" Leben zu führen, sie konnte sich nicht einmal vorstellen, wie ein „normales" Leben überhaupt vor sich ging. Dolores war noch nie in ihrem Leben „normal" gewesen, und was war schon normal? Auch war sie psychisch äußerst labil und sehr schwach, doch oft auch wieder so stark, dass sich eigentlich ein Psychiater ihrer hätte annehmen müssen oder eine Person, die sie so sehr liebte, dass sie bereit war, sich selbst aufzugeben und nur mehr für sie da zu sein. Doch wer konnte das schon tun? Ich hatte mir bereits oft überlegt, mir eine Auszeit zu nehmen und mit meiner Schwester auf Reisen zu gehen. Ich hätte sie dann mitgenommen in jene Teile der Welt, in denen ich meine vielen Projekte laufen hatte, und ihr dort das Elend der Kinder und Frauen gezeigt, die um ihr Überleben kämpfen mussten. Vielleicht wäre das endlich die richtige „Therapie" gewesen: ihr zeigen, dass das eigene Elend noch von viel größerem irgendwo auf der Welt überboten wird und es nichts gibt, was nicht reparierbar ist. Doch der Gedanke war zu dieser Zeit noch nicht ausreichend entwickelt, als dass er sich bereits hätte in die Tat umsetzen lassen. Und alle Versuche, Dolly zu „überreden", sich einstweilen hier in psychologische oder psychiatrische Behandlung zu begeben, schlugen kläglich fehl. Sie sagte erst zu, roch dann aber Lunte, dass man wieder irgendetwas mit ihr anstellen wollte. Das machte ihr nichts als Angst, unsagbar viel Angst. Sie kam dann einfach nicht zum vereinbarten Termin und ließ mich, Mama, Ärzte, Psychologen oder Freunde sitzen und ward für Wochen unauffindbar. So scheiterten alle Versuche, irgendetwas für sie zu tun. Ich hatte keine Kraft mehr und Mutter, die ihren Sohn aufzog, war ebenso am Ende.

Auch jetzt legte Dolly den Hörer auf und der Kontakt mit ihr war wieder für Wochen unterbrochen. Ihr Handy war ihr zum zehnten Mal gestohlen worden oder sie hatte es für ein paar Milligramm Heroin oder Koks verkauft, wer wusste das schon. So musste die Familie stets darauf warten, bis sie sich wieder meldete, oder auf eine zufällige Begegnung hoffen.

„Ich sehe ein, dass ich ziemlich wenig von mir hören und sehen lasse", schrieb sie einmal. „Doch Ihr sollt wissen, dass ich euch alle liebe. Nur führe ich halt wie Vater auch mein eigenes Leben. Ich liebe momentan die Stille und bin viel in der Natur unterwegs, führe Selbstgespräche und habe nur mit wenigen Menschen Kontakt. Ich habe gelernt, allein zu sein. Vielleicht bin ich ein eigenartiges Mädchen, doch glaube ich, mein Leben eben so erleben zu müssen und meine Phasen des ‚Wahnsinns' auch so auszuleben. Es grüßt euch Dolores, die Tochter, die versucht, den Weg des Lebens zu finden. Ob er dann richtig oder falsch ist, das überlasse ich dem lieben Gott. Dolores."

An einem Samstagnachmittag war es wieder einmal so weit. „Christine, es ist etwas Schreckliches passiert", meldete sie sich nach Wochen des Schweigens erneut am Telefon. „Was ist denn los, Dolly? Sag' schon!", fragte ich aufgeregt und war wieder einmal auf alles gefasst. „Stell' Dir vor, dem Markus ist das Kondom geplatzt und jetzt wissen wir nicht, ob wir Aids haben." Auch das noch. „Macht sofort einen Test, das ist die einzige Gewissheit, Dolly, hörst Du?", schrie ich mehr als ich sprach ins Telefon. „Ich habe solche Angst. Was sollen wir tun, wenn wir uns angesteckt haben?" „Jetzt einmal gar nichts, es hat doch keiner von euch beiden Aids", versuchte ich zu beruhigen, obwohl ich mir da nicht so sicher war. Dolores hatte einmal Hepatitis B gehabt, das wusste Markus. Doch sollte er nun durch sie HIV-infiziert sein oder sie von ihm? Auszuschließen war nichts mehr. „Ich gehe morgen gleich ins Krankenhaus und mache den Test", sagte meine Schwester, „wie geht es Dir, wie geht es euch?" „Ja, ganz gut, und Dir sonst?", antwortete ich, um ein wenig abzulenken. „Mir eigentlich auch, Du warst doch so sauer, als ich von der Therapie in Rovereto wegging?", fragte sie mich erneut. Scheinbar hatte sie vergessen, dass wir längst Frieden geschlossen hatten. „Nein, ich bin Dir nicht mehr böse, hätte mir nur gewünscht, dass Du durchhalten würdest. Ich möchte so gern, dass es Dir gut geht. Denk' an Jarim, Du könntest ihn wieder zu Dir nehmen, wenn

Du endlich von dem Zeug wegkommen würdest." „Ja, Christine, das werde ich. Du wirst sehen, ich schaffe es", lachte sie. „Doch Du weißt ja auch, dass ich keine 40 werde", worauf sie noch kehliger lachte. „Ach, hör' auf! Wenn ich Dich sehe, dann kriegst Du zwei geknallt für den Blödsinn, den Du da redest", scherzte nun auch ich.

Ich dachte an jenen Abend zurück, als ich für eine Fernsehproduktion ausgerechnet in die Heimat meines Vaters fuhr. Ich hatte alles bestens organisiert und meinen Sohn untergebracht, während Roland wie gewohnt irgendwo beruflich unterwegs war. Ich hatte den ganzen Tag unter großem Stress verbracht, doch es war mir gelungen, alles unter einen Hut zu bringen. Nun befand ich mich auf dem Weg ins Fernsehstudio und auf der Fahrt konzentrierte ich mich auf diese Livesendung. Immerhin ging es um die Promotion meines Buches, und da musste alles passen. Ausgerechnet jetzt klingelte mein Handy und es schien keine Nummer auf. Es war Karin. Karin aus der Schweiz, Dollys Freundin aus der Zeit in Zürich. „Hallo Christine, ist Dolly bei Dir?" „Nein, Karin, sie ist nicht da. Kannst Du sie auf ihrem Handy nicht erreichen?" „Nein, es ist unmöglich, da gibt es kein Klingelzeichen. Ich wollte ihr nur sagen, dass ich in die Klinik muss." „In die Klinik, warum denn das, geht es Dir nicht gut?" „Nein, nicht wirklich, Christine. Ich muss mich operieren lassen." „Ach so. Ich habe gerade furchtbaren Stress, bin auf dem Weg zu einer Fernsehsendung, werde Dolly aber Bescheid sagen. Alles Gute."

Karin starb zwei Tage später an ihrer Drogen- und Alkoholsucht. Ich sollte erst Wochen danach erfahren, wie es um Karin wirklich gestanden hatte. Dolly litt furchtbar unter dem Tod ihrer besten Freundin. Karins Eltern standen eines Abends mit Dollys Koffer vor

meiner Tür, um ihre wenigen Habseligkeiten vorbeizubringen, die sie damals bei ihrer Tochter in der Schweiz zurückgelassen hatte. Meine Schwester hatte die Schweiz ja todkrank und Hals über Kopf verlassen müssen. Karins Eltern sagten, dass ihre Tochter „erlöst" worden sei. An der Hand hielten sie ein kleines Mädchen mit dunklen Locken und blauen Augen, es mochte sieben oder acht Jahre alt gewesen sein. „Sie hat es nicht geschafft, von ihrer Sucht loszukommen. Das ist ihre Tochter, die jetzt bei uns aufwächst. Wir sind mit ihr und der Welt versöhnt. Wir hoffen, dass es Dolores besser ergeht", sagte der Vater. Ich war tief getroffen.
Ich schaffte es damals nicht, diesen Koffer zu öffnen, um nachzusehen, was sich darin befand. Eigentlich ging es mich ja auch nichts an, Dolores war eine erwachsene Frau und hatte ihr eigenes Leben. Dennoch wäre es vielleicht gut gewesen, hier ein wenig nachzusehen. Möglicherweise gab der Koffer Dinge preis, die noch keiner wusste und die halfen, vieles ans Licht zu bringen, was noch im Verborgenen lag. Doch ich konnte diesen Koffer wochenlang nicht anrühren. Ich sträubte mich dagegen, erneut mit dem Leben meiner Schwester konfrontiert zu werden. Nur die Herstellung des Kontakts mit jener Rechtsanwältin schien mir damals zumutbar. Sie sollte Dolores verteidigen, denn ihr Konflikt mit dem Gesetz war noch nicht aus der Welt. Und es hatte sich einiges angesammelt. Von gestohlenen Handys war die Rede, von Klamotten, die angeblich in irgendwelchen Geschäften entwendet worden waren, von Bancomat-Betrügereien und anderen Dingen mehr, die die Drogen- und Beschaffungskriminalität zwangsläufig mit sich brachte. Meine Schwester bestritt sämtliche Vergehen. Sie konnte sich entweder an nichts mehr erinnern oder behauptete trotz Vi-

deoaufnahmen stock und steif, sie sei nicht die von den Kameras eingefangene Person. Sie wollte nicht wahrhaben, wie sie in die Illegalität abgerutscht war. Vielleicht war sie einfach nur stark zugedröhnt von all dem Zeug. Außerdem wollte sie auch mit Sicherheit alles verdrängen, was sie nicht aushalten konnte. Um an die Droge heranzukommen, stieg sie immer wieder in die Abgründe der Illegalität hinunter. Es war ein Teufelskreis, dem sie nicht mehr zu entkommen schien. Die Rechtsanwältin versuchte, bei den Prozessen den Richter oder die Richterin davon zu überzeugen, dass die Angeklagte eine Drogensüchtige sei, die aufgrund dieser Sucht nicht anders handeln konnte. Ein paar Mal hatte diese Strategie Erfolg, doch die Auflage war stets, dass Dolores sich in Therapie begeben müsse. Aber daran war sie ja schon gescheitert. Der Kampf schien daher aussichtslos.

Nachdem der erste Schmerz über Karins trauriges Ende überwunden war, erinnerte sie sich an den Koffer bei mir. Daher vereinbarten wir zur Übergabe einen Treffpunkt in Meran. Ganz verloren stand Dolores am Bahnhof, um auf mich zu warten. Ich hatte es wieder einmal eilig und zudem noch meinen Sohn sowie drei seiner Freunde im Wagen. Es nieselte, als ich den Wagen anhielt und ausstieg. Wir umarmten uns kurz und ich fragte sie noch, ob sie jemanden hätte, der sie mit diesem Ungetüm da abholen würde. „Ja, ja, mach' Dir keine Sorgen. Es kommt schon wer vorbei", antwortete Dolly. Dann fragte sie mich, ob ich nicht Zeit für einen Kaffee oder sonst was hätte. Doch ich winkte ab, denn die Jungs schauten mich schon ungeduldig an, die ganze Zeit hatten sie bereits genervt. Außerdem sollte ich in wenigen Minuten einen Termin ganz in der Nähe wahrnehmen. „Nein, Dolores, momentan geht es leider nicht. Ich habe ziemlich Stress, aber ein anderes Mal, ja?" Sie sah mir traurig nach, als wir im Verkehrsgewühl verschwanden. Ich wusste in diesem Augenblick nicht, dass ich meine Schwester nie mehr wieder sehen sollte.

Im Horizont die Freiheit

Irgendwann trommelte eine ungeduldige junge Frau gegen die abgeschabte Toilettentür. Es mochten inzwischen gute 20 Minuten vergangen sein, seit die Tür versperrt war. Das Mädchen mit den blonden Locken war zwischen 18 und 20 Jahre alt und ging nun erbost zum Toilettenwärter. „Ich glaube es einfach nicht, dass jemand so lange auf dem WC sitzen kann", sagte sie, „und das auch noch, ohne dass ein Ton nach draußen dringt". Immerhin waren die Türen oben offen und irgendetwas musste irgendwann ja zu hören sein. Der alte Mann wurde hellhörig. Ja richtig, bis jetzt hatte er viel zu tun gehabt. Er musste die Waschbecken reinigen, Toilettenrollen nachfüllen, kassieren, die Kacheln putzen, den Boden kehren und manchmal sogar wischen, da hier oft ziemliche Säue unterwegs waren. Er hatte deshalb nicht aufgepasst, dass WC Nummer eins schon seit vielen Minuten verschlossen war. „Verdammt noch mal", fluchte er in leiser Vorahnung, „es wird sich doch nicht schon wieder so eine verdammte Drogensüchtige hinter der Tür verschanzt haben und dann umgekippt sein". Immerhin hatten er und seine Kolleginnen solche Szenen schon ein paar Mal hautnah erleben müssen und es war jedes Mal der reinste Horror gewesen. Diesmal fackelte er nicht lange und rannte die Tür mit einem Tritt ein. Und da lag die junge Frau, die vor knapp einer halben Stunde hierher gekommen war. Sie hatte es eilig gehabt, ihn nur kurz gegrüßt und war schnell in der Toilette verschwunden. Nun hatte sie eine Spritze in ihrem linken Arm stecken und gab kein Lebenszeichen mehr von sich. Am Boden lagen ein kleiner Löffel und ein Feuerzeug. Guido fluchte: „Porco diavolo, warum muss ausgerechnet mir das immer passieren", fragte er den lieben Gott, der ihn wieder einmal im Stich gelassen hatte. „Du bleibst hier", fauchte er das blonde Wesen an, das vor Schreck kaum mehr Luft bekam und wie angewurzelt stehen blieb. Denn so einen fürchterlichen Anblick hatte das junge Mädchen noch nie erleben müssen. Die Frau lag eigenartig gekrümmt halb am Boden. Teilweise hing sie am Toilettenrand, ihr Kopf war auf die Seite gekippt und die hellbraunen Haare quollen ihr über das Gesicht. Der blonde Engel konnte nicht erkennen, wer das hier sein konnte. Die Spritze freilich stach überdeutlich hervor und alle weiteren Fragen waren somit beantwortet. „Ja, ja, ich warte", stammelte sie voller Entsetzen, während Guido die Treppe hoch rannte, um Bahnhofspolizei und Rettung zu verständigen. Es war schließlich nicht das erste Mal, dass er eine Halbtote oder einen Halbtoten in einer der Toiletten fand. Er hechelte die wenigen Meter zur Wache und brüllte lauthals: „Una morta, chiamate l'ambulanza".

Die Rettung kam unverzüglich und musste sich dann zuerst den Weg durch eine große Menschentraube bahnen, die sich inzwischen vor der Toilette versammelt hatte. Sie alle wollten die „Tote" sehen, die sich dort unten den ultimativen Schuss gesetzt hatte. Auch Walter war unter ihnen. Er hatte sich den Stoff des Marokkaners in die Venen gedrückt und war dann randvoll aus dem WC gestolpert, als er plötzlich von einer Übelkeit befallen wurde, die es ihm schwarz vor Augen werden ließ. Deshalb setzte er sich erst einmal auf eine der Bänke direkt neben dem Eingang und schlief unverzüglich ein. Als er nach etwa einer Viertelstunde wieder aufwachte, fiel ihm ein, dass er nicht alleine hierher gekommen war. Er erinnerte sich plötzlich, dass er Dolly mit dabei hatte. Doch wie lange war das her: eine Stunde, zwei Stunden, zehn Stunden, einen Tag, eine Woche, einen Monat? Er hatte keine Ahnung, jedes Gefühl für Raum und Zeit war ihm verloren gegangen. Er konnte sich nicht mehr erinnern, wann er hergekommen war und warum. Walter versuchte gerade, seine Gedanken zu sammeln, als es am Bahnhof plötzlich Bewegung gab. Hier rannten einige Sanitäter die Treppe hinunter, denen unverständlich brüllende Carabinieri folgten. Fremde Menschen liefen ihnen nach, es war das pure Chaos. Jedenfalls empfand er es so. Wie in Zeitlupe erhob er sich von der Bank und folgte der Menge. Die strömte zur Damentoilette, doch er verstand immer noch nicht, was hier vor sich ging. Was um alles in der Welt sollte eine Damentoilette so Interessantes zu bieten haben? Walter trottete willenlos hinterher, der Stoff zeigte seine Wirkung, und ging wie gelähmt auf das WC zu. Dort standen einige Männer im weißen Kittel und ein paar Uniformierte und schauten ihn an. Irgendwann schaffte er einen Blick in den Toilettenraum und das Blut gefror ihm trotz des Schusses, den er sich vor nicht allzu langer Zeit in die Adern gesetzt hatte, die zerstochen und kaputt hervorquollen. Da lag Dolly auf dem Boden und gab kein Lebenszeichen mehr von sich. Gerade eben versuchten sie, ihr neues Leben einzupumpen. An ihrem rechten Arm steckte erneut eine Spritze,

Morgenrock – eine Kunstperformance

ENROCK

diesmal mit Narkan. Dieses Gegenmittel tropfte langsam in ihre Venen, um ihr armseliges Leben zu retten. Ab und zu schrie einer, die Leute sollten doch draußen bleiben, hier ginge es um Leben und Tod. Guido, der Toilettenmann, fuchtelte wie wild herum und schickte alle raus, auch Walter, ohne zu ahnen, dass er damit einen wichtigen Zeugen vertrieben hatte. Doch Walter kam das gerade recht, denn er wollte nicht auffallen, bloß das nicht. Niemand sollte merken, dass er mit dieser Frau hierher gekommen war. Also zog er es vor, unauffällig zu verschwinden, um sich damit viele Scherereien zu ersparen. Walter ging nach oben zum Bahngleis Nummer eins und stieg in den nächsten Zug ein. Es passte alles sehr gut, denn der fuhr schon nach wenigen Minuten los, als hätte er gerade noch auf ihn gewartet. „Ratata, ratata, ratata, dröhnte der Zug und bald waren sie in Terlan angekommen und damit endgültig weg von diesem grauenhaften Ort. Ratata, ratata, ratata, dröhnte es auch in Walters Kopf. Er hatte nicht begriffen, was auf der Bahnhofstoilette eben vor sich gegangen war. Da er das ständige Dröhnen nicht mehr aushalten konnte, legte er sich daheim in sein Bett und schlief 24 Stunden durch. Wie hätte er diesen Zustand sonst ertragen können?

Plötzlich begann ihr Herz wieder zu schlagen, es war wie ein Wunder. Keiner hatte mehr daran geglaubt, nun atmeten erst einmal alle auf. „Schnell, geht aus dem Weg", rief der Notarzt. Er war ein ehrgeiziger junger Mann und stolz darauf, dass ihm dieses Kunststück gelungen war. Mit laufender Sirene rasten sie ins Krankenhaus, wo sie Dolly in die Notaufnahme brachten. Dort wurde sie zunächst versorgt und dann standen alle ratlos da. Wohin nur sollten sie diese Patientin legen? Die Intensivstation war hoffnungslos

überfüllt, es war Sommer und viele Touristen in der Stadt. Es gab einfach keinen Platz für eine Halbtote hier.
So wurde beschlossen, die Unbekannte mit dem Hubschrauber nach Brixen zu verlegen. Nur eine halbe Stunde später war es schon so weit: Dolly wurde in das fliegende Gefährt verfrachtet und dann ging es ab in die Lüfte. Wie oft hatte sie sich einen Hubschrauberflug gewünscht? Jetzt wurde ihr Wunsch auf makabre Weise erfüllt. Doch sie bekam es nicht mehr mit, denn ihr Gehirn hatte aufgehört zu arbeiten. Längst war sie in andere Gefilde entschwebt, während ihr Herz gleichmäßig weiterpumpte. Die unbekannte Drogensüchtige bekam dann auch in Brixen keinen Namen. Wie denn auch? Sie hatte keine Papiere bei sich, außerdem gab es jetzt anderes zu tun, als nach ihrer Identität zu forschen. Nach ein paar Stunden kam eine Krankenschwester angelaufen und hielt einen vergilbten Zettel in der Hand: Es war die Kopie eines Passes. Dort stand aber nur der Name der Patientin, sonst nicht einmal der Wohnort. Also versuchten die Carabinieri in Bozen, irgendjemanden unter ihrem Namen ausfindig zu machen. „Was sagen Sie?", hauchte eine Stimme am Telefon. „Dolores? Nein, eine Frau mit diesem Namen kenne ich nicht." Es war Großtante Marta, die bereits 90 Lenze auf dem Buckel hatte und sich beim besten Willen nicht an eine Dolores erinnern konnte, die irgendjemand aus ihrer Verwandtschaft irgendwann einmal geboren hatte. So waren alle Mühen schließlich vergebens. Diese Frau hier schien keine Verwandten zu haben, niemand schien sich um sie zu kümmern oder sie zu vermissen.
So lag meine Schwester zwei Tage auf der Intensivstation in Brixen, ehe man uns endlich auftreiben konnte. Der Schock saß

tief. Mama war mit Jarim am Meer; und wie der Teufel es haben wollte, war ich mit meiner Familie ebenfalls dort, wenn auch an einem anderen Ort. Ein unglücklicher Zufall. Wir befanden uns an zwei verschiedenen Orten, ohne es abgesprochen zu haben, doch alles war hunderte Kilometer von Dolores entfernt. Es war wie verhext. Ich erholte mich gerade am Strand von einer äußerst anstrengenden Woche, als mein Handy klingelte. „Wir haben von den Carabinieri in Brixen einen Anruf bekommen, dass Deine Schwester im Spital liegt und es ihr sehr schlecht geht", sagte Chris, einer von Rolands zahlreichen Brüdern. Ich konnte mir keinen Reim darauf machen, warum ausgerechnet er diese Information hatte,

HIV – der Kunst: Dolly und ihr Sohn auf der Bühne

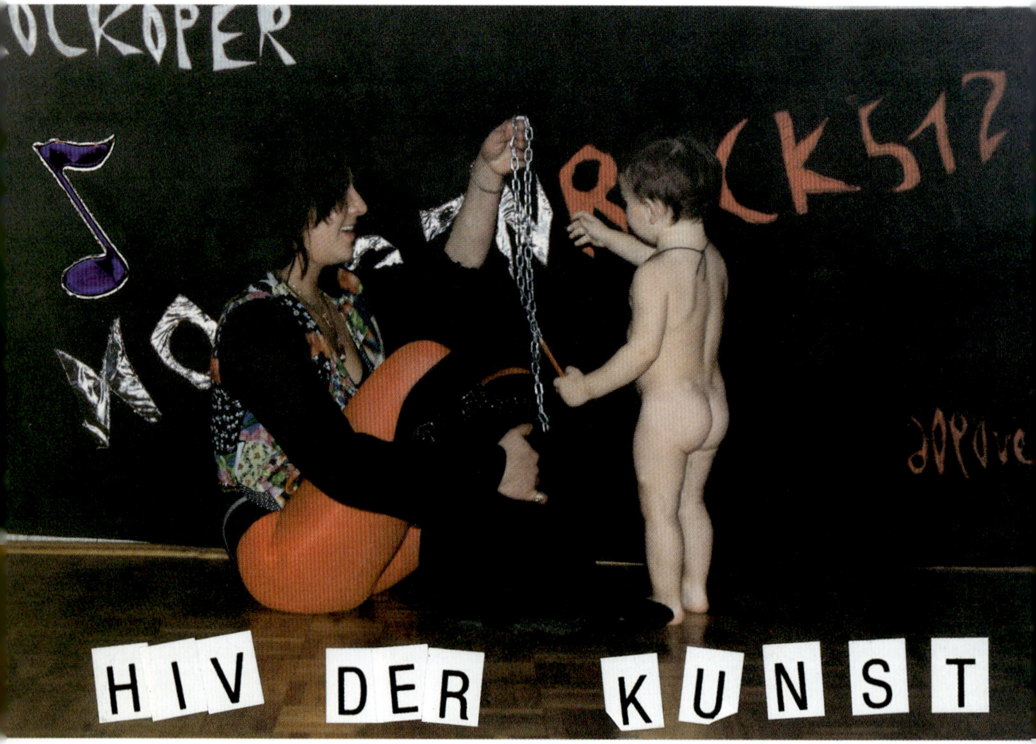

obwohl er Dolores kaum kannte. Ein paar Telefonate später gab es Klarheit. Es schien tatsächlich Dolores zu sein, die sich in einem dramatischen Zustand auf der Intensivstation in Brixen befand. Die Lage schien sehr ernst zu sein, wie ein Arzt bestätigte. Nach unzähligen Telefonaten war der Akku des Handys leer. Mir gelang es noch, meine Mutter einige Hundert Kilometer südlicher zu erreichen und ihr die Hiobsbotschaft zu überbringen. „Mama, Dolly geht es sehr schlecht. Mama, was sollen wir tun?" Meine Mutter war auf alles gefasst, dennoch traf sie diese Botschaft nun wie ein Keulenschlag. Auch sie war gerade eben erst mit Jarim angekommen und hatte sich auf ein paar unbeschwerte Tage am Meer gefreut.

Roland ärgerte sich, weil er glaubte, dass meine Schwester schon wieder mit ihren Macken dazwischenfunkte. Vor Jahren hatte er einige heftige Diskussionen mit ihr gehabt, die dann im Streit endeten. Er machte schon längst kein Hehl mehr daraus, dass sie ihm oft gehörig auf die Nerven ging. Und er hatte ihr das auch gesagt, doch sie wollte es nicht wahrhaben. Sie hatte es genauso ignoriert wie alles, was sie nicht hören wollte. Dolly pflegte generell, Realitäten des Lebens einfach wegzustecken, so als wären sie nicht da, nie da gewesen. Sie tat einfach so, als ob sie nicht stattgefunden hätten. Sie sagte dann stets: „Ach, lasst mich bloß in Ruhe damit, das interessiert mich nicht." Sie schaffte es einfach nicht, den für sie unangenehmen Seiten des Lebens geradewegs in die Augen zu sehen. Was sie nicht sehen wollte, existierte auch nicht. Basta. Ich hatte im Laufe meines Lebens viele Menschen kennen gelernt, die diese „Kunst" ebenso gut beherrschten. Die waren nicht drogensüchtig, hatten aber wahrscheinlich andere Probleme. Süch-

tige, egal welcher Art, hatten immer eine Entschuldigung parat, die sie als Alibi benutzen konnten, um sich hinter ihrer Abhängigkeit zu verschanzen und Narrenfreiheit zu genießen.
Es folgte ein klärendes Gespräch mit dem behandelnden Arzt, der zwar den Ernst der Lage bestätigte, doch uns alle beruhigte, „dass wir auch nichts tun können als abzuwarten". So beschlossen wir schweren Herzens, diese Nacht noch hier an unserem Urlaubsort zu verbringen und erst am nächsten Tag aufzubrechen. Welch ein fataler Fehler! „Ihre Schwester ist hirntot, sie liegt im tiefen Koma und wird vielleicht nie wieder aufwachen", sagte der Arzt. Es gelang den Notärzten zwar noch, ihr Herz wieder in Gang zu setzen, aber nicht mehr, sie ins Leben zurückzubringen. „Sie müssen jetzt stark sein, stellen Sie sich am besten darauf ein, dass ihre Schwester jahrelang in diesem Zustand dahindämmern wird. Suchen Sie am besten gleich einen Therapieplatz", schloss er ab. Jedes Wort prasselte auf mich nieder wie tausend Hiebe. Im Koma? Hirntot? Dolores? Die hätte das niemals akzeptiert. Lieber hätte sie sich gleich verabschiedet. Warum nur hatte man sie nicht schon im Bahnhofs-WC sterben lassen? Die darauf folgende Nacht wurde zum Horrortrip, ich wälzte mich von einer Seite auf die andere und konnte kaum Schlaf finden. Meine Enkelin Katharina weinte und konnte ebenfalls nicht einschlafen. Plötzlich verlangte sie nach ihrer Mutter und Roland drehte viele Runden im Kinderwagen mit ihr. Als endlich alle zur Ruhe gekommen waren, träumte ich von einer Kirche, in der hunderte Menschen versammelt waren und einer Totenmesse beiwohnten. Meine Schwiegermutter trat an mich heran und sagte mit lauter Stimme: „Stimmt es, dass Dolores gestorben ist?" Die Situation war grotesk. Alle waren bereits zur

Totenmesse versammelt und dann fragte man sich noch, ob überhaupt jemand gestorben sei. Ich antwortete nicht, sondern starrte nur regungslos auf den Sarg, den man vor meinen Augen aufgestellt hatte und der mit Zehntausenden weißer Lilien bedeckt war. Die Blüten schienen geradewegs aus dem Sarg zu sprießen und vermehrten sich in Windeseile. Alle Anwesenden waren schwarz gekleidet und flüsterten vor sich hin. „Stimmt es, dass wir uns hier versammelt haben, weil Dolores gestorben ist?" Ich sprang plötzlich auf und schrie in die Menge: „Nein, Dolores lebt. Sie ist meine Schwester und stirbt nicht so schnell. Geht nach Hause, sie lebt." Die Trauergemeinde blickte mich mit bedauernswerter Miene an, so als wollte sie mir sagen: Du arme Frau, Du hast noch immer nicht verstanden, dass Dolly längst tot ist? Sie liegt hier im Sarg und ist schon kalt und grau. Sie ist tot, tot, tot. Und plötzlich fing ich an zu lachen, ja ich prustete regelrecht los, sprudelte, denn ich war mir so sicher, dass hier alle alles falsch verstanden hatten. Dolores war nicht tot, niemals. So oft schon hatte sie beschlossen, einfach abzutreten, zu sterben, doch es war ihr nie gelungen. Es gelang ihr einfach nicht zu sterben, wie andere Leute in diesen Momenten vielleicht gestorben wären. Dolores war anders. Sie hatte schon anders gelebt, warum also sollte sie nicht auch anders sterben? Anders? War hier nicht doch alles anders? Plötzlich hielt ich inne, denn der Sarg wurde hinausgeschoben. Alle standen in ihren lächerlichen schwarzen Gewändern herum und krähten aus vollem Leibe: „We are the champions". Dann gingen sie hinter dem Sarg her, der schließlich ins offene Grab gelassen wurde. Meine Schwiegermutter Theresia sagte noch: „Siehst Du, ich habe Dir ja gesagt, dass sie tot ist." Dann wachte ich auf und fühlte mich eiskalt an, obwohl es mitten im Sommer war und das Thermometer bereits am frühen Morgen fast 30 Grad anzeigte. „Roland", keuchte ich heiser, „Dolores ist tot".

Mein Mann, der ebenfalls nur wenige Stunden geschlafen hatte, verstand die Bedeutung meiner Worte erst mit Verzögerung und winkte wie gewohnt ab. „Ach Christine, es war doch nur ein Traum. Es wird wieder alles gut werden." Er war ein ewiger Optimist und wehrte sich permanent dagegen, meinen sechsten Sinn anzuerkennen. Ich ärgerte mich darüber jedes Mal maßlos. Warum nur konnte er nicht begreifen, dass ich bei vielen Dingen nach meinem Gefühl ging? O.K., mein Bauch schien mir zwar oft auch Streiche zu spielen, aber hatte ich letzten Endes nicht doch häufig Recht behalten? Ich fand es bedauernswert, dass Männer dieses Gefühl nicht zu haben scheinen, ja, dass es den meisten von ihnen sogar völlig unbekannt ist. Oder war es ihnen im Laufe der Evolution einfach nur abhanden gekommen? Warum nur waren sie von der Natur so vernachlässigt worden? Ich konnte es einfach nicht fassen. Die Grobheit eines kanadischen Holzfällers kann mitunter absolut lebensnotwendig sein, doch in gewissen Situationen ist sie einfach nur ein großer Mangel. Und eine solche Situation war nun gegeben. Mir fiel bei derartigen Begebenheiten immer auf, wie leicht ich mit Roland dann deswegen immer wieder in Streit geriet. Auch nagte der Zahn der Zeit und damit die Macht der Gewohnheit bereits an unserer Ehe.

„Hör' auf. Ich sage Dir, dass ich geträumt habe, Dolores sei gestorben. Und ich kann Dir bestätigen, dass ich heilfroh wäre, wenn es nicht stimmen würde", fuhr ich ihn an und lief zur Telefonzelle. Es war sieben Uhr früh und Roland bestellte für uns und die Kinder

Kakao, Kaffee und Brot mit Marmelade. Ich stand in der Telefonzelle, da mein Handy definitiv seinen Geist aufgegeben hatte, und wählte mit zitternden Fingern die Nummer des Krankenhauses. „Es tut mir Leid, doch ihre Schwester ist gerade eben verschieden", teilte mir ein Arzt in routiniertem Ton mit. Beim zweiten Satz versuchte er mitleidiger zu wirken, da ihm plötzlich eingefallen war, dass es sich bei der Verstorbenen um eine junge Frau handelte, die vom Alter her auch seine eigene Gattin hätte sein können. Ich hielt den Hörer in der Hand und es schien mir in diesem Augenblick, als hätte ich einen mir fremden Gegenstand am Ohr. „Hallo, sind Sie noch da?", rief es mir aus der Muschel entgegen. „Sie können ihre Schwester aber gerne ansehen, wir werden sie noch einige Stunden hier behalten."

„Ja, danke, ich werde mich bemühen, bald zu kommen. Ich bin noch am Meer, daher geht es nicht so schnell. Wir brauchen fünf Stunden, bis wir da sind", hörte ich mich selber tonlos vor mich hinflüstern. Sie hatte es also wahr gemacht. Sie wollte nicht Jahre im Koma verbringen und hirntot sein. Sie hatte selbst im Sterben das getan, was sie für richtig hielt. Sie war einfach gestorben, gegangen, ohne zu fragen. Niemals hatte sie irgendjemanden um etwas gefragt, auch jetzt nicht.

Ich ging hinüber zu meinem Mann, der mit den Kindern an einem langen weißen Plastiktisch frühstückte, und sagte ohne irgendeine Regung in der Stimme: „Roland, sie ist tot, wir müssen heimfahren." Dann kehrte ich noch einmal in die Zelle zurück und wählte wie automatisch die Nummer meiner Mutter ein paar hundert Kilometer weiter. „Mama, sie ist gerade eben gestorben. Sie wollte nicht warten, bis wir kommen. Sie hat es absichtlich getan und so

lange gewartet, bis wir alle abgehauen sind. Vielleicht hätte sie es sonst gar nicht geschafft zu gehen."
„Was redest Du da für einen Unsinn, Christine. Es ist Schicksal. Sie war in den letzten Wochen so krank, so aufgedunsen. Ihre Leber machte schon lange nicht mehr mit, das Herz hat aufgehört zu schlagen. Es ist furchtbar." Dann war es einige Sekunden ruhig am anderen Ende der Leitung. Ich hörte Mama aufschluchzen. „Wir packen gleich unsere Sachen und starten", sagte sie plötzlich kaum hörbar.
„Mama, sie wollte in dem Bewusstsein sterben, dass wir weit weg sind. Verstehst Du, sie hat es absichtlich gemacht", flüsterte ich erneut wie in Trance und so leise, dass man es kaum hören konnte. „Dolores, warum hast Du das gemacht, warum hast Du nicht gewartet, bis wir kommen? Ich hätte so gerne Deine Hand gehalten, diese kleine Hand mit den völlig abgekauten Nägeln. Ein Leben lang konntest Du das Nägelkauen nicht lassen. Ich wäre so gern bei Dir gewesen und hätte Dich auf Deinem letzten Weg begleitet. Was habe ich falsch gemacht, dass ich das nicht tun durfte?"
Bohrende Fragen quälten mich, ich konnte bei diesem Frühstück keinen Bissen hinunterwürgen. Ich wollte auch nur noch weg und hin zu ihr. Dann half ich Roland apathisch beim Packen. „Oma, wieso fahren wir jetzt schon, wenn wir gerade eben erst gekommen sind", bohrte die kleine Katharina ihre Fragen in mein Gehirn. „Weil Deine Tante gestorben ist, meine Kleine. Wir müssen zu ihr, denn sie liegt jetzt ganz alleine im Spital und keiner ist da", schluchzte ich auf und das schlechte Gewissen quälte mich bis in die Tiefen meines Herzens. Auch unser Sohn Dany hatte absolut keine Lust, schon wieder abzureisen, doch er zog es vor, keine dummen Fra-

gen zu stellen. Immerhin war er schon elf und verstand, was geschehen war. So hatte er seine Mutter noch nie erlebt. Sie erschien ihm so klein und hilflos, so schwach. Er hatte Angst, dass sie bald umkippen und dasselbe Schicksal ereilen könnte wie ihre Schwester ein paar Stunden zuvor. Also war es in dieser Situation wohl besser, einmal den Mund zu halten. Roland fuhr den Wagen und ich weinte während der ganzen Fahrt, bis ich keine Tränen mehr hatte. Meine Augen und mein Gesicht waren angeschwollen und irgendwann schien alles wie zu einem Teighaufen verschmolzen zu sein. Dann schlief ich vor Erschöpfung ein und träumte von Dolores und Feldern mit gelben Sonnenblumen so groß wie Gesichter, die ihre Köpfe zum Himmel reckten. Sie lachten wiegend im Wind und sprachen zueinander. Das ging einen Sommer lang. „Im Horizont liegt die Freiheit", säuselten sie. Ja, der Horizont war nicht mehr weit, er war schon sichtbar. Dort musste sie sein, die große Freiheit, von der sie geschwärmt hatte. Sonnenblumen hatte sie immer sehr gemocht, die strahlen so viel Licht und Freude aus und so viel Energie. „Sonnenblumen sind wie ich", hatte sie oft gesagt. Sie saugen die Sonne ein, und wenn sie untergeht, neigen sie ihre Köpfchen zu Boden und sterben jeden Tag ein bisschen. Doch selbst dann sind sie nicht wirklich tot. Man kann ihre Samen aus dem riesigen Sonnenrad nehmen und daraus neues Leben züchten. So ist alles vergänglich, hat aber dennoch seinen Sinn. Die Samen sind es, die übrig bleiben und für neues Leben sorgen. Die Farbe Gelb hat Dolly auch sehr oft in ihren Bildern verwendet, in den kleinen Porträts mit den Gesichtern dieser Frauen, deren Augen ausdruckslos in die Welt starren.

Nach vielen Stunden waren wir endlich im Spital von Brixen angekommen. Es folgte ein Irrgang durch das Krankenhaus, bis die Intensivstation erreicht war. „Wo liegt meine Schwester? Ich will sie sehen, sie festhalten, umarmen und ihr Lebewohl sagen", schluchzte ich unter einem Schleier von Tränen zu einer Krankenschwester. „Bitte warten Sie hier einen Augenblick, ich hole gleich den diensthabenden Arzt." Den diensthabenden Arzt? Was kümmerte es mich, wer hier der diensthabende Arzt war, ich wollte nur zu Dolly und sonst gar nichts. Ein Arzt konnte hier sowieso nichts mehr tun. Bald kam dieser diensthabende Arzt und führte uns in ein Nebenzimmer. „Ihre Schwester ist heute Morgen leider verschieden. Ihre Organe haben es nicht mehr geschafft, das viele Gift abzubauen, das sie in den letzten Jahren in sich hineingepumpt hatte. Auch unsere Maschinen mussten letzten Endes resignieren, wir hatten keine Chance", so der Arzt. Es sei eine Mixtur von vielen Giften gewesen, das Heroin allein habe sie nicht umgebracht. Leider hatte sie auch Tabletten, Psychopharmaka, Alkohol und viele andere Substanzen im Körper, von denen die Ärzte anfänglich nichts gewusst hatten. Es sei unmöglich für sie gewesen, Dolores zu retten. Ihre Bewusstlosigkeit sei der Grund gewesen, warum sie anfangs noch Hoffnung geschöpft hatten und uns am Meer beruhigen konnten. Vielleicht wäre sie viele Jahre im Koma gelegen, hätte aufgehört zu denken und wäre vor sich hingedämmert, bis der Tod sie erlöst hätte. Ja, auch das hätten sie uns am Meer bereits gesagt. Überhaupt sei eigentlich schon alles gesagt worden. „Seien Sie dankbar, dass es so gekommen ist. Der Herrgott hat uns allen die Entscheidung abgenommen." Dann riet mir der Arzt, meine Schwester in guter Erinnerung zu behalten, so wie

ich sie zuletzt gesehen hatte. „Sie liegt unten in der Leichenkapelle. Es ist besser, wenn sie nicht hingehen, denn sie verändert sich stündlich", sagte er. Sie verändert sich stündlich, was sollte das denn nun schon wieder bedeuten? Wieso verändert sie sich, sie ist doch tot?!
Ich war mit den Nerven am Ende. Was sollte ich bloß tun? Ich hatte mir den Abschied von meiner Schwester völlig anders vorgestellt. Dolores würde im Bett liegen und ich an sie herantreten, sie festhalten und umarmen und zum Abschied küssen. Irgendwann würde ich sie dann loslassen und ihrem Schicksal übergeben. Doch nichts davon war nunmehr möglich. Meine Schwester befand sich nicht mehr in ihrem Bett auf der Intensivstation, sie war unten in der dunklen Leichenhalle und lag auf einer Pritsche, zugedeckt von einem Leichentuch, und veränderte sich angeblich stündlich. Eine abscheuliche, eine schauerliche Vorstellung. Roland kam herein und bot mir an, diesen letzten Weg an meiner Stelle zu gehen. Arm in Arm schritten wir die langen Korridore des Krankenhauses entlang. Unsere Tochter Janina war inzwischen auch gekommen und lief mit Katharina und Dany hinter uns her. Vor dem Eingang zur Leichenkapelle sagte Roland plötzlich zu mir: „Warte Du hier, Du schaffst es nicht mehr. Ich gehe hinein und werde Dir dann berichten, ob Du nachkommen kannst." Ich stand wie angewurzelt im Gang und konnte keinen Ton herausbringen. Ich fühlte mich so winzig und schwach und vor allem so unendlich feige.
Mir kam es vor wie eine Ewigkeit, bis Roland endlich wieder aus der Tür trat. „Gehe nicht hinein, Christine. Sie ist nicht mehr so, wie sie war. Du schaffst das jetzt nicht", flüsterte er betroffen. Willenlos ließ ich mich von ihm fortführen und wir gingen in die heiße Juni-

sonne hinaus, die auch um sechs Uhr abends noch vom Himmel brannte. Dort setzten wir uns auf eine Bank, die Kinder versammelten sich rund um uns und dann begannen wir alle gleichzeitig, über Dolores zu sprechen. Wir konnten gar nicht mehr aufhören, so als ob ein Bann gebrochen wäre. Uns fielen alle möglichen Begebenheiten mit ihr ein, ihre Eigenheiten, ihre Verrücktheiten und viele unsagbar liebevolle Charakterzüge. Später sollte ich es bitter bereuen, dass ich meine Schwester nicht mehr gesehen hatte, es verpasst hatte, von ihr Abschied zu nehmen. Es war mir in diesem Moment nicht klar, dass ich diese Chance nie mehr wieder haben würde. Ich war so am Ende meiner Kräfte gewesen, dass ich meinen sechsten Sinn nicht mehr aktivieren konnte, um etwas für mich Wichtiges gegen den Willen der Außenwelt zu tun.

Irgendwann ging es nach Hause und erst dann fiel mir ein, dass dies der Herz-Jesu-Sonntag war, also jener Tag, an dem in Südtirol überall auf den Bergen Feuer angezündet werden. So stand ich am späten Abend auf der Terrasse und überall loderten die Lichter auf. Da gab es ein kunstvoll gestaltetes Herz aus Licht, dort ein weiteres, und alle gemeinsam formten ein bizarres Meer aus Farben und Feuer. Ich stand allein da und starrte in die Nacht hinein. Ich konnte nicht mehr weinen, nichts mehr fühlen, nichts mehr denken und nichts mehr tun. Ja, und nicht einmal den Schmerz mehr spüren. Meine Wangen, mein Mund, meine Augen taten mir von den Millionen Tränen weh, die ich heute geweint hatte. Ich war wie benommen vor Qual. Was war geschehen? Meine Schwester war nicht mehr. Sie war einfach gestorben, ohne noch irgendetwas zu fragen oder zu sagen. „Ich werde sowieso nicht 40“, hatte sie immer wieder betont. Und sie sollte Recht behalten. Sie war erst 37, nach ihren Maßstäben hätte sie noch knapp drei Jahre zum Leben gehabt. Doch sie wollte gehen. Ein Gefühl der Ohnmacht und Hoffnungslosigkeit brannte sich in meine Seele ein. Ich glaubte, der Schmerz würde mich augenblicklich in der Luft zerreißen. Ich glaubte, irgendwohin laufen zu müssen, um vor diesem Schmerz davonrennen zu können und ihn nicht aushalten zu müssen. Ich

Vier Gesichter: Hey, facciamo l'amore

glaubte, augenblicklich ebenso sterben zu müssen, und musste doch feststellen, dass Leben sehr viel mehr weh tun konnte als Sterben. Erst einige Jahre später sollte ich begreifen, dass ein ähnlicher Schmerz wiederkommen sollte, ein Schmerz, der mit Worten nicht fassbar, nicht begreifbar sein konnte. Ein Schmerz, der ärger tobte als alle Gefühle, die ich bis dahin gespürt hatte. Doch die Ursachen waren dann anderer Natur. Es ist der Schmerz des Verlustes, der uns Menschen zuweilen fast umbringt. Die Erkenntnis, dass ein jämmerliches kleines Leben rein gar nichts bedeutete, kam wie ein Keulenschlag aus heiterem Himmel. Es konnte so schnell zu Ende sein. Ich war binnen weniger Stunden zu einem Häufchen Elend zusammengesunken. Als das Telefon klingelte, war Mama am Apparat. „Christine, ich war gerade bei Dolores, sie sieht nicht gut aus. Hast Du sie gesehen?“, fragte meine Mutter und weinte leise vor sich hin. „Nein, Mama, es hat sich so ergeben. Sie wollten nicht, dass ich sie anschaue. Vielleicht war ich auch nur zu feige, ich weiß es nicht mehr, es ist alles so sinnlos.“
„Sei froh“, versuchte Mama, der es auch sehr schlecht ging, mich aufzumuntern. Dann sagte sie: „Christine, es wird weitergehen. Jarim ist bei mir, wir werden es schaffen.“ Mutter hatte schon so viele Schicksalsschläge hinter sich bringen müssen und nun versuchte sie mir Mut zu machen. „Ja, Mama, es wird weitergehen. Ich weiß nur nicht wie und wieso“, antwortete ich. Meine Schwester hatte mit ihrem Tod einen irrsinnig großen Krater in meiner Seele hinterlassen, den ich mit nichts mehr wieder zuschütten konnte. Das glaubte ich jedenfalls in diesem Moment. Wie sollte ich nur mit diesem Schmerz weiter leben? Dolores war mir mehr als eine Schwester gewesen. Sie war mir wie eine Tochter, wie ein ewig

kleines Kind, das beschützt werden wollte und musste. Wir waren uns gleich, unsere Charaktere ähnelten sich sehr: Wir hatten oft dieselben verrückten Ideen, konnten über die gleichen Dinge lachen und uns über dieselben dummen Dinge ärgern. Bei Männern hatten wir einen ähnlichen Geschmack, und was unsere Gefühle anging, auch ähnliche Ansichten. Doch es war mir nicht gelungen, ihr zu helfen und sie vor der bösen Welt zu retten. Nun stand ich da und musste mir eingestehen, versagt zu haben. Jämmerlich versagt zu haben. Es gab keine Entschuldigung mehr, keine Ausreden konnten ihren Tod rechtfertigen. Dolly war einfach nur mehr tot und niemand hatte ihr helfen können. Diese Erkenntnis war entsetzlich für mich, und für Mama ebenfalls.

Ein paar Tage nach der Beerdigung musste ich ins Krankenhaus, um den Befund jenes Aids-Testes abzuholen, auf den Markus so angespannt wartete. Er wusste immer noch nicht, ob Dolores ihn über ihren Abschied hinaus mit der todbringenden Krankheit angesteckt hatte. Ich war ziemlich aufgeregt, aufgeregter, als ich es bei irgendeinem anderen Befund gewesen war, der mich selbst betroffen hatte. Ich zeigte am Schalter die Todesanzeige meiner Schwester und ließ mir den Befund aushändigen. Mit zitternden Fingern riss ich das Kuvert auf und stockte: „Negativ", stand da. Der Aids-Test war negativ ausgefallen. Dolly hatte kein Aids gehabt. Unverzüglich rief ich Markus an und überbrachte ihm die frohe Botschaft. Ein Felsbrocken fiel ihm vom Herzen.

Doch viele Monate und Jahre später sollte Dolores' Tod mir und meiner Mutter den Schlaf rauben. Jarim konnte nichts damit anfangen, der wollte einfach nur seine Ruhe haben. Er hatte eine Mutter gehabt, um die zeit ihres Lebens stets viel Aufhebens gemacht wurde und die auch selbst viel Aufhebens machte. Er war neun Jahre alt und hatte bei der Beerdigung seiner Mama ministriert. Diese Rolle übernahm das Kind, um den zahlreichen neugierigen Augen zu entkommen. Jarim wollte nicht auffallen. Die Frage nach dem Warum quälte vielmehr die Erwachsenen, das Kind stellte sie sich nicht. Diese Phase sollte erst viel später kommen. Nun klammerte sie sich erst einmal in den Gehirnen von mir und Mama fest und sollte uns sehr lange nicht mehr loslassen. So lange, bis ich eines Tages bereit war, aus dieser Gewissheit neue Kraft zu schöpfen. Bis ich verstanden hatte, dass Dolores gegangen war, weil sie selbst es so entschieden hatte. Weil ihre Energien für diese Welt verbraucht waren. Sie hatte wie ein Schmetterling den Kokon gewechselt und war in ein anderes Bewusstsein eingetreten, in ein anderes Leben. „Sterben ist nur ein Umziehen in ein anderes Haus", hatte schon die berühmte Sterbeforscherin Elisabeth Kübler Ross gesagt. Der Tod ist die Versöhnung mit dem Vergänglichen auf der Welt, der Tod erlöst von allem Bangen, Hoffen und Leiden. Der Tod ist das Ende jenes Lebens, das sich auf dieser Welt abspielt, der Übergang in ein anderes Bewusstsein. Was nachher geschieht, haben Menschen seit Jahrtausenden in allen Kulturkreisen und Religionen versucht herauszufinden. Doch sie sind zu klein, um es zu begreifen, sind nur ein winziges Teilchen, ein Staubkorn des Universums. Alles Leben ist mit seiner Geburt automatisch dem Tod geweiht. Das verlangt die Ordnung dieser Welt und das ist der Lauf der Dinge. Das Leben ist ein Werden, ein Geschehen und ein Gehen. Und im Horizont wartet die Freiheit.

Dolores um 1998: Angel

Nachwort im Mai 2006

Seit dem Tod meiner Schwester Dolores sind wieder ein paar Jahre ins Land gezogen, viele Wunden sind verheilt, viele Schmerzen verarbeitet. Viel hat sich auch im Bereich der Suchtprävention gebessert, andere Therapiemöglichkeiten haben gegriffen.

Meine Mutter zieht Jarim groß und er entwickelt sich gut. Wir versuchen, sie dabei, so gut wir können, zu unterstützen. Viel lässt sie sich aber nicht „dreinreden", sie will allen zeigen, dass sie es kann. Und sie macht es gut. Es ist mir ein Anliegen und großer Wunsch zugleich, mit diesem Buch aufzuzeigen, wie es sich wahrhaftig zugetragen hat. Doch möchte ich auch sehr gerne wenigstens „kleine" Lösungen anbieten, die „große" Lösung für das Leben muss letztendlich jeder selber finden.

Es gibt in Südtirol, in ganz Italien und im gesamten europäischen Raum zahlreiche Anlaufstellen, bei denen Süchtige, Suchtgefährdete, Depressive oder durch schwierige Lebensumstände psychisch angeschlagene Menschen oder deren Angehörigen sich professionelle Hilfe holen können. Oft sind es auch „nur" Ratschläge, die zu neuen Erkenntnissen führen. Ich mache nach wie vor darauf aufmerksam, dass niemand auf der Welt allein ist und es

immer und überall Lösungsvorschläge für auch noch so groß erscheinende „Probleme" gibt.
Es gibt im Prinzip nichts, was es nicht schon in irgendeiner Form gegeben hätte. Wichtig ist, dass man seine eigene Unzulänglichkeit erkennt, sie zugibt und sich traut, sich selber „zu lieben". Denn: Keiner ist perfekt, und wer es glaubt zu sein, hat naturgemäß die größten Schwierigkeiten. Er überspielt meist oder deckt sich mit anderen Unzulänglichkeiten zu. Doch das macht viel eher krank als das ursprüngliche „Übel". Ich behaupte nach wie vor: Es gibt für alles eine Lösung. Meist sind Lebenskrisen und schwere Zeiten ein Fingerzeig, dass Veränderungen herbeigeführt werden sollten. Diese Chance als Neubeginn zu erkennen, als Neustart eines völlig anderen, besseren Lebens, kann zwar anfänglich ein steiniger Weg sein, doch langfristig eine durchwegs positive Wende bringen. Ich halte mir oft selbst gern meine eigene kleine Ermunterung bereit: Wenn Du etwas haben willst, das Du noch nie hattest, wirst Du wohl etwas tun müssen, was Du noch nie getan hast. Und: Niemand ist allein. Es gibt schon laut Naturgesetz von Ordnung und Chaos immer irgendwo irgendjemanden, der das Gegenstück von einem selbst ist und der einem zur Seite steht. Man muss nur lernen, ihn zu erkennen – und ihn anzuschauen. In diesem Sinne ist es mir ein Anliegen, mit dieser Lebensgeschichte die im Grunde doch positive Geschichte eines Lebens aufzuzeichnen: Wir haben als Familie viel von Dolores gelernt und erkannt, dass Leben in all seinen Facetten sehr spannend, sehr anrührend und vor allen Dingen sehr lebenswert sein kann.

„Drogen, eine Einbahnstraße, von der es kein Zurück gibt“

(Dolores)

Hilfe bieten auch zahlreiche offizielle Stellen an:

Dienst für Abhängigkeitserkrankungen – Dienst der Sanitätsbetriebe. Dieser Dienst für Abhängigkeitserkrankungen, der in jedem Sanitätsbetrieb eingerichtet ist, erbringt die wichtigsten Leistungen in den Bereichen psychologische und medizinische Behandlung sowie soziale Rehabilitation und bietet Unterstützung bei Medikamenten- und Drogenabhängigkeit sowie bei Alkoholismus. Er bietet außerdem psychosoziale und medizinische Behandlung für AIDS-Kranke und nimmt Aufgaben im Bereich der Suchtprävention wahr.

39100 Bozen (BZ) – Neubruchweg 3
Tel. 0471 907070, Fax: 0471 907065
http://www.sbbz.it – E-mail: sert-dfa@asbz.it

39012 Meran (BZ) – Alpinistraße 3
Tel. 0473 443299, Fax: 0473 220746
http://www.provinz.bz.it/sb-as/meran-merano/index_d.htm

39031 Bruneck (BZ) – Andreas-Hofer-Straße
Tel. 0474 586200, Fax: 0474 553496
http://www.sb-bruneck.it
E-mail: marion.vonsoelder@sb-bruneck.it

39042 Brixen (BZ) – Dantestraße 26
Tel. 0472 835695, Fax: 0472 833518
http://www.sb-brixen.it

Europäische Allianz gegen Depression in Südtirol
39100 Bozen Stadt
Neubruchweg 3
Tel. 0471 907 031

Bozen Land – Rosministraße 42
Tel. 0471 305 811
Psychologischer Dienst:
Bozen – G.-Galilei-Straße 2
Tel. 0471 270 115 – Fax 0471 281 893

Zentrum für Psychotherapie und Psychosomatik
Sparkassenstraße 8
Tel. 0471 300 389

Telefondienststelle der Caritas
Tel. 840 000 481

young & direct – Jugendtelefonat
Tel. 0471 970 950

Telefono amico:
Tel. 0471 288 328

Verband Angehöriger und Freunde Psychisch Kranker
Bozen – G.-Galilei-Straße
Tel. 0471 260 203

Christine Losso

Geboren 1959 in Meran (Italien). Aufgewachsen mit Dolores, ihrer jüngeren Schwester, in einer Südtiroler Kaufmannsfamilie. Aufenthalte in Schweden, Dänemark, Frankreich, Griechenland, Süditalien und Jamaika. Zwei Kinder, zwei Enkelkinder. Mitarbeiterin von Bergsteiger und Buchautor Reinhold Messner. Fernstudium Journalismus, Studium im Language Center St. Petersburg (Florida) und in Dublin (Irland). Publikationen in Magazinen und Zeitschriften im In- und Ausland, Mitarbeit bei Radio und Fernsehen, Redakteurin der „Neuen Südtiroler Tageszeitung" (Italien). Mehrmonatige Reisen in die USA, nach Indien, Nepal, Brasilien und Rumänien. Beteiligung an zahlreichen Sozialprojekten im In- und Ausland, am Aufbau von Kinderheimen und Frauenhäusern sowie an Straßenkinderprojekten in verschiedenen Ländern der Erde. Neueste Initiative: Bau eines Waisenheimes für vom Tsunami betroffene Kinder und Witwenprojekt in Südindien (2005). Bücher: „Über den Schatten springen – Starke Frauen braucht das Land" (2000), „Verkaufte Liebe – Tagebuch einer Prostituierten" (2002), 2003 neben Landtagspräsidentin Alessandra Zendron zweite Spitzenkandidatin der Frauenliste für die Südtiroler Landtagswahl.

Foto: Manuel Losso

Germana Fleischmann

Buchcover: Germana Fleischmann, geb. 1957 in Latsch, Studium der Malerei an der Akademie der Schönen Künste in Florenz bei Professor Silvio Loffredo, 1988 Sommerakademie Salzburg bei Professor Dieter Hacker. Spezialisierung in der Technik des Trompe l'oeil. Ausbildung in Glasmalerei. Germana Fleischmann hält Kurse und Seminare für verschiedene öffentliche und private Einrichtungen. Sie hat zahlreiche Einzel- und Kollektivausstellungen bestritten. Sie lebt und arbeitet als freischaffende Künstlerin in Naturns im Vinschgau (Südtirol, Italien). Als große Tierliebhaberin hat sie wesentlich dazu beigetragen, den Namen der Hundeschule „dog academy" bekannt zu machen. Bücher: Dein Hund spricht zu Dir – Die Hundesprache kennen lernen I, II und III (Provinz Verlag) mit Ruth Wahlmüller.

Foto: Christine Losso